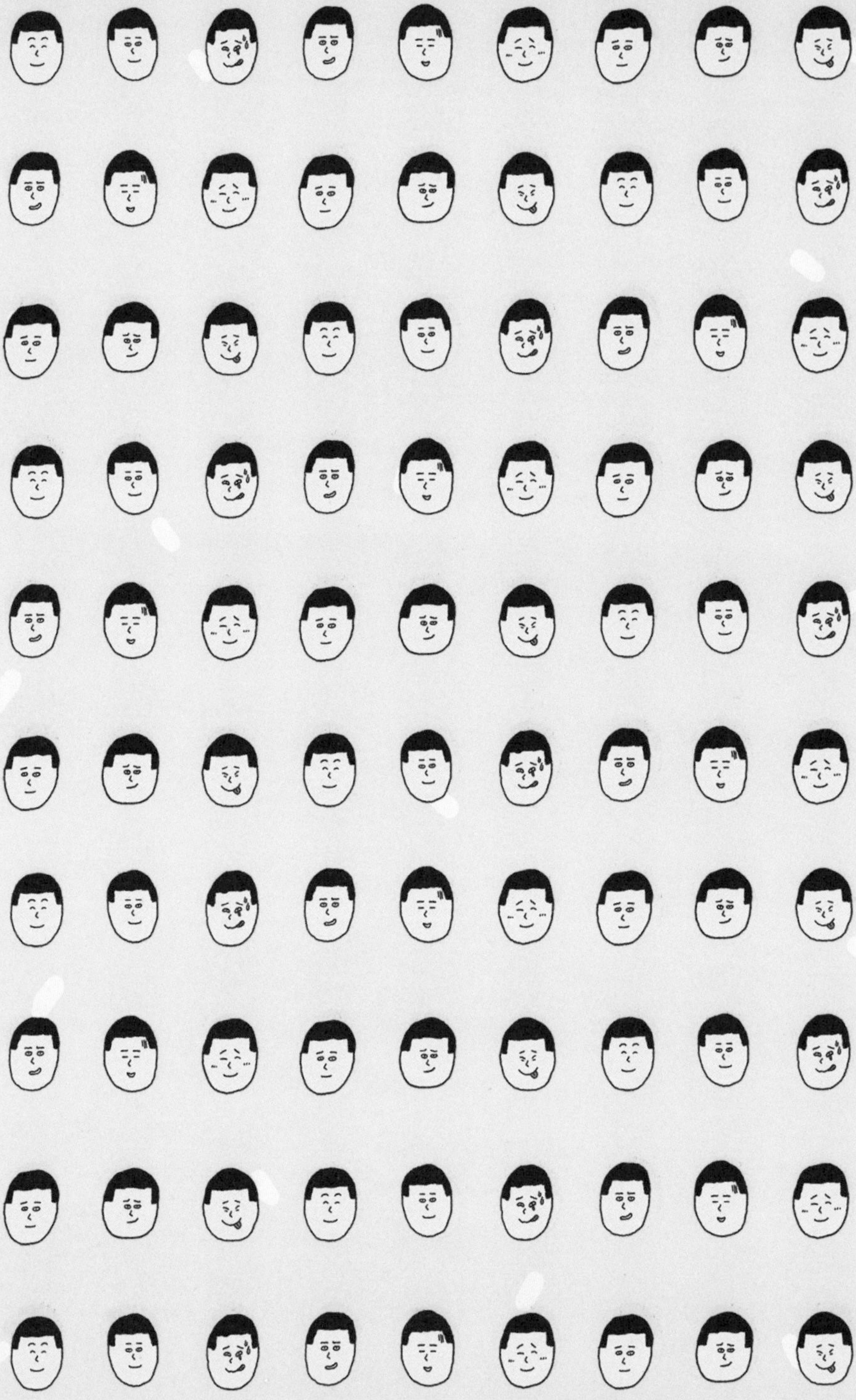

세상에서 가장 재미있는

61가지 심리실험

인간관계편

출판은 사람과 나무 사이에서 이루어지는 가치 있는 일입니다.
도서출판 사람과나무사이는 의미 있고 울림 있는 책으로 독자의 삶을
좀 더 풍요롭게 만들기 위해 최선을 다하겠습니다.

관계를 디자인하는 효과적인 방법

세상에서 가장 재미있는 61가지 심리실험

이케가야 유지 지음 · 서수지 옮김

사람과
나무사이

저자 서문

인간이 뇌를 키우는 방향으로 진화한 이유는 '사회성', 즉 '인간관계'에 있다

나는 직업상 매일 아침 최신 논문을 확인한다. 언제부턴가 이 일은 중요한 일과가 되었고, 하나의 습관으로 자리 잡았다.

과학은 서구 사회를 중심으로 진보를 이루어왔다. 내가 쿨쿨 잠자는 동안에도 전 세계적으로 끊임없이 새 논문이 발표된다. 아침마다 잠자리에서 일어나면 새로운 최신 논문이 공개되어 있다. 나는 과학의 최전선에서 활약하는 다른 학자들의 동태를 거의 실시간으로 파악해두어야 마음이 놓이는 사람이다.

매일 아침, 나는 내 분야와 관련된 논문 100여 편에 눈도장을 찍어둔다(대개는 논문 제목만 훑어보고 말지만). 한참 논문을 살펴보다 보면 다른 사람에게 들려주고 싶어지는 흥미진진한 발견과 마주칠 때가 있다. 그런 이야깃거리들을 잘 갈무리해 두었다가 주간지에 소개한다. 주간지 연재라는 행위는 새롭게 알게 된 지식을 대중에게 전하고 싶은 욕망을 충족해주는 "임금님 귀는 당나귀 귀" 이야기의 '대나무 숲'인 셈이다.

최근 읽은 논문 중 '다른 사람에게 말하고 싶어지는 욕구'에 관한 논문이 있어 소개할까 한다. 미시간대학교 팔크(Falk) 교수팀의 연구로, '왜 사람은 재미있는 정보를 다른 사람에게 전하고 싶어 할까?'라는 주제를 다룬다. 연구팀은 24종의 짤막한 버라이어티 프로그램을 시청하는 동안 실험 참여자의 뇌 활동을 측정했다. 그들은 참여자에게 '감동적인 프로그램이었나?', '좋은 프로그램이었나?', '다른 사람에게 들려주고 싶은 내용인가?'의 3가지 관점에서 프로그램을 평가해달라고 요청했다.

3가지 질문은 얼핏 비슷해 보이지만, 알고 보면 서로 상당히 다른 질문이다. 감동했다고 해서 반드시 좋은 프로그램이라고 할 수도 없고, 좋은 프로그램이라고 해서 다른 사람에게 무조건 알려주고 싶어진다는 보장도 없다. 페이스북의 '좋아요'와 트위터의 '리트윗'이 서로 다른 기능을 하는 것과 마찬가지다. 실제로, 각 상황에서 뇌 활동 유형은 크게 달랐다. 감동할 때는 주로 전두엽이, 좋은 프로그램이라고 평가할 때는 측두엽과 두정엽의 경계가 활성화한다. 다른 사람에게 말하고 싶어질 때는 앞에서 언급한 부위가 모두 활성화하고, 보수회로까지 활성화한다. 이런 상황을 '쾌감을 느끼는 상태'라고 부른다.

쾌감 회로가 작동하는 순간, '나 혼자 알고 있기에는 아까운 이야기다'라고 생각하며 타인과 정보를 공유하고 싶어 안달이 난다. 다른 사람에게 말하고 싶은 감정은 상대방에 대한 배려라기보다는 '전달' 행위를 통해 쾌락을 얻기 위한 자기만족 행위인 셈이다.

뇌과학을 연구하다 보면 의아한 생각이 들 때가 있다. 인간은 왜 다른 거의 모든 생물 종들과 달리 뇌를 키우는 방향으로 진화했을까? 여러분도 알다시피, 인간은 지구 위에 사는 100만 종이 훨씬 넘는 생물 종 중에서 뇌를 키우는 방향으로 진화한 거의 유일한 존재다. 뇌는 다른 신체 기관들에 비해 엄청나게 많은 양의 에너지를 소비하는 기관이다. 그 탓에 대다수 생물이 효율성을 극대화하고, 생존 가능성과 종족 보존 가능성을 높이는 방향으로 작은 뇌를 유지하거나, 심지어 뇌를 갖지 않는 '무뇌종'의 길을 택했다. 이와 반대로, 인간은 극도의 비효율성을 감수하고 개체의 생존 가능성과 종족 보존 가능성을 위협받으면서까지 뇌를 키우는 방향으로 진화해온 것이다. 인간은 왜 이렇듯 고독하고 험난한 길을 선택했을까? 나는 인간이 지닌 근원적 특성인 '사회성'에 답이 있다고 본다. 인간은 지구 위 모든 생물을 통틀어 가장 사회적인 존재다. 인간은 수십만 년의 세월을 거치며 밧줄처럼 탄탄하고 거미줄처럼 정교한 사회를 만들고 시스템을 구축해냈다. 매우 방대하고 체계적이며, 쉼 없이 촘촘하게 뿌리를 뻗어 나간다는 점에서 인간사회는 미국 유타주 피시 호수 근방에 자라는 거대한 사시나무 군락 판도(Pando: 8만 살의 나이에, 13만 평의 영역을 차지하고, 6,600톤의 무게를 자랑하는 지구 위 최대 단일 유기체. 숲처럼 보이지만, 4만 7,000여 그루의 나무가 하나의 뿌리에서 나온 줄기라고 함_옮긴이)를 닮았다. '판도'와도 같은 거대하고 체계적인 사회와 시스템을 이룩하고 유지하는 일은 절대 녹록하지 않다. 그러므로 인간 뇌는 극도의 비효율성과 생존 및 종족 보존의 위험을 감수하면서까지 필연적으로 '커지고', '정교해지는' 방향으로 진화할 수밖에 없었던 게 아닐까.

인간이 지닌 가장 중요한 특성 중 하나인 '사회성', 혹은 '인간관계'의 본질과 작동 원리를 뇌 구조에서 찾아보는 건 어떨까. 이 책에서 작은 실마리라도 발견하게 되면 좋겠다.

– 이케가야 유지

차 례

CHAPTER

1 운 좋은 사람의 행운은 전염될까

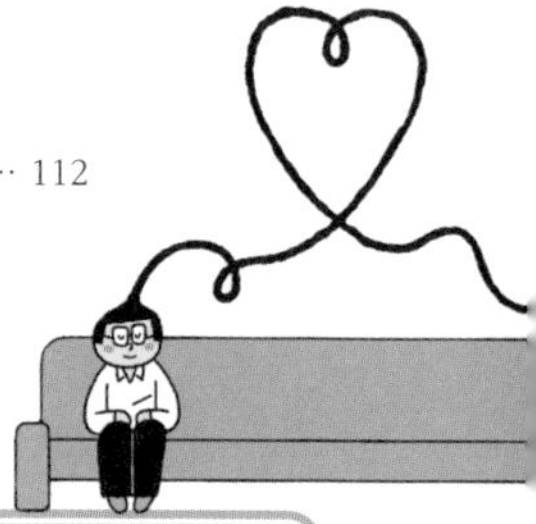

CHAPTER 2 공감하는 뇌, 행복을 느끼는 뇌

CHAPTER 3 몸이 죽으면 마음도 죽을까

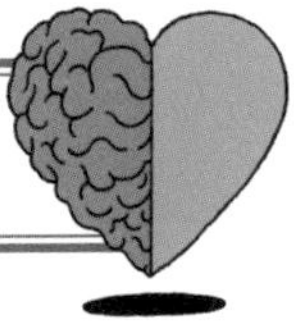

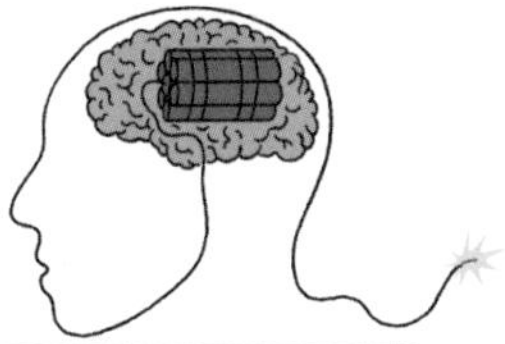

CHAPTER

4 인간이 지금보다 더 똑똑해질 수 없는 이유

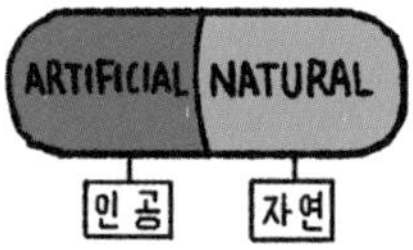
ARTIFICIAL
NATURAL
인공
자연

"친구를 고르는 데는 천천히,
친구를 바꾸는 데는 더 천천히."

— 벤저민 프랭클린

CHAPTER

1

운 좋은 사람의 행운은 전염될까

심리실험 01

호감을 얻고 싶다면 상대의 행동을 자연스럽게 흉내 내라

미국 국립위생연구소 동물센터 포크너 박사의 '꼬리감는원숭이 몸짓 따라 하기 실험'

미국 국립위생연구소 동물센터 포크너 박사 연구팀은 꼬리감는원숭이 몸짓을 흉내 내는 실험을 했다. 언어와 소통 메커니즘을 밝히기 위한 실험이었고, 그 결과가 《사이언스》에 실렸다. 자신의 동작을 흉내 내는 사람을 본 원숭이는 어떤 반응을 보였을까?

두 사람이 꼬리감는원숭이 앞에 공을 들고 선다. 두 사람 중 한 사람은 원숭이의 행동을 그대로 흉내 내고, 다른 한 사람은 원숭이의 행동과 관계없는 행동을 한다. 그러자 원숭이는 자기 행동을 흉내 낸 사람을 한동안 바라보았다. 그런 다음, 그에게 가까이 와서 오랫동안 앉아 있었다. 동전과 먹이를 교환하는 게임을 하자, 원숭이는 자신을 흉내 내지 않은 사람보다 흉내 낸 사람과 더 자주 교환했다. 동작을 흉내 내면 원숭이에게 호감을 얻는 셈이다.

♥

'원숭이 흉내'라는 말이 있다. 다른 사람을 적당히 모방하는 사람을 야유하는 모욕적 표현으로 사용하는 경우가 많다. 나는 과학자다. 과학자는 남보다, 아니 한발 더 나아가 세계 최초로 뭔가를 발견하기 위해 힘써야 하는 일을 업으로 가진 사람이다. 타인을 모방하기만 해서는 먹고 살 수 없는 직종이기도 하다.

사람은 누구나 다른 사람과 비슷한 일을 하고, 다른 사람을 적절히 모방하며 살아간다. 애초에 굳이 '원숭이 흉내'라는 표현을 만들었다는 사실 자체가 모방이 인간에게 자연스러운 행위임을 보여주는 간접증거 아닐까.

미국 국립위생연구소 동물센터 포크너(Paukner) 박사 연구팀은 꼬리감는원숭이(Capuchin Monkey) 몸짓을 흉내 내는 실험을 했다. 언어와 소통 메커니즘을 밝히기 위한 실험이었고, 그 결과가 《사이언스》에 실렸다. 자신의 동작을 흉내 내는 사람을 본 원숭이는 어떤 반응을 보였을까?

실험은 다음과 같이 이루어졌다. 두 사람이 원숭이 앞에 공을 들고 선다. 두 사람 모두 공을 손가락으로 쿡쿡 찌르거나 입으로 무는 등 원숭이가 흔히 하는 행동을 한다. 그중 한 사람은 원숭이의 행동에 맞추어 같은 행동을 하고, 다른 한 사람은 원숭이의 행동과 관계없는 행동을 한다.

그 원숭이는 두 사람 중 자신의 행동을 똑같이 따라 한 사람을 한참 동안 물끄러미 바라보았다. 그런 다음, 그 사람 가까이 와서 오랫동안 앉아 있었다. 동전과 먹이를 교환하는 게임을 하자, 원숭이는 자신을 흉내 내지 않은 사람보다 흉내 낸 사람과 더 자주 교환했다. 동작을 흉내 내면 원숭이에게 호감을 얻는 셈이다.

이와 같은 현상은 사람 관계에서도 발생한다. 가령 대화를 나누던 중 상대방이 커피를 마시면 자신도 컵으로 손을 뻗거나, 상대방이 턱을 괴면 자신도 턱을 괴는 식으로 자연스럽게 행동을 모방하면 호감도가 상승한다. 이 실험 결과는 비즈니스 현장에서 신규 계약을 따내기 위해 협상하는 과정이나 남녀 사이에서 마음에 드는 이성의 관심을 얻기 위해 애쓰는 과정에 효과적인 기술로 활용된다.

두 사람이 추구하는 목표가 같거나 비슷할수록 머리를 긁적이거나 다리를 꼬는 등 상대방의 무의식적 동작을 흉내 내는 경향성이 높아진다. 이는 네덜란드 사샤 온도바카(Sasha Ondobaka) 박사 연구팀이 《사이콜로지컬 사이언스(Psychological Science)》에 발표한 연구 결과로 증명된 사실이다.

"두 사람 모두 커피를 마시고 싶은 마음이 있으면 동작 동조가 일어나기 쉽다. 반대로, 나는 일어나서 걸어 다니고 싶은데, 상대방은 앉아서 커피를 마시고 싶은 경우 동조가 잘 일어나지 않는다."

온도바카 박사의 설명이다.

'흉내 내기'를 그저 단순하고 수준 낮은 '원숭이 흉내' 따위로 치부하는 것은 올바르지 않다. 그보다는 '당신과 공감하고 싶다', '당신이 내게 공감해주어 마음이 즐겁고 편하다'는 식으로 서로 마음을 열고 소통하는 표현 수단으로 받아들이고 적절히 활용할 필요도 있지 않을까.

아기는 엄마의 미소에 반응해 자주 웃는 얼굴을 보여준다. 누구에게 배우지 않았는데도 곧잘 어른 흉내를 낸다. 그러고 보면, 모방은 인간이 선천적으로 갖고 태어나는 고도의 사회 신호가 아닐까.

여기까지 원고를 쓰고 나니, 갑자기 머릿속에 어린 시절 재미있게 읽은 너대니얼 호손(Nathaniel Hawthorne)의 작품 「큰 바위 얼굴」이 떠올랐다. 작품 속에서 주인공은 마을 어귀의 '큰 바위 얼굴'을 오랫동안 동경하(혹은 흉내 내)다가 마침내 자기 자신이 '큰 바위 얼굴'이 된다. 어쩌면 우리 안에는 자신이 누군가를 '큰 바위 얼굴'로 삼아 그를 닮고 싶어 하거나, 혹은 자신이 '큰 바위 얼굴'이 되어 다른 이들이 자신을 닮고(흉내 내고) 싶어 하기를 바라는 근원적 욕구가 숨어 있는 건 아닐까.

심리실험 02

암컷 파리에게 차인 수컷 파리가 알코올에 탐닉하는 이유

미국 제닐리아 팜 연구 캠퍼스
하워드 휴스 의학연구소 쇼햇-오피르 박사의
'파리 교미 방해 실험'

미국 제닐리아 팜 연구 캠퍼스 하워드 휴스 의학연구소 갤릿 쇼햇-오피르 박사팀은 수컷 파리를 대상으로 교미를 중단하게 하는 실험을 했다. 연구팀은 교미를 막기 위해 처녀 파리 대신 이미 교미를 마친 암컷 파리를 실험장에 투입했다. 한 번 교미한 암컷은 곧바로 다시 관계를 맺으려 하지 않는 습성을 이용하기 위해서였다. 이제 막 연애 전선에 뛰어든 초보 사랑꾼 파리는 앞발이 닳도록 비벼대며 애절하게 구애했지만 암컷 파리는 매몰찬 반응을 보였다.

이와 같은 방법으로 며칠 동안 이성과의 성관계를 철저히 차단당한 수컷 파리에게 먹이를 선택할 기회를 주었다. 연구팀은 2가지 음식을 준비했다. 하나는 파리가 늘 먹던 먹이였고, 다른 하나는 15퍼센트 알코올을 함유한 먹이였다. 암컷에게 연이어 거부당한 수컷 파리는 둘 중 어느 음식을 선택했을까?

♥

19세기 빈 사교계에서 '왈츠 왕'으로 인기를 끈 작곡가 요한 슈트라우스 2세. 그의 작품 중에 〈술 여자 그리고 노래(Wein, Weib und Gessang, Walzer, Op. 333)〉라는 제목의 명곡이 있다. 이 작품에서 세속적 쾌락으로 '술'과 '여자'를 나란히 예로 드는 부분이 재미있다.

절묘하게도, 곤충인 파리는 교미할 때 얻는 것과 비슷한 쾌감을 알코올에서 얻는다는 연구 결과가 나왔다. 《사이언스》에 실린 내용으로, 미국 제닐리아 팜 연구 캠퍼스 하워드 휴스 의학연구소 갤릿 쇼햇-오피르(Galit Shohat-Ophir) 박사팀의 연구 결과다. 실험은 수컷 파리의 교미를 중단하게 하는 방식으로 이루어졌다.

연구팀은 2가지 방법을 사용했다. 첫째, 수컷만 사육하는 방법. 둘째, 수컷이 암컷에게 구애하나 번번이 거부당하는 상황을 조성하는 방법이다. 수컷 파리는 정해진 공식에 따라 암컷에게 구애한다. 먼저, 한쪽 날개를 떨어 소리로 '구애 중'이라는 표시를 내며 암컷에게 접근한다. 이어서 녀석은 한쪽 다리로 암컷의 몸통을 잡고 코로 생식기를 쿡쿡 찌른다. 수컷과 암컷이 각각 한 마리밖에 없을 때 이 방법의 성공률은 100퍼센트에 가깝다. 그러므로 2마리의 파리를 그 상태로 두면 수컷의 성행위를 막기 어렵다.

연구팀은 한 가지 묘수를 짜냈다. 그들은 처녀 파리 대신 이미 교미를 마친 암컷 파리를 실험장에 투입했다. 한 번 교미한 암컷은 곧바로 다시 관계를 맺으려 하지 않는 습성을 이용하기 위해서였다. 이제 막 연애 전선에 뛰어든 초보 사랑꾼 파리가 앞발이 닳도록 비벼대며 아무리 애절하게 구애해봤자 암컷 파리는 매몰찬 반응만 보이게 되는 거다. 실제로 연구팀이 실험에 사용한 수컷은 번번이 암컷에게 퇴짜를 맞았다.

이와 같은 방법으로 며칠 동안 이성과의 성관계를 철저히 차단당한 수컷 파리에게 먹이를 선택할 기회를 주었다. 연구팀은 2가지 음식을 준비했다. 하나는 파리가 늘 먹던 먹이였고, 다른 하나는 15퍼센트 알코올을 함유한 먹이였다. 암컷에게 연이어 거부당한 수컷 파리는 둘 중 어느 음식을 선택했을까? 녀석은 알코올이 들어간 먹이를 망설임 없이 선택했다.

게다가 흥미롭게도, 녀석은 알코올이 들어간 쪽에 상대적으로 질이 나쁘고 맛도 떨어지는 먹이로 바꿔놓아도 거의 예외 없이 알코올이 들어간 쪽 먹이를 선택했다. 연구팀이 이 결과를 논문으로 발표할 당시 언론에서는 〈사람이나 파리나 매한가지다〉라는 제목의 기사로 관련 내용을 자세히 소개했다.

사실, 이 발견의 의미는 신문 머리기사보다 훨씬 심오하다.

학술적으로 다음의 4가지 포인트를 짚어낼 수 있다.

첫째, '파리도 알코올에서 쾌락을 느낀다'는 점이다. 이것은 이미 특정 냄새와 알코올을 동시에 제공하면 그 냄새를 좋아하게 된다는 사실로도 널리 알려져 있다. 그런데 도대체 왜 파리의 뇌는 알코올이라는 반쯤 인공적인 기호 물질에 쾌락을 느낄까? 역시 불가사의한 일이 아닐 수 없다.

둘째, '파리도 교미에서 쾌락을 느낀다'는 점이다. 이번 연구에서 처음으로 증명된 사실이다.

셋째, '알코올과 교미라는 이질적인 쾌락을 서로 대체할 수 있다'는 점이다. 즉, 한쪽이 부족하면 다른 한쪽으로 보충할 수 있다는 의미다. 파리의 쾌락은 NPF라는 펩타이드(Peptide=펩디드)를 매개로 일어난다. 알코올에서도 교미에서도 뇌의 NPF가 상승한다. NPF를 인공적으로 늘리면 교미에서 도태되어도 알코올 섭취량은 증가하지 않는다.

넷째, 사람 뇌에도 NPF와 유사한 물질이 있다는 점이다. 술 등의 쾌락에 관여하는 펩타이드가 그것이다. 우리는 주위에서 실연당해 허구한 날 술독에 빠져 지내는 사람이나 수면 부족으로 폭식하는 사람을 자주 본다. 그와 같은 쾌락의 치환이 파리에게 일어난다면 진화적으로 상당히 오랜 기원을 가진 현상임을 의미한다. 어쩌면 '대체물로 만족하는 능력'은 모종의 이점을 가져다주는 강력한 생존 전략의 일환일지도 모

르겠다.

약간 엉뚱한 소리로 들리겠지만, 실연당한 파리를 만나 함께 술잔을 기울이며 '힘내라!'고 어깨를 툭툭 두드려주고 싶은 기분이 드는 건 나쁜일까?

심리실험 03

상대가 좋아서 오래 바라볼까, 오래 바라보다가 좋아질까?

캘리포니아공대 신스케 교수의 '가장 마음에 드는 사진 고르기 실험'

캘리포니아공과대학교 시모조 신스케 교수팀은 실험 참여자들에게 동시에 여러 장의 사진을 보여주었다. 그리고 그중 가장 마음에 드는 사진을 한 장 골라보게 했다. 연구팀은 실험 참여자들이 마음에 드는 사진을 고르기 위해 이리저리 움직이는 시선을 추적 조사했다. 그 결과, 사람들은 마음에 드는 사진을 고르기 전 예외 없이 자기가 좋아하는 사진을 오랫동안 바라본다는 사실을 발견했다. 처음에는 비슷한 정도로 시선을 주다가 차츰 어느 사진 하나로 고정된다. 그 사진을 오랫동안 바라본다. 그리고 마침내 "이 사진이 가장 마음에 들어요" 하고 선택한다.

이어서 연구팀은 실험 참여자가 (가장 마음에 드는 사진이 아닌) 다른 사진을 오래 바라보도록 시선의 움직임을 강제로 조작한 뒤 취향 변화가 일어나는지 조사했다. 과연 어떤 결과가 나왔을까?

♥

Mit deinen blauen Augen

너의 파란 눈으로

Siehst du mich lieblich an

그대가 나를 사랑스럽게 바라볼 때,

Da ward mir so träumend zu Sinne

내 정신은 꿈꾸듯 몽롱해진다네

독일 시인 하인리히 하이네(Heinrich Heine)의 「너의 파란 눈으로」(원제: Mit deinen blauen Augen)의 한 구절이다. 읽기만 해도 손발이 오그라드는 감미로운 사랑시다.

사랑에 빠진 연인이 나를 바라보는 그윽한 눈빛, 생각만 해도 가슴 떨리지 않는가? 그런 눈빛은 논외로 치고라도, 우리는 다른 사람이 나를 유심히 바라볼 때 어떻게 느낄까? 다른 사람의 시선을 한몸에 받는 순간의 뇌 활동을 측정한 연구 결과가 있다.

런던대학교 크누트 캠피(Knut K. W. Kampe) 교수팀의 연구다. 결론부터 말하자면, 다른 사람의 시선을 느낄 때 우리 뇌의 보수계가 활성화한다. 이 점을 근거로, 인간은 다른 사람과 눈이 마주칠 때 태생적으로 쾌감을 느끼는 존재라는 사실을 알 수 있다. 운 좋게도, 상대방이 매력적인 사람인 경우 시선을 받을 때의 쾌감 회로는 더욱 활성화한다. 하이네의 심정과 일맥상통하는 상황 아닌가.

야생동물은 인간과는 전혀 다른 양상을 보인다. 일반적으로 동물은 눈을 마주치는 행동을 꺼린다. 그럴 수밖에 없는 것이, 야생동물이 다른 동물의 지속적이다 못해 집요한 시선을 받는다는 것은 먹잇감으로 찍혔다는 신호이기 때문이다. 같은 시선이라도 사람 사이에서 이루어지는 시선 교환(Eye Contact) 과 동물들 사이에서 이루어지는 시선 교환은 이렇게 큰 차이가 난다(물론, 사람 사이에서도 누군가의 시선이 동물들 사례와 마찬가지로 위협적으로 느껴질 때가 있다).

'시선'에 관한 새로운 발견과 관점을 담은 시드니대학교 마셜(Mareschal) 교수팀의 논문을 소개한다. 인간의 '시선을 읽는 능력'은 꾸준히 발달해왔고 경이로운 수준에 도달해 있다. 예를 들어 5미터 떨어진 곳에 있는 사람이 나를 바라보는지, 나에게서 10센티미터 오른쪽 옆에 있는 어떤 물체를 보는지 정확히 구별할 수 있을 정도다. 이 두 시선의 차이는 흰자위와 검은자위의 위치로 따지면, 그야말로 미미한 차이에 지나지 않는다. 컴퓨터에 이 미묘한 시선의 차이를 입력하고 화상 식별하도록 해도 정확히 구별하기 힘들 정도다. 그런데 우리 뇌는 그 어려운 작업을 매우 빠른 속도로 정확하게 처리해낸다. 연구팀은 이 시선 식별 능력을 자세히 분석했다.

그러나 인간의 시선 분별 능력이 컴퓨터처럼 늘 정확하기만 한 것은 아니다. 사람들은 약간 모호한 상황에서 사실은 상대방이 자신을 보고 있지 않은데, '보고 있다'고 판단하는 경우가 있다. 왜 그렇게 판단할까? 보고 있기를 기대하는 심리 때문이다. 연구팀은 이런 심리가 쾌감 회로에서 비롯되는지 그렇지 않은지는 아직 밝혀내지 못했다고 한다. 아무튼, 이 실험을 통해 인간은 '시선 교환'이 이루어지는 소통을 매우 중시하는 생물이라는 사실이 명확해졌다.

'시선 교환'이 중요한 소통에서 한 가지 염두에 두어야 할 사항이 있다. 시선은 그것을 받는 사람뿐 아니라 보내는 사람의 심리에도 영향을 미친다는 점이다. 캘리포니아공과대학교 시모조 신스케(下條信輔) 교수팀이 이 사실을 증명했다. 연구팀은 실험 참여자들에게 동시에 여러 장의 사진을 보여주고, 그 중 가장 마음에 드는 사진을 한 장 골라보게 했다. 그리고 그 과정에 실험 참여자들이 마음에 드는 사진을 고르기 위해 이리저리 움직이는 시선을 지속해서 추적 조사했다. 그 결과, 사람들은 마음에 드는 사진을 고르기 전 예외 없이 자기가 좋아하는 사진을 오랫동안 바라본다는 사실을 발견했다. 처음에는 비슷한 정도로 시선을 주다가 서서히 바라보는 시간이 차츰 어느 사진 하나로 고정된다. 그 사진을 오랫동안 바라본다. 그리고 마침내 "이 사진이 가장 마음에 들어요" 하며 선택한다.

연이어 연구팀은 실험 참여자가 (자신이 가장 마음에 드는 사진이 아닌) 다른 사진을 오래 바라보도록 시선의 움직임을 강제로 조작한 뒤 취향 변화가 일어나는지 조사했다. 그 결과, 좀 더 오래 바라보게 한 사진이 '가장 마음에 든다'고 선택하는 사람이 많아졌다. 갑자기 의문이 생긴다. '오래 바라보다 보면 좋아지는 걸까, 아니면 좋아하니까 오래 바라보게 되는 걸까?' 사람 마음은 참으로 복잡다단한 것 같다.

첫머리에 소개한 하이네의 시에서 흠모하는 여성을 바라보며 하늘을 날 듯 행복해진 시 속 주인공(아마도 하이네 자신?)도 그녀에게 쉼 없이 수많은 시선을 보내지 않았을까. 아니, 그래서 그녀가 자신을 바라보고 있음을 깨달았을 수도 있다.

다시 한번 스스로 질문을 던져보자. '상대가 좋아서 자꾸 바라보게 되는 걸까, 아니면 자꾸 바라보다 보니 나도 모르는 사이에 상대가 좋아지는 걸까?' 어쩌면 '닭이 먼저냐, 달걀이 먼저냐?' 같은 소리일 수도 있다. 중요한 것은, 상대방에 대한 기본적인 호감(혹은 애정)과 관심이 없다면 다 부질없는 일이라는 거다. 관심과 호감이 없다면 상대를 오래 바라보지 않거나, 설령 무심코 바라보게 되더라도 애정으로 발전하지 않기 때문이다. 이것은 옥수수 알갱이가 팝콘으로 변화하는 이치와 비슷하다. 딱딱한 옥수수 알갱이에는 15퍼센트 정도의 수분이 들어 있다. 15퍼센트의 수분을 함유한 옥수수 알갱이가 뜨거운 불을 만나 어느 정도 시간이 지나면 극적으로 부드럽고 달콤한 팝콘으로 변화한다. 이때 옥수수 알갱이에 수분이 전혀 없다면 아무리 뜨거운 불을 만나도 팝콘으로 변화하지 않는다.

딱딱한 옥수수 알갱이 같은 여러분 안에는 조만간 '뜨거운 불'을 만나 부드럽고 달콤한 '팝콘'으로 변화하게 할 15퍼센트의 수분이 있는가.

심리실험 04

뇌는 왜 얼굴과 표정에 지나치게 예민해지는 방향으로 진화했을까?

프린스턴대 토도로프 교수의 '얼굴 평균값 측정 실험'

프린스턴대학교 알렉산더 토도로프 교수 연구팀은 327명의 얼굴에서 14종의 평균값을 측정해 통계적으로 해석했다. 그리고 2가지 기준을 적용해 얼굴만 보고 '친화적'인지 '권위적'인지 판정할 수 있다는 사실을 증명했다. 연구팀은 이 결과를 바탕으로 얼굴 사진으로 성격을 판단하는 인공지능을 컴퓨터에 설치하는 데 성공했다.

연구팀은 인공지능 컴퓨터를 이용하여 실험을 했다. 먼저, 선거 출마자 2명의 사진을 보고 어느 쪽이 당선될지 물었다. 사진 이외의 다른 어떤 정보도 제공하지 않았다. 그 결과, 약 70퍼센트가 당선자를 맞추었다. 초등학생에게 사진을 보여주며 '누구에게 선장이 되어달라고 부탁할까?' 하고 묻자 역시 최종 당선자를 대부분 정확히 짚어냈다. 인간 뇌는 왜 이토록 타인의 얼굴과 표정에 지나치게 예민해지는 방향으로 진화했을까?

♥

"사람은 외모가 다가 아니야. 마음이 중요하지!"

"무슨 소리, 요즘 세상에 얼굴보다 중요한 게 어디 있다고!"

연애를 주제로 대화할 때 종종 듣게 되는 이야기 패턴이다. 개인적으로, 얼굴과 마음 중 어느 쪽을 더 중시하는지 다른 사람의 생각을 엿볼 수 있어 흥미롭다. 그런데 이 화제에는 한 가지 암묵적인 전제가 깔려 있다. '얼굴과 내면(마음)은 서로 직접적인 관계가 없다'는 가정이다. 만약 개성이나 성격 같은 내면이 얼굴에 반영된다면 얼굴을 보고 사람을 선택하든 마음을 보고 선택하든 거의 차이가 없기 때문이다.

"얼굴은 마음을 비추는 거울이다"라는 말의 유래는 오랜 옛날로 거슬러 올라간다. 이 말을 자세히 파고들면 그리스나 로마, 중국 등의 고대 문서까지 가 닿는다. 근대에 이르러 그와 비슷한 주장을 펼친 인물로 19세기 이탈리아 정신과 의사인 체사레 롬브로소(Cesare Lombroso)가 유명하다. 그는 오늘날 우리가 유전학이라고 부르는 분야를 개척한 인물이다. 유전학이란 '범죄는 선천적이다'라는 파격적 주장을 담고 있다. 그는 여기서 한발 더 나아가 생김새, 즉 관상에 초점을 맞춘 독자적 사고방식을 바탕으로 이목구비나 골격으로 범죄자 여부를 판정하는 학문인 '범죄 인류학'을 창안하기도 했다. 물론 오늘날 그의 주장은 대다수 전문가에게 받아들여지지 않는다.

그렇기는 해도 외모에 성격이 반영된다는 사고방식 자체는 여전히 대중적으로 설득력이 있다. 게다가 이 점은 과학적으로도 속속 실증되고 있다. 사람 뇌는 얼굴과 표정에 매우 민감하다(때로는 지나치게 민감해서 널빤지 문양에서조차 '얼굴'을 발견하기도 한다). 그런 민감성으로 뇌는 얼굴 특징을 간파하는 일에서부터 '믿음직스럽다', '무서워 보인다'와 같이 평가하고 판단하는 일에 이르기까지 다양한 활동을 한다.

뇌는 얼마나 빨리 다른 사람의 얼굴을 정확히 판별할 수 있을까? 연구 결과에 따르면, 평균 30분의 1초다. 과학자들은 심층 연구를 통해 뇌가 어느 정도로 신속하게 신경 계산을 해내는지 짐작할 수 있다고 한다. 고속 신경 계산을 하는 그 순간, 뇌의 반응을 계측하면 편도체 등 감정에 관여하는 부위가 활발히 활동하는 것을 확인할 수 있다고도 한다.

인류가 얼굴을 식별하는 예리한 감수성을 발달시키는 방향으로 진화해온 이유는 무엇일까? 간단히 말해, 얼굴 식별 능력이 생존에 유리하기 때문이다. 이를 뒷받침하는 연구 결과가 있다. 카드 게임을 예로 들어보자. 속임수를 쓸 것 같은 사람을 카드 속 얼굴 사진만 보고 맞추라고 하면 사람들은 대개

기호 1 인물좋당
기호 2 마음씨곱당
기호 3 범죄형이당
세금도둑

특정 인물을 지목한다. 또한, 여성은 아이를 좋아하는 남성을 사진 속 얼굴만 보고 맞출 수 있다는 조사 결과도 있다. 그뿐만이 아니다. 지능과 사교성, 공격성 등의 성격이 얼굴에 비교적 정확히 드러난다는 통계 자료도 있다. 특히 눈썹과 미간 거리 등을 측정하면 사람의 성격을 웬만큼 추정할 수 있다고 한다.

프린스턴대학교 알렉산더 토도로프(Alexander Todorov) 교수 연구팀은 327명의 얼굴에서 14종의 평균값을 측정해 통계적으로 해석했다. 그리고 2가지 기준을 적용해 얼굴만 보고 '친화적'인지 '권위적'인지 판정할 수 있다는 사실을 증명했다. 연구팀은 이 결과를 바탕으로 얼굴 사진으로 성격을 판단하는 인공지능을 컴퓨터에 설치하는 데 성공했다.

외모를 기준으로 한 인물 판단은 선거에서도 중요하다. 예를 들어, 2명의 사진을 보고 어느 쪽이 당선할 것 같냐고 물으면 사진 이외의 다른 정보를 전혀 제공하지 않아도 약 70퍼센트 확률로 당선자를 맞춘다는 조사 결과가 있다. 아직 놀라기는 이르다. 초등학생에게 여러 장의 사진을 보여주며 그 중 누가 선장인 것 같냐고 물으면 진짜 선장을 정확히 짚어낸다. 내면이 '외모'에 드러난다면 결국 외모가 풍기는 인상을 보고 사람을 판단하는 방법은 어느 정도 이치에 맞는 행동 아닐까.

문득, "나이 마흔이면 자기 얼굴에 책임을 져야 한다"라는 에이브러햄 링컨의 유명한 말이 떠오른다. 아마 링컨도 토도로프 교수 연구팀이 수많은 시행착오를 거치며 마침내 실험에 성공함으로써 밝혀낸 뇌가 작동하는 원리와 인간관계의 메커니즘을 본능적으로 간파하고 있었던 것은 아닐까.

심리실험 05

운 좋은 사람의 행운은 다른 사람에게 전염될까?

독일 막스 플랑크 연구소 라브 박사의 '배구 경기 결과 조사'

2012년, 독일 막스 플랑크 연구소 라브 박사팀은 배구 경기 결과를 선수별로 나누어 조사했다. 그 결과, 전체 선수 중 절반은 컨디션이 좋을 때와 나쁠 때가 무작위로 나타난다는 사실을 발견했는데, 좋을 때와 나쁠 때를 정확히 구별하기 어려울 정도였다. 또한, 나머지 절반의 선수들은 성공과 실수가 무작위로 나타나지 않고 일정한 규칙에 따른다는 사실을 증명했다. 즉, '파도'에 올라탈지 올라타지 못할지는 거의 전적으로 해당 선수에게 달린 셈이다.
재미있게도, 개인의 '흐름'은 자신만이 아니라 팀 동료들에게도 전염된다. 캘리포니아대학교 보크 교수 연구팀은 30경기 연속 안타를 기록한 '행운의 선수'가 있는 팀의 경우, 동료 선수들의 평균 타율도 눈에 띄게 상승했음을 통계적으로 보여주었다. 보크 교수는 행운이 전염되는 이유를 "사람에게는 자연스럽게 타인의 움직임을 모방하는 습관이 있기 때문이다"라고 설명했다.

♥

나는 연구실에서 '기합(氣合)'이라는 단어를 자주 사용한다. 학생들에게 동기를 부여하거나 용기를 북돋아 줄 때 이 단어만큼 유용한 단어도 없기 때문이다. '기합'에 대해 잠깐 생각해 보자.

언젠가 스모 경기를 관람한 적이 있다. 경기를 보는 동안 내 머릿속에서 '기합'이라는 단어가 내내 맴돌았다. 스모는 그야말로 '기합'이 승부를 결정하는 경기라 해도 지나치지 않다. 스모 선수들은 몇 개월, 아니 몇 년에 걸친 혹독한 훈련을 이겨낸 뒤에야 모래판에 설 수 있다. 그런데 허무하게도 승부는 몇 초 만에 판가름 난다. 말 그대로, 운명을 건 한판 대결인 셈이다. 스모라는 스포츠는 고도의 기술과 복잡한 심리전을 모래판 위에서 단단히 압축해 보여준다.

스모 대회에서 우승하려면 90퍼센트 이상의 경이적인 승률이 필요하다. 대부분 대회에서 우승은 '요코즈나(橫綱)'라는 서열이 가장 높은 장사가 차지한다. 즉, 통계적으로 '요코즈나는 어지간해서 지지 않는다'라는 논리가 성립한다. 물론 요코즈나 다음 서열인 '오제키(大関)'나 그다음 서열인 '세키와케(関脇)' 선수도 강하기는 하다. 그러나 요코즈나와는 차원이 다르다. 실제로 스모와 장기에서는 전문가와 초보가 대전하면 판을 뒤집는 이변은 여간해서 일어나지 않는다. 그만큼 실력 차이가 크게 벌어지는 경기라고 할 수 있다.

축구도 비슷하다. J리그에서 우승하려면 75퍼센트에 가까운 승률을 올려야 한다. 스모와 비교하면 낮은 수치지만, 야구와 비교하면 그래도 꽤 높은 편이다. 그런 식으로 J리그는 우승 후보 윤곽이 어느 정도 드러난 상태에서 경기에 들어간다. 반면 프로 야구는 아주 다르다. 우승팀 승률이 50퍼센트 정도인 경우도 드물지 않다. 스모처럼 모든 경기에서 우승하는 이변은 일어날 확률이 거의 없다. 최강 팀이라도 절반 가까운 시합에서 내리 질 수도 있다. 이게 바로 야구다.

여기까지는 '확률론' 이야기다. 실제로 야구 경기를 관람하다 보면 단순한 확률만으로는 설명할 수 없는 도도한 '흐름'이 존재함을 깨닫게 된다. 연승이나 연패가 이어지는 시기에도 각 경기를 보면 승승장구하는 시간대와 다음 기회를 노리며 슬렁슬렁 몸을 푸는 수준으로 경기하는 시간대가 있다. 선수 개인도 마찬가지다. 컨디션이 최상인 선수가 있는가 하면, 슬럼프에 빠져 힘들어하는 선수도 있다.

자, 여기서 잠시 냉정하게 생각해보자. '뜨고 지는 흐름은 정말 존재할까?' 주사위를 던졌을 때 연속해서 1이 나오는 경우는 그리 드물지 않다. 그렇다면 행운이나 불행은 단순히 우연이 겹쳐서 생긴 결과에 지나지 않을까? 아니면, 정말로 행·불행을 가르는 보이지 않는 어떤 힘이 존재하는 걸까?

코넬대학교 토머스 길로비치(Thomas Gilovich) 교수 연구팀은 1985년의 농구 경기 슛을 조사한 뒤 성공과 실패 확률을 정리했다. 그 결과, 연구팀은 전체적으로 보면 성공과 실패가 무작위로 나타난다는 사실을 밝혀냈다. 그들은 "경기 흐름은 미신에 지나지 않는다"라고 주장했다.

그로부터 30년 가까이 시간이 지난 2012년에 조금 다른 주장이 나왔다. 독일 막스 플랑크 연구소 라브(M. Raab) 박사팀은 배구 경기 결과를 선수별로 나누어 조사했다. 그 결과, 연구팀은 전체 선수들 중 절반은 컨디션이 좋을 때와 나쁠 때가 무작위로 나타난다는 사실을 발견했다. 좋을 때와 나쁠 때를 정확히 구별하기 어려울 정도였다. 또한, 나머지 절반의 선수들은 성공과 실수가 무작위로 나타나지 않고 일정한 규칙에 따른다는 사실을 증명했다. 즉, '파도'에 올라탈지 올라타지 못할지는 해당 선수에게 거의 전적으로 달려 있는 셈이다.

재미있게도, 개인의 '흐름'은 자신만이 아니라 팀 동료들에게도 전염된다. 캘리포니아대학교 보크(Bock) 교수가 이끄는 연구팀은 30경기 연속 안타를 기록한 '행운의 선수'가 있는 팀의 경우, 동료 선수들의 평균 타율도 눈에 띄게 상승했음을 통계적으로 보여주었다. 보크 교수는 행운이 전염되는 이유를 “사람에게는 자연스럽게 타인의 움직임을 모방하는 습관이 있기 때문이다”라고 설명했다. 즉, 팀에는 모종의 ‘분위기’가 확실히 존재한다. 따라서 승세를 탄 동료에게 다가가 ‘행운’을 나누어 받는 전략은 자신의 운을 높일 수 있는 합리적 행동이라고 볼 수 있다.

가만, 독감이나 콜레라, 페스트 같은 질병이 아니라 행운이 다른 사람에게 전염된다고? 말만 들어도 기분이 흐뭇해지는 실험 결과가 아닐 수 없다.

심리실험 06

구매 가격을 고객이 정하게 하면 판매자는 가장 많은 이익을 얻는다?

캘리포니아대 그니지 교수의
'관광 사진 판매 실험'

영국 밴드 라디오헤드는 홈페이지에 팬들이 자유롭게 금액을 지급하고 내려받을 수 있도록 새 앨범 음악 파일을 공개했다. 물론 단 한 푼의 돈도 내지 않아도 상관이 없다. 팬들은 어떻게 반응했을까? 놀랍게도, 대다수가 기꺼이 돈을 냈다. 첫날에만 120만 명이 넘는 사람이 음악을 내려받아 라디오헤드는 100억 원 넘는 막대한 수입을 챙겼다. '사람들은 왜 공짜로 들어도 되는 상황에서 굳이 돈을 내고 음악을 들었을까?' 캘리포니아대학교 유리 그니지 교수 연구팀은 이 질문에 대한 답을 찾기 위해 사진 판매 실험을 했다. 관광 보트 승객을 카메라맨이 촬영한 뒤 사진을 판매한다. 물론 강제가 아니며, 사진을 확인한 뒤 사고 싶은 사람만 사면 된다. 연구팀은 '15달러', '5달러', '원하는 금액'의 3가지 옵션으로 가격을 설정했다. 그런 다음, 실험 참여자들에게 어느 경우에나 '원래 가격은 15달러'라고 알려주었다. 자, 어떤 결과가 나왔을까?

♥

바겐세일, 크리스마스 세일, 파격 할인……. '이번이 마지막 기회!'라는 식의 광고 문구에 끌려 마치 뭔가에 홀리기라도 한 듯 지갑을 연다. 이런 경험을 누구나 한 번쯤 해보지 않았나? 원래 가격보다 조금이라도 싸게 사면 뭔가 큰 이득을 본 것 같은 기분이 든다. 이런 심리가 그리 단순하지 않다는 사실이 실험을 통해 밝혀졌다.

라디오헤드(Radiohead)라는 영국 밴드의 음악 파일 판매 사례로 살펴보자. 라디오헤드는 자신들의 홈페이지에 팬들이 직접 결정한 금액을 지급하고 자유롭게 내려받을 수 있도록 새 앨범 음악 파일을 공개했다. 물론, 단 한 푼의 돈도 내지 않아도 상관이 없었다.

라디오헤드의 팬들은 어떻게 반응했을까? 놀랍게도, 대다수가 성실하게 돈을 냈다. 첫날에만 120만 명이 넘는 많은 사람이 음악을 내려받은 덕분에 라디오헤드는 100억 원 넘는 막대한 수입을 챙겼다. 이와 비슷한 비즈니스모델은 예능뿐 아니라 게임 산업에서도 시도되어 좋은 성과를 거두었다. 이러한 사례들은 사람이 완전히 자기중심적인 생물이 아니라는 하나의 명백한 증거처럼 보인다. 예전 경제학 이론에서는 인간을 '자신의 이익을 최대화하는 존재'로 파악하여 사회 시스템을 공식화하는 것이 일반적이었다. 그러나 이 가정에 따르면, 위와 같은 파격적인 비즈니스모델은 성공하기 어렵다. 아무래도 고전적인 이론에 대폭 수정이 필요해 보인다.

그렇다면 공짜로 들어도 전혀 문제 되지 않는 상황에서 사람들은 왜 굳이 돈을 내고 음악을 들었을까? 오늘날 심리학에서는 '인간은 내면에 이상형을 가진 존재다'라는 식으로 해석한다. 쉽게 말해, 선량하고 공평한 자기 이미지를 유지하고 싶다는 욕구가 우리 안에 자리 잡고 있다는 뜻이다. 타인에게도 자신에게도 제대로 평가받고 싶다는 욕구가 있으면 이기심이 억제되고 규범적 행동이 늘어난다는 의미이기도 하다.

캘리포니아대학교 유리 그니지(Uri Gneezy) 교수 연구팀은 최근 이 가설을 뒷받침하는 실험 결과를 《미국 과학원 회보(Proceedings of the National Academy of Sciences of the United States of America)》에 게재했다. 이 논문에서는 3가지 실험을 다룬다. 어느 유명 관광지에서 이루어진 조사인데, 그중 하나를 소개할까 한다. 관광 보트 승객을 카메라맨이 촬영한 뒤 사진을 판매한다. 강제는 아니다. 사진을 확인한 뒤 사고 싶은 사람만 사면 된다.

연구팀은 '15달러', '5달러', '원하는 금액'의 3가지 옵션으로 가격을 설정했다. 그런 다음, 실험 참여자들에게 어느 경우에나 '원래 가격은 15달러'라고 알려주었다. 그러자 예상대로 15달러보다 5달러일 때 사진을 사는 사람이 가장 많았다. 15달러일 때 23퍼센트, 5달러일 때 64퍼센트의 고객이 사진을 구매했다. 그렇다면 자신이 원하는 금액을 내는 방식으로 판매했을 때 어떤 결과가 나왔을까? 놀랍게도, 55퍼센트의 고객이 사진을 구매했다. 비록 5달러일 때보다는 적었지만, 가격이 정해지지 않은 상황에서도 상당히 많은 사람이 기꺼이 돈을 내고 사진을 구매했다.

'5달러'의 가격을 제안했을 때 사람들은 왜 사진을 구매할까? '이 가격에 사면 확실히 이득이다'라는 심리가 작용하기 때문이다. 그러나 '원래 가격은 15달러지만, 당신이 원하는 금액을 내라'는 제안을 받으면 어떨까? 제안받은 사람으로서는 조금 난감하지 않을까? 물론 5달러 이하의 가격에도 사진을 살 수 있지만, 양심의 가책이 느껴진다. '선량한 자아상'을 무너뜨릴 바에야 차라리 사지 않는 게 낫겠다고 느끼는 것도 이상하지 않다.

참고로, '자신이 원하는 금액'에 사진을 구매한 사람들은 평균 6.4달러를 냈다. 진짜 재미있는 내용은 지금부터다. 연구팀은 위의 3가지 전략 중 어느 전략이 가장 많은 돈을 버는지 측정했다. 그 결과 흥미롭게도, '자신이 원하는 금액'에 사진을 구매하도록 한 세 번째 전략이 가장 높은 매출을 달성했다.

그러고 보면, 사람 마음의 움직임은 참으로 묘하다. 이 실험 결과를 보고 '세상에 공짜보다 더 비싼 건 없다'라는 진리를 떠올린 사람은 나 혼자만은 아니지 않을까.

심리실험 07

'거짓말하지 마세요'보다 '거짓말쟁이가 되지 마세요'가 더 효과적인 이유

캘리포니아대 브라이언 교수의
'거짓말 줄이기 위한 짝수-홀수 말하기 실험'

1에서 10까지 숫자 중에서 하나만 머릿속에 떠올려보라고 하면 어떤 숫자를 떠올리겠는가? 실험 결과 짝수를 떠올린 사람은 20퍼센트에 불과했고, 나머지 80퍼센트는 홀수를 떠올렸다. 캘리포니아대학교 브라이언 교수팀은 이 실험에서 출발하여 새로운 실험을 했다. 연구팀은 실험 참여자들에게 방금 머릿속에 떠올린 숫자를 말하기 전, 한 가지 제안을 했다.

"방금 떠올린 숫자가 만약 짝수라면 5,000원을 드리겠습니다. 여러분이 떠올린 숫자는 무엇인가요?"

재미있게도, '짝수'라고 응답한 사람 비율이 전체의 50퍼센트에 달했다. 30퍼센트 정도는 허위 신고를 했다는 얘기다. 연구팀은 허위 신고를 최대한 줄이려고 '양심 경고등'을 사용해 사람들에게 말을 걸었다.

'양심 경고등 A. 거짓말하지 마세요.' '양심 경고등 B. 거짓말쟁이가 되지 마세요.' 양심 경고등 A와 B 중 어느 쪽이 더 강력한 효과를 발휘했을까?

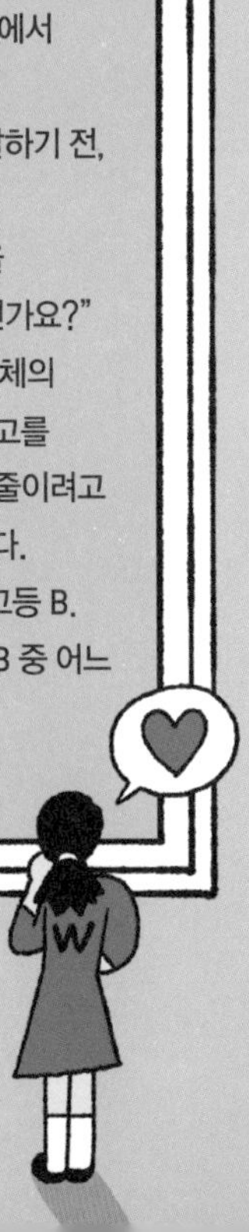

♥

자, 여러분 앞에 1에서 10까지 10개의 숫자가 있다. 그중 하나만 머릿속에 떠올려보자. 어떤 숫자를 떠올렸나? 과학자들은 간단한 실험을 통해 뜻밖의 사실을 밝혀냈다. 사람들이 1~10까지 열 개의 숫자 중에서 머릿속에 떠올리는 숫자는 짝수보다 홀수가 월등히 많다는 점이다. 확률적으로 보자면, 홀수와 짝수 모두 똑같이 50퍼센트가 나와야 이치에 맞는다고 생각하기 쉽다. 그러나 실제로 짝수를 떠올린 사람은 20퍼센트에 불과했다. 나머지 80퍼센트는 홀수를 떠올렸다는 얘기다.

캘리포니아대학교 브라이언(Bryan) 교수와 그의 연구팀은 위의 실험 결과를 보고 '상황에 약간 변화를 주면 전혀 다른 결과가 나올 수도 있지 않을까?'라는 의문을 품었다. 연구팀은 실험 참여자들이 방금 머릿속에 떠올린 숫자를 말하기 전, 한 가지 제안을 했다.

"방금 떠올린 숫자가 만약 짝수라면 5,000원을 드리겠습니다. 여러분이 떠올린 숫자는 무엇인가요?"

재미있게도, 이 실험에서 '짝수'라고 응답한 사람 비율은 전체의 50퍼센트에 달했다. 사실은 홀수를 떠올렸으면서 돈을 받기 위해 거짓말한 사람 비율이 30퍼센트 정도 되었다는 얘기다. 연구팀은 여기서 한발 더 나아가 허위 신고를 최대한 줄이기 위해 어떻게 충고하면 좋을지 고심했다. 연구팀은 다음과 같이 2가지 '양심 경고등'을 사용하여 사람들에게 말을 걸었다.

양심 경고등 A. 거짓말하지 마세요.

양심 경고등 B. 거짓말쟁이가 되지 마세요.

A와 B 중 어느 쪽이 더 강력한 효과를 발휘했을까? 어느 문구가 우리 마음에 좀 더 강력한 호소력을 발휘하는지 생각해보면 어렵지 않게 답을 맞힐 수 있다.

답은 B다. '거짓말쟁이가 되지 마세요'라는 문구가 '거짓말하지 마세요'라는 문구보다 훨씬 강력하고 효과적이었다. 실제로 B그룹에서는 '짝수'라고 답한 사람 비율이 20퍼센트 정도 나왔다. 거짓말하는 사람이 거의 자취를 감추었다는 의미다. 반면 A그룹은 여전히 50퍼센트 정도로, '거짓말하지 마세요'라는 양심 경고등이 사실상 아무런 역할을 하지 못한 셈이었다.

이 실험의 뿌리는 범죄심리학 연구로 거슬러 올라간다. 애초 범죄자는 왜 범죄를 저지를까? 그 일이 즐거워서 죄를 짓는 사람은 거의 없지 않을까. 대부분 복잡하고 열악한 상황 속에서 벼랑 끝으로 몰리고 몰리다가 어쩔 수 없이 범죄를 저지르게 된다. 범죄를 저지르는 순간의 심리를 살펴보면 '원래 나는 선량한데, 이번에는 특별한 상황이라 어쩔 수 없다'라고 마음에 뚜껑을 덮고 봉인한 상태에 가깝다.

인간으로서 마땅히 지녀야 할 양심이 있고 죄책감을 가진 사람이라면 자신이 '날 때부터 악인'이 아니라는 사실을 잘 알고 있다. 그러므로 '진짜 인격'과 '실제 행동'은 별개로 치고 범죄를 저지를 수밖에 없는 상황으로 치닫는 자신을 심리적 안전구역으로 피난시키려고 애쓴다.

이야기가 잠시 곁길로 샜는데, 다시 본론으로 돌아가자. 양심 경고등 A의 대상자는 허위 신고라는 '행위'만 언급했지만, 양심 경고등 B는 '인격' 그 자체를 언급했다. 그러므로 A보다 B가 훨씬 강하게 마음에 와닿는다.

흥미롭게도, 연구팀은 선거에서도 이와 유사한 현상을 관찰할 수 있었다고 보고했다. 투표율을 올리기 위해 '투표는 중요하다'라고 말하는 것보다 '한 표를 행사해 민주시민으로서 당당한 모습을 보여주어야 한다'라는 표현이 더 효과적이라는 얘기다. 이 효과를 교육 현장은 물론이고 사내 연수나 스포츠 강습 등 다양한 삶의 상황에서 적절히 응용할 수 있다.

마음을 움직이는 말 한 마디...

다시 한번 말하자면, '범죄 따위는 저지르지 마라'라는 말보다 '범죄자가 되지 마세요'라는 말이 더 효과적이다. 마찬가지로, '배신하지 마세요'라는 말보다 '배신자가 되지 마세요'라는 말이 낫다. '게으름 피우지 마세요'라는 말보다 '게으름뱅이가 되지 마세요'가, '낭비하지 마세요'라는 말보다 '낭비하는 사람이 되지 마세요'라는 말이 좀 더 강력한 효과를 발휘한다. '항상 웃으세요'보다 '잘 웃는 사람이 돼라'가, '내 상황을 이해해주세요'보다 '나를 이해해주는 사람이 되어주세요'라는 말이 의도한 목적을 달성할 가능성이 더 높다. 또 '울지 마'보다 '울보가 되지 마'라는 말이 좀 더 울림이 있다. 이런 식으로 우리 삶에서 적절한 예를 얼마든지 떠올릴 수 있다.

사랑하는 이에게 프러포즈할 때 이 점을 참고하여 멘트를 작성해보는 건 어떨까. 예컨대, '나와 결혼해주세요'라고 말하기보다 '나의 평생 반려자가 되어주세요'라고 말하는 게 결혼에 골인할 가능성이 좀 더 높아질 것이다.

기회가 생기면 독자 여러분도 이 아이디어를 한 번쯤 생활에 적용해보라고 권해주고 싶다. 미세한 문구 차이가 여러분의 업무 성과를 한 차원 높여줄 수도 있고, 자칫 실패로 끝날 뻔한 사랑을 성공으로 이끌어줄 수도 있으니까!

심리실험 08

자기 이야기를 하기 위해서라면 20퍼센트 정도 이익은 포기할 수 있다고?

하버드대 미첼 교수의 '질문에 대한 보상 선택 실험'

하버드대학교 제이슨 미첼 교수 연구팀은 자기 이야기를 하면 쾌감 뇌 회로가 활성화한다는 사실을 실험을 통해 밝혀냈다. 연구팀은 뇌 활동 기록뿐 아니라 사람이 자기 이야기를 할 때 선택하는 행동과 관련된 심리실험을 했다. 그들은 37명의 참여자를 모집한 뒤 3가지 방식으로 질문을 던졌다. 첫째, '스키를 좋아하는가?'처럼 개인 취향을 확인하는 질문. 둘째, '오바마 대통령은 스키를 좋아할까?'와 같은 타인에 관한 질문. 셋째, '〈모나리자〉를 그린 사람이 다빈치일까?'와 같은 일반상식에 관한 질문이다. 연구팀은 이 질문들을 두 개씩 묶어 195개로 정리했다. 실험 참여자는 각 질문 묶음 중 마음에 드는 질문을 선택해 대답한다. 연구팀은 그때마다 돈을 지급한다. 배당 금액은 최소 1센트에서 최고 4센트까지, 어떤 질문을 선택하느냐에 따라 금액은 달라진다. 그들은 어떤 질문을 선택했을까?

♥

"우리끼리 이야긴데, 사실 내가……." 이런 이야기를 들으면 누구나 귀를 쫑긋 세우게 된다. '이 사람이 나한테만 자기 비밀을 털어놓는구나' 생각하며 친밀감을 느끼기 마련이다. '비밀 공유하기'는 마음에 둔 이성을 공략하는 효과적인 기술로 활용된다. 그렇다 보니, 이 주제가 20·30세대를 주 타깃으로 하는 잡지에 단골 소재로 등장하기도 한다.

'비밀 공유하기가 이성의 마음을 사로잡는 데 효과적이다'라는 내용은 심리학적으로 얼마나 신빙성이 있을까? 반갑게도, 이 내용이 실제로 효과가 있다는 실험 결과가 나왔다. 하버드대학교 제이슨 미첼(Jason Mitchell) 교수 연구팀의 논문인데, 《미국 과학원 회보》에 실렸다. 연구팀은 자기 이야기를 하면 쾌감 뇌 회로가 활성화한다는 사실을 실험을 통해 밝혀냈다. 쉽게 말해, 다른 사람들에게 자신을 기꺼이 드러내면 기분이 좋아진다는 의미다.

일반적으로, 사람이 자기 경험을 타인에게 이야기하는 행동은 지식과 지혜의 전수로 이어진다. 이런 행위는 개인뿐 아니라 사회적으로도 이익이 된다. 뇌는 이런 목적을 성취하기 위해 '자기 폭로를 촉진하는 신경 회로'를 진화 과정에서 발달시켰을 가능성이 크다.

연구팀은 뇌 활동 기록뿐 아니라 사람이 자기 이야기를 할 때 선택하는 행동과 관련된 심리실험을 진행했다. 그들은 37명의 참여자를 모집한 뒤 다양한 질문을 던졌다. 질문 내용은 크게 다음 3가지로 나누어진다. 첫째, '스키를 좋아하는가?'처럼 개인적 취향을 확인하는 질문. 둘째, '오바마 대통령은 스키를 좋아할까?'와 같은 타인에 관한 질문. 셋째, 일반상식에 관한 질문으로 '〈모나리자〉를 그린 사람이 다빈치일까?'와 같은 질문이다.

연구팀은 이러한 질문들을 두 개씩 묶어 195개로 정리한 다음 나열했다. 실험 참여자는 각각의 질문 묶음 중 자기 마음에 드는 질문을 선택해 대답한다. 연구팀은 그들이 대답할 때마다 돈을 준다. 배당 금액은 최소 1센트에서 최고 4센트까지이며, 어떤 질문을 선택하느냐에 따라 금액은 달라진다. 참여자들은 어떤 질문을 선택했을까? 흥미롭게도, 상당수 참여자가 '자신에 관해 대답하는 질문'을 선택했다. 심지어 손에 쥐는 금액이 적어지는 불이익을 감수하고라도 자기 이야기를 할 기회가 있는 질문을 골랐다. 좀 더 구체적으로, 그들은 원래 얻을 수 있는 금액의 20퍼센트 정도를 기꺼이 포기하면서까지 자기 이야기를 하는 쪽을 선택했다.

실제로 사람들은 일상에서도 자기 이야기하는 것을 꽤 즐기는 편이다. 한 연구에 따르면, 실험 참여자들이 일상 대화의 30~40퍼센트를 사적 경험이나 개인적 인간관계에 관한 화제에 할애했다고 한다. 블로그나 페이스북, 트위터 등 각종 SNS를 들여다보면 이러한 경향성이 더욱 두드러진다는 것을 알 수 있다. 특정 상대를 향해 말을 걸지 않는 SNS라는 공간에서 발신하는 정보는 대부분 자신이 무엇을 경험하고, 어떻게 느끼고, 어떤 생각을 하는지 이야기하는 내용으로 채워진다.

최근 세상을 휩쓸고 있는 SNS 열풍을 비판적으로 바라보는 시각에는 '불특정 다수의 대중 앞에서 자기 사생활을 공공연히 떠벌리는 게 뭐 그리 즐거울까?' 하는 불편한 지적이 있다. 그러나 이번 연구 결과를 이해하고 나면 이러한 비판은 '자기 고백과 폭로는 커다란 쾌감을 준다'라는 뇌의 기본 생리를 이해하지 못한 지적으로 일방적 오해에서 비롯되었다는 생각을 하게 된다.

정신과 의사는 내담자의 이야기를 성심성의껏 귀 기울여 듣는 일로부터 상담을 시작한다. 이 초기 절차를 '수용'이라고 부르는데, 상대의 믿음을 얻어 상호 유대감 키우기가 목적이라는 것이 교과서적 해석이다. 물론 그 말도 옳다. SNS상에서의 커뮤니케이션에는 상대의 쾌감을 충족시켜준다는 심리적 의미도 담겨 있을 테니 말이다.

하버드대 미첼 교수 연구팀은 인간은 다른 사람에게 자기 이야기를 할 기회를 얻기 위해서라면 자신이 얻을 수 있는 이익의 20퍼센트 정도를 과감히 포기할 수 있는 존재라는 사실을 실험을 통해 밝혀냈다. 자기 자신에게 이렇게 질문을 던져 보자. '나는 다른 사람에게 나의 이야기를 들려주기 위해 몇 퍼센트의 이익을 포기할 수 있을까?'라고. 정확히 수치화하긴 어렵지만, 분명한 것은 '20'이라는 숫자보다는 훨씬 많지 않을까 싶다. 왜냐하면, 나의 연구와 글쓰기의 힘은 다른 사람에게 '들려주고 싶은' 욕구에서 출발하기 때문이다.

심리실험
09

상류층 사람일수록 도덕 관념이 희박하다고?

캘리포니아대 피프 교수의 '자원봉사 참가자 모집 실험'

캘리포니아대학교 폴 피프 교수 연구팀은 '상류층 사람들은 도덕 관념이 희박하다'라는 전제로 실험을 했다. 연구팀은 참여자들에게 사탕이 든 바구니를 보여주며 "지금부터 아이들에게 사탕을 나눠주려고 하는데, 그 전에 몇 개 드시지 않겠어요?"라고 말했다. 그러자 상류층 사람들은 하류층 사람들보다 더 많은 사탕을 움켜잡았다.

이어서 연구팀은 실험 참여자들에게 '나는 사회적 지위가 높다'고 생각하며 행동하도록 요구했다. 흥미롭게도, 하류층 사람이 탐욕스러워졌다. 그들은 거리낌 없이 행동했고, 비도덕적 행태를 보였으며, 다른 사람에게 갑질도 서슴지 않았다. 이로써 연구팀은 낮은 도덕심은 선천적이지 않으며 지위가 만들어내는 부산물이라는 결론을 얻었다. 좀 더 재미있는 일이 뒤에 일어났다. "물욕은 전혀 부끄러워할 필요 없는, 인간이 가져야 할 정당한 욕구다"라는 문구가 덧붙여진 직후였다. 그러자 하류층 사람들의 무례함이 상류층 사람들보다 훨씬 심해졌다.

"재물을 가진 사람이 하나님 나라에 들어가기는 참으로 어렵다. 부자가 하나님의 나라에 들어가는 것보다 낙타가 바늘귀로 들어가는 것이 더 쉽다."

『신약성경』의 누가복음 18장에 나오는 '부자와 천국' 비유다. 인간 세상에서 물욕에 마음을 빼앗기지 않고 고고하게 산다는 것이 얼마나 어려운 일인지 잘 보여주는 구절이다.

위의 구절을 다른 관점에서 생각해보자. 여기에 내포된 '부자=악'의 단순한 공식은 어디에서 비롯되었을까? 잠시 역사를 거슬러 올라가 중세시대의 유럽 사회와 문화를 살펴볼 필요가 있다. 중세 유럽대륙의 기독교 신자들은 유대인들에게 강한 반감을 품고 있었다. 당대인들이 유대인에 대해 가진 이미지는 돈에 대한 집착이 매우 강하고 피도 눈물도 없는 악덕 고리대금업자 그 이상도 이하도 아니었다(셰익스피어가 『베니스의 상인』에서 유대인을 악덕 고리대금업자로 설정한 것이 좋은 예다).

아무튼, 위에 인용한 성경 구절을 과학적으로 증명하는 실험이 진행되었다. 캘리포니아대학교 폴 피프(Paul K. Piff) 교수 연구팀이 그 주인공들이다. 연구팀은 '상류층 사람들은 도덕관념이 희박하다'라는 전제로 실험을 진행했으며, 그 전제를 명쾌하게 증명해냈다. 그 실험 결과가 담긴 논문이 《미국 과학원 회보》에 실렸는데, 여기에는 "상류층 사람들은 도덕 관념이 희박하다"라는 주장을 뒷받침하는 7가지 증거가 포함되어 있다. 그중 몇 가지를 골라 소개할까 한다.

먼저, 연구팀은 '운전 매너'를 조사했다. 자가용 등급이 사회적 지위를 반영한다는 사실은 널리 알려져 있다. 그러므로 그들은 고급형에서 일반형까지 자동차 등급을 5단계로 분류하고, 계층별로 운전자들이 교통 법규를 얼마나 잘 준수하는지 관찰했다. 그 결과, 횡단보도에서 손을 들고 건너려는 보행자를 기다려주지 않고 그대로 통과하는 확률은 전체 평균 35퍼센트로 나왔다. 그렇다면 고급 승용차 운전자는? 47퍼센트의 운전자가 보행자를 무시하고 지나친 것으로 나타났다. 이어서 연구팀은 교차로에서 끼어들기를 하는 운전자 수를 조사했다. 그 결과 전체 평균은 12퍼센트였고, 고급 승용차 운전자는 30퍼센트였다. 전체 평균보다 2.5배나 많은 수치다.

이어서 연구팀은 자원봉사 참여자를 모집하는 실험을 했다. 그들은 실험 참여자들에게 면접관 역할을 맡겼다. 실험 참여자는 취업 희망자와 적절히 교섭하며 채용 후 급여를 결정해야 한다. 이때 눈여겨보아야 할 사실이 하나 있다. 당연하게도 지원자들은 장기적으로 안정된 일자리를 원하는데,

이번에 채용하고자 하는 자리는 조만간 없어질 예정이라는 점이다. 과연 면접관은 이 부당한 상황을 지원자에게 알릴 수 있을까?

실험 결과, 하류층에 속하는 사람은 솔직하게 그 사실을 알리고 지원자와 교섭하고자 하는 경향이 뚜렷했다. 반면, 상대적으로 사회적 지위가 높은 사람일수록 사실을 숨기고 싶어 했다. '나중에 상황이 달라진 척하면 그만이다'라는 전략을 택한 셈이다. 다시 말해, 우선 숨겨도 자신에게는 해가 될 일이 없으니 자신에게 유리한 쪽으로 교섭을 진행하는 경향성이 사회적 지위가 높은 사람들의 특징이다.

실험 하나 더. 연구팀은 참여자들에게 사탕이 든 바구니를 보여주었다. 그런 다음, "지금부터 아이들에게 사탕을 나눠주려고 하는데 그 전에 몇 개 드시지 않겠어요?"라고 말하며, 원하는 만큼 사탕을 집어 들라고 권했다. 그러자 상류층 사람들은 하류층 사람들보다 더 많은 사탕을 움켜잡았다. 연구팀은 마지막으로 한 가지 실험을 더 했는데, 이 실험이 가장 인상적이다.

연구팀은 실험 참여자들에게 '나는 사회적 지위가 높다'고 생각하며 행동하도록 요청했다. 그들은 어떻게 반응했을까? 흥미롭게도, 하류층 사람이 명백하게 탐욕스러워졌다. 그들은 거리낌 없이 행동했고, 비도덕적 행태를 보였으며, 다른 사람에게 갑질도 서슴지 않았다. 이로써 연구팀은 낮은 도덕심은 선천적이지 않으며 지위가 만들어내는 부산물이라는 결론을 얻었다.

좀 더 재미있는 일이 뒤에 일어났다. '물욕은 전혀 부끄러워할 필요 없는, 인간이 가져야 할 정당한 욕구다'라는 문구가 덧붙여진 직후였다. "벼는 익을수록 고개를 숙인다"라는 가르침은 어디다 내팽개쳤는지, 하류층 사람들의 무례함이 상류층 사람들보다 훨씬 심해졌다.

이 시점에 갑자기 궁금증이 생긴다. 그들은 단순히 분위기에 휩쓸린 바람에 잠시 어깨에 힘이 들어가 거들먹거린 걸까? 아니면, 그저 평소 받은 예절교육이 세련되지 못한 탓일까? 정확한 이유는 알 수 없으나, 추악한 인간 심리를 속 시원히 겉으로 드러내게 한 실험 결과인 것만은 분명해 보인다.

심리실험 10

뇌는 왜 다른 사람에게 조종당하면서도 그 사실을 인지하지 못할까?

하버드대 길버트 교수팀의
'짧은 데이트 후 상대 이성의 매력도 평가 실험'

하버드대학교 대니얼 길버트 교수 연구팀은 대학생 41명을 모집해 짧은 시간 동안 대화하는 방식의 데이트 상황을 설정했다. 33명의 여대생이 남학생 8명을 차례로 만나고 5분 동안 대화를 나누는 연속 데이트다. 대화를 나눈 뒤, 여성들은 남성에게 느낀 매력 정도를 평가한다. 먼저, 각 여대생에게 조만간 만나게 될 남학생 프로필을 데이트 전 미리 살짝 보여준다. 거기에는 이름, 나이, 키, 고향, 취미와 기호 등의 개인 정보가 사진과 함께 기재되어 있다. 이 내용으로 남성과의 대화가 어느 정도 즐거울지 100점 만점으로 예상해 점수를 매긴다. 동시에 연구팀은 그 남학생과 바로 직전에 데이트한 여학생이 실제로 그 남학생에게 매긴 점수를 실험 참여자들에게 넌지시 알려준다. 그 후 실험에 들어가 대화를 나누고, 그 순간의 즐거움을 다시 100점 만점으로 평가한다. 예상과 현실은 일치했을까, 아니면 전혀 다른 양상을 보였을까? 두 점수는 어느 정도 근접했을까?

♥

"앞으로 여러분의 기분이 어떨지 예상해서 대답해보세요."

독자 여러분도 지금부터 열심히 생각해보자. 아무리 머리를 싸매고 고민해도 그럴듯한 대답을 내놓기가 쉽지 않을 것이다. 가령 복수심을 불태우다 드디어 원수를 갚게 되면 10년 묵은 체증이 한꺼번에 내려갈 정도로 통쾌할 거라 예상했다고 가정해보자. 그러나 실제로 복수에 성공한다 해도 애초 예상했던 만큼 그렇게 뿌듯하지만은 않다. 다른 사례에서도 마찬가지다. 뭔가 큰 상을 받거나 오랫동안 짝사랑하던 사람과 결혼에 골인하는 순간에도 애초 예상했던 것만큼 벅찬 감격을 느끼지 않는다는 사실이 심리실험으로 증명되었다.

반대 상황도 마찬가지다. 시험 점수가 나빠도, 불의의 사고를 당해 신체장애를 얻어도, 승진 시험에서 떨어져도 그 일이 생기기 전 예상했던 것만큼 충격이 크거나 오래가지는 않는다. 쉽게 말해, 우리는 좋은 일이든 나쁜 일이든 앞으로 자신에게 닥칠 일로 인한 기분을 과장해서 예측하는 경향이 있다는 의미다.

이 문제와 관련하여 하버드대학교 대니얼 길버트(Daniel Gilbert) 교수팀이 진행한 흥미로운 연구가 있어 소개할까 한다. 연구팀은 대학생 41명을 모집해 짧은 시간 동안 대화하는 방식의 데이트 상황을 설정했다. 33명의 여대생이 남학생 8명을 차례로 만나고 5분 동안 대화를 즐기는 연속 데이트다. 대화를 나눈 뒤, 여성들은 남성에게 느낀 매력 정도를 평가한다.

먼저, 각 여대생에게 조만간 만나게 될 남학생의 프로필을 데이트 전 미리 살짝 보여준다. 거기에는 이름, 나이, 키, 고향, 취미와 기호 등의 개인 정보가 사진과 함께 기재되어 있다. 이 내용으로 남성과의 대화가 어느 정도 즐거울지 100점 만점으로 예상해 점수를 매긴다. 동시에 연구팀은 그 남학생과 바로 직전에 데이트한 여학생이 실제로 그 남학생에게 매긴 점수를 실험 참여자들에게 넌지시 알려준다.

그 후 실제로 실험에 들어가 대화를 나누고, 그 순간의 즐거움을 다시 100점 만점으로 평가한다. 예상과 현실은 일치했을까, 아니면 전혀 다른 양상을 보였을까? 두 점수는 어느 정도 근접했을까? 놀라지 마시라. 두 점수는 무려 평균 22점이나 차이가 났다.

연구팀은 이 실험을 통해 뜻밖의 사실을 덤으로 알게 되었다. 실제로 실험 참여자가 매긴 점수는 예상했던 점수와 크게 차이가 났지만, 직전에 다른 여성이 매긴 점수와는 11점밖에 차이가 나지 않았다는 점이다. 즉, 실험 참여자가 최종적으로 매긴 점수는 순수한 자신의 예상이라기보다는 바로 직전에 누군가가 어떻게 판단했는지를 '사전 정보'로 받아들여 내린 결과에 가까웠다는 의미다.

연구팀은 실험 참여자들에게 "당신의 예상과 타인의 평가 중 어느 쪽이 더 적중했나?"라고 물었다. 이 질문에 대해 압도적인 숫자인 75퍼센트가 "내 예상이 더 정확했다"고 대답했다. 다시 말해, 그들은 자신이 타인의 평가에 영향받았다는 사실을 인지하면서도 인정하고 싶지는 않았다고 볼 수 있다.

곧바로 추가 질문이 이어졌다. "앞으로 데이트할 남성에 대해 당신의 예상과 다른 사람이 내린 판단 중 어느 쪽이 당신 자신의 주관에 더 가까운가?"라고 물었다. 이 질문에 대해서는 어떤 답변이 많았을까? 절대다수인 전체 참여자의 84퍼센트가 '자신의 예상'이라고 대답했다.

사람은 무의식적으로 타인의 의견을 신경 쓰고, 타인의 판단을 '자신의 의견'이라고 받아들이는 경향이 있다. 조금 심하게 말하면, 우리 지성은 타인의 강력한 영향 아래에서 이리저리 춤추는 '꼭두각시 지성'이다. 또한 다양한 사람과 상황에 의해 자신이 조종당한다는 사실조차 알아차리지 못한 채 '나 자신의 의지로 판단했다'고 착각하는, 자존심으로 똘똘 뭉친 꼭두각시 인형이다. 이러한 무의식에 가까운 습성은 명품을 선호하는 성향이나 예술 작품에 대한 평가, 각종 스포츠 경기

LOUIS
MERMES
subprime
BEST SELLER
M.DUCHAMP
LZ
MAMAZON

에서의 예술 점수, 경제 동향 등 다양한 상황에 관여한다.

우리는 어린 시절부터 '자기 머리로 사고하고, 자기만의 생각을 가져야 한다', '타인의 의견에 휩쓸려서는 안 된다'고 교육받으며 성장했다. 자신의 주관적 판단과 생각은 무시된 채 마치 허공에 매달려 춤추는 꼭두각시가 된 것 같은 상황에 극심한 스트레스를 느끼는 방향으로 의식을 형성해온 것이다. 그러나 최신 뇌 연구가 보여주는 우리의 자아상은 스스로 생각하는 '이상형'과는 달라도 너무 다른 모습을 하고 있다.

그렇다면 이제 어떻게 해야 할까? 어떻게 하긴? 애초에 우리 뇌 구조가 그렇게 생겨 먹었으니 냉혹한 현실로 받아들이고 좀 더 냉철해지려고 노력하는 수밖에.

심리실험

11

'빨강'이 여성의 성적 매력을 높여준다고?

로체스터대 엘리엇 교수의
'여성의 옷 색깔이 남성에게 미치는 영향 연구'

로체스터대학교 앤드루 엘리엇 교수 연구팀은 컴퓨터로 여성의 옷 색깔을 다양하게 변화시켜 어떤 색깔의 옷이 남성에게 좀 더 매력적으로 보이는지 조사했다. 그 결과, '빨강'이 가장 높은 점수를 얻었다. 옷 대신 액세서리나 배경을 빨간색으로 바꾸어도 비슷한 효과를 얻었다. 참고로, 여성들 사이에서 빨간색으로 매력이 높아지는 효과는 거의 없다고 한다. 연구팀은 위의 연구 결과가 '빨강'이 내포하는 독특한 질감이 아니라 문화적 배경에서 비롯된 부차적 효과라는 비판을 받고, 서아프리카 부르키나파소 원주민을 대상으로 2차 실험을 했다. 연구팀이 부르키나파소 원주민에 주목한 이유는 2가지다. 첫째, 그들은 미국 중심의 현대 문화와 동떨어져 있다. 둘째, 그들의 문화권에서 빨강은 '불길한 색'으로 여겨져 꺼린다. 그런데 놀랍게도 부르키나파소 원주민조차 빨강이 여성의 성적 매력을 높여주는 반응을 보였음을 증명했다.

♥

언젠가 여성잡지 모델로 활동하는 사람과 이야기 나눌 기회가 있었다. 고백하건대, 나는 패션이나 유행에는 문외한이다. 다만 '빨강은 여성의 매력을 높여준다'는 심리학적 연구 결과를 알고 있던 터라, 실제로도 그런지 물었다.

순간, 그 모델은 약간 놀라는 것 같더니 이내 표정을 고치고 이렇게 말했다.

"무슨 말씀을요. 요즘 패피들은 빨간색 옷 잘 안 입어요!"

심리학적 연구 결과와는 정반대인 대답을 듣고 나는 깜짝 놀랐다. 패션 감각이 뛰어나다는 일명 패션 피플, 요즘은 이 말을 줄여서 '패피'라고 부르는 모양이다. 뜻밖에도, 옷 잘 입는 사람들의 옷장에서 빨간색 옷은 '자주 입는 옷' 순위에 끼지 못하는 모양이다. 아닌 게 아니라, 거리에서 빨간색 옷을 입고 다니는 사람은 그리 잘 눈에 띄지 않는 것 같다.

로체스터대학교 앤드루 엘리엇(Andrew Elliot) 교수팀은 색깔이 인간 심리에 어떤 영향을 미치는지 오랫동안 연구해왔다. 그들의 주요 주제 중에는 '여성의 옷 색깔이 남성에게 미치는 영향에 관한 연구'가 있다. 연구팀은 컴퓨터 모니터 위에서 여성의 옷 색깔을 다양하게 변화시켜 어떤 색깔의 옷이 남성에게 좀 더 매력적으로 보이는지 조사했다. 그 결과, '빨강'이 가장 높은 점수를 얻었다.

꼭 옷일 필요는 없었다. 옷 대신 액세서리나 배경을 빨간색으로 바꾸어도 비슷한 효과를 얻을 수 있었다. 빨간색에 관한 연구 결과는 5년 전에도 발표되었는데, 논문 제목에 '로맨틱 레드(Romantic Red)'라는 인상 깊은 문구가 포함되어 있던 게 기억난다. 참고로, 여성들 사이에서 빨간색으로 인해 매력이 높아지는 효과는 거의 없다고 한다. 어디까지나 여성이 남성에게 성적 매력을 불러일으킨다는 점에서 빨간색은 효과가 있다는 얘기다.

엘리엇 교수팀의 연구는 발표 당시 큰 화제가 되었으나 한편에서는 거센 비판도 쏟아졌다. 조사 대상이 미국인과 유럽인으로 한정되었기 때문이다. 사람의 '취향'은 문화와 환경의 영향을 무시할 수 없다. 즉, 앞의 연구 결과는 '빨강'이 내포하는 독특한 질감이 아니라 문화적 배경에서 비롯된 부차적 효과라는 비판도 가능하다.

연구팀은 비판을 겸허히 받아들여 그에 대한 근사한 답변을 내놓았다. 서아프리카 내륙 국가인 부르키나파소 원주민을 대상으로 한 2차 실험을 통해 내린 결론이다. 연구팀이 이 원주민에 주목한 이유는 다음의 2가지다.

첫째, 그들은 미국 중심의 현대 문화와 동떨어져 있다. 즉,

문화적 요인이 거의 배제되어 있다.

둘째, 그들의 문화권에서 빨강은 '불길한 색'으로 여겨져 꺼린다고 한다. 엘리엇 교수팀은 미국이나 유럽과는 전혀 다른 문화 특징을 가진 부르키나파소 원주민조차 역시 빨강이 여성의 성적 매력을 높여주는 반응을 보였음을 증명했다. 그러고 보면, 아무래도 빨간색은 국경을 초월해 만국 공통으로 위력을 발휘하는 색깔인 모양이다.

빨강이 문화의 경계를 뛰어넘어 거의 모든 지구인에게 성적 매력을 느끼게 하는 이유는 무엇일까? 이 질문에 대해 연구팀은 '빨강의 매력이 원시적으로 획득한 성적 신호가 아닐까?'라는 가설을 내놓았다. 실제로 마음에 드는 사람이 앞에 있으면 얼굴이 빨개진다. 또, 성적으로 흥분하면 얼굴부터 가슴까지 발갛게 달아오른다. 남성은 여성의 신체 변화를 무의식적으로 감지하고 자연스럽게 유용한 정보로 활용해오지 않았을까 추측할 수 있게 하는 대목이다. 연구팀은 또 다른 실험을 통해 배란기가 다가오면 여성의 피부색이 밝아진다는 사실을 밝혀냈다. 게다가 배란에 맞추어 노출이 심한 옷을 입는 경향성도 높아진다고 한다. 즉, 여성의 '빨강'은 임신하기 좋은 상태라는 신호가 될 수 있다는 의미다. 따라서 여성이 붉은색 옷을 입으면 잠재적으로 성적 매력을 발산하게 될 가능성이 높아지는 것이다.

이쯤 되면 여성이 자신의 성적 매력을 발산하기 유리한 '빨강'을 오히려 잘 입지 않는 이유를 어렵지 않게 짐작할 수 있을 것 같다. 즉, 남성에게 대놓고 성적 매력을 발산하려는 행위는 점잖은 척, 고상한 척하는 것이 미덕으로 여겨지는 위선적인 인간 사회에서 그다지 유익하지 않을 수 있기 때문이다. 그러므로 평소에는 최대한 얌전해 보이고자 '빨강'이 내뿜는 매력을 본능적으로 피하려고 붉은색 계열의 옷을 오히려 피하는 게 아닐까.

'빨강이 여성의 매력을 높여준다'는 로체스터대학교 엘리엇 교수의 실험 결과를 보면서, 약간 생뚱맞은 소리가 될 수도 있겠지만 나는 여성들에게 이렇게 권해주고 싶다. "외면의 매력을 높여주는 '빨강'보다 내면의 매력을 높여주는 '빨강'으로 자신을 물들이도록 힘써라"라고. 여러분에게 '내면의 빨강'은 무엇인가? 일에 대한 뜨거운 열정? 불타오르는 사랑? 아니면, 다른 그 무엇?

심리실험 12

공평함을 추구할수록 세상이 점점 더 불공평해지는 까닭은?

도쿄대 유지 교수의 '난수표를 사용한 독특한 돈 거래 게임 실험'

도쿄대학교 이케가야 유지 교수 연구팀은 1,000명의 실험 참여자들에게 10만 원씩 나누어 주고 서로 거래하게 했다. 규칙은 단순하다. 난수표를 사용해 1,000명 중 2명을 뽑아 한 사람이 다른 사람에게 1만 원을 넘겨주는 것이 게임 규칙의 전부다. 이 거래를 여러 번 반복하게 한다. 다만 이 게임에는 한 가지 제약이 있다. 서로 '돈을 빌려주거나 빌릴 수 없다'는 규칙이다. 1,000명이 가진 돈에 어떤 변화가 생겼을까?

처음에 연구팀은 참여자 전원에게 10만 원씩 지급했다. 참여자들이 지닌 금액은 10만 원으로 시작하는 '평등한' 실험이다. 누구를 뽑고 누구와 거래할지도 무작위로 선택되므로 '평등'한 거래가 이루어진다. 규칙 어디에도 불평등 요소는 존재하지 않는다. 그런데 신기하게도, 거래하면 할수록 명백한 빈부 격차가 발생한다. 소수의 부자와 다수의 가난한 사람이 생겨나는 것이다.

♥

엄청난 노력과 열정을 쏟아부은 연구를 얼마 전 논문으로 완성해 발표했다. 나름대로 야심작이라 연구 과정에 고생도 많았다. 논문을 완성하기까지 시간도 꽤 걸렸다. 처음 시작할 때 예상했던 것보다 훨씬 시간이 오래 걸렸고, 일정도 지체되었다.

논문이 늦어진 이유를 들자면, 끝이 없을 것이다. 가장 큰 이유는 내가 발견한 사실이 대중에게 본능적 거부감을 느끼게 할지 모른다는 걱정 때문이었다. 그도 그럴 것이, '불공평한 세상일수록 시스템이 원활하게 돌아간다'는 주장을 담은 내용이기 때문이다.

신경세포를 연결하는 시냅스에는 강약이 있다. 나는 시냅스의 강도가 제각각 어떻게 다른지 조사해보았다. 그 결과, 강한 시냅스와 약한 시냅스의 강도는 1,000배나 차이가 난다는 사실을 밝혀냈다. 말 그대로 차원이, 아니 '자릿수'가 다른 격차다. 또 한 가지 중요한 사실은 강한 시냅스는 극소수이고, 나머지 대다수는 약한 시냅스라는 점이다. 이는 자본주의사회의 연봉 분포도와 거의 정확히 일치하는 결과다.

불공평한 분포에는 어떤 의미가 있을까? 궁금증이 생긴 나는 컴퓨터로 시뮬레이션을 돌려보았다. 그 과정에 불평등한 뇌 회로는 평등한 시냅스로만 이루어진 뇌 회로에는 없는 이점을 가지고 있음을 발견했다. 여기에는 적어도 2가지 이점이 있다. 그중 하나는 동작이 안정되어 연비가 좋다는 점이다. 즉, 우리 뇌를 '사회'에 빗대어 볼 때 불평등할수록 장기적으로 안정된다는 사실이다.

'뇌는 왜 불공평하게 생겨 먹었을까'라는 의문이 들기 쉽다. 간단한 실험으로 이 의문을 해결할 수 있다. 예를 들어 1,000명에게 10만 원씩 나누어 준다. 그런 다음, 서로 거래하게 한다. 규칙은 단순하다. 난수표를 사용해 1,000명 중 2명을 무작위로 뽑아 첫 번째 사람이 두 번째 사람에게 1만 원을 넘겨주는 것이 게임 규칙의 전부다. 이 거래를 여러 번 반복하게 한다. 다만 이 게임에는 한 가지 제약이 있다. 서로 '돈을 빌려주거나 빌릴 수 없다'는 규칙이다. 그렇다면 1,000명이 가진 돈에는 어떤 변화가 생길까? 잠깐, 상상의 나래를 펼쳐보기 바란다.

여러분의 상상을 돕기 위해 잠시 함께 복습해보자. 처음에 연구팀은 참여자 전원에게 10만 원씩 지급한다. 그러므로 참여자들이 지닌 금액은 10만 원으로 시작하는 완전히 '평등한' 실험이라고 말할 수 있다. 누구를 뽑고 누구와 거래할지도 무작위로 선택되므로 거래 역시 '평등'하게 이루어진다. 규칙 어디에도 불평등 요소는 존재하지 않는다.

그런데 신기하게도, 거래하면 할수록 명백한 빈부 격차가 발생한다. 소수의 부자와 다수의 가난한 사람이 생겨나는 거다. 이 점이 뜻밖의 결과로 여겨질 수도 있겠다. 그러나 이것은 '볼츠만 상수(Boltzmann Constant)'라는 개념으로 이미 수학적으로 증명된 이론이다.

공평함을 추구하면 할수록 점점 더 불공평해지는 현상은 어쩌면 자연스러운 과정일 수 있다. 평등한 공동체, 민주주의에 기반을 둔 사회를 구현하는 일이 그토록 어려운 것도 어쩌면 이런 이치와 메커니즘 때문 아닐까. 그러고 보면, 민주주의를 지향하는 인간의 의지는 마치 연어가 거센 물살을 거슬러 힘차게 앞으로 나아가듯, 뇌가 지닌 속성과 인간 본성을 거스르며 전진하는 고귀한 행동이라고 말할 수도 있을 것 같다.

자, 다시 본론으로 돌아가 뇌 회로 이야기를 해보자. 우리 뇌는 자연현상으로 발생하는 시냅스의 '불평등함'을 적극적으로 활용하여 합리적이고 안정적인 시스템에 연결한다. 나의 논문은 역설적으로 느껴지는 이러한 사실을 성실하고 빈틈없이 증명하고자 하는 다양한 내용으로 채워졌다. 우리 사회에 뇌 회로와 같은 자연과학 논리를 곧이곧대로 적용할 수는 없겠지만, 적절히 참고하고 활용할 수는 있지 않을까.

잠깐, 인류 역사를 돌아보자. 불공정한 사회는 반란이나 하극상, 쿠데타와 같은 돌발적인 상황으로 번지며 일촉즉발의 위기 상황으로 치닫곤 했다. 불평등함, 혹은 불공정함에서 기인하는 안정성은 오로지 극소수 승자가 모든 것을 차지하는 승자독식 구조에만 유리한 원리다. 이 구조에서 하류층의 불평·불만은 일절 허용되지 않는다. 이렇게 말하면 다소 냉정하게 들릴지 모르겠지만, 설사 현실이 불공평하다 할지라도 뇌는 거기에 관심이 없다. 뇌란 녀석은 그저 묵묵히 일하는 하류 시냅스 계급들이 뒷받침하는 장치에 지나지 않기 때문이다.

불공평한 현실을 명확히 인식하고 뭔가 개선책을 찾고 싶다면 이 점에 대해 날카롭게 이해하는 일부터 시작해야 하지 않을까.

심리실험 13

인간의 도덕성은 얼마의 돈 앞에서 무너질까?

본대학 팔크 교수의 '실험용 쥐 살처분 실험'

본대학교 아르민 팔크 교수 연구팀은 실험용 쥐를 사용하여 살처분 실험을 했다. 연구팀은 실험 참여자들에게 다음과 같은 내용을 요구했다. '연구 시설에서 더는 필요가 없어진 실험용 쥐를 살처분해야 한다. 자, 당신은 다음의 2가지 선택지 중 한 가지를 선택할 수 있다.' 〈선택지 ① 10유로를 받는다〉 〈선택지 ② 그 10유로를 받지 않고 기부하면 실험용 쥐는 계속 사육되고 천수를 누릴 수 있다〉 연구팀은 참여자들에게 사전에 쥐가 아직 젊고 건강하며, 평균 수명은 약 2년이라는 사실을 설명한다. 그런 다음, 쥐의 생태계와 살처분 방법 등을 소개하는 영상을 보여준다. 그리고 2가지 중 하나를 선택하게 한다. 그 결과, 46퍼센트의 사람들이 현금을 받는 안을 선택했다.

연구팀은 위의 선택지에 '시장 원리'를 도입했다. 참여자를 편의상 '매수자'와 '매도자' 그룹으로 나눈 다음, 쥐의 생명을 구하거나 각 10유로씩 받는 식으로 가상 '거래'하는 상황을 설정한 것이다. 그러자 75퍼센트의 높은 확률로 거래가 이루어졌다.

"낙엽 한 장의 무게도 없는 생명." 내가 좋아하는 〈루비 반지〉(마쓰모토 다카시 작사, 데라오 아키라 작곡)라는 노래 가사의 한 소절이다. 1981년 일본 레코드 대상을 수상한 명곡이다.

당시 초등학생이었던 내 가슴에 스며들었던 '생명의 무게'를 노래한 가사다. 실제로 '생명의 무게'를 돈으로 환산하면 얼마나 될까? 이야깃거리로 삼는 일조차 지탄받아 마땅한 부도덕한 질문으로 여겨지기 쉽다. 하지만 실제 사회에서 이런 질문은 사람들 사이에서 수시로 오간다.

교통사고를 예로 들어보자. 일본에서만 매년 5,000여 명의 사람이 교통사고로 사망한다. 손해배상을 요구받는 가해자도 비슷한 숫자로 존재하는 셈이다. 사법 절차에 따라 '생명의 가치'를 계산해서 가해자(또는 보험회사)가 유족에게 배상액을 지급하라는 명령이 내려진다.

우리 일상에 깊숙이 들어와 있어 미처 깨닫지 못하는 사례도 많다. 생명보험이 그런 예 중 하나다. '매달 일정 금액을 꼬박꼬박 내면 사망 시 얼마를 받을 수 있습니다' 식으로 구체적인 수치를 동원하여 '생명의 가격'을 제시한다.

여기서 말하는 '생명'에 인간만 포함되는 것은 아니다. '사람 목숨' 자리에 '동물 목숨'을 대입하면 이야기는 더욱 복잡해진다. 반려동물을 분양하는 곳에 가면 '생명 매매'가 일상적으로 이루어진다. 제약회사에서는 실험용 쥐의 목숨을 희생해가면서까지 사람의 생명을 구하는 약을 개발하기 위해 날마다 연구에 연구를 거듭한다. 그렇다면 사람과 동물 중 어느 쪽의 '생명'이 더 무거울까? 독자 여러분 중에는 "당연히 사람 목숨이죠!"라고 대답할 사람이 있을지 모르겠지만, 사실 이것은 선뜻 대답하기 어려운 문제다.

'생명의 가치'를 다룬 본대학교 아르민 팔크(Amin Falk) 교수팀의 연구를 살펴보자. 《사이언스》에 발표된 논문이다. 이 논문에 따르면, 실험은 간단하다. 연구팀은 실험 참여자들에게 다음과 같은 내용을 요구한다. '연구 시설에서 더는 필요가 없어진 실험용 쥐를 살처분해야 한다. 자, 당신은 다음의 2가지 중 한 가지를 선택할 수 있다.'

선택지 ① 10유로를 받는다.

선택지 ② 그 10유로를 받지 않고 기부하면 실험용 쥐는 계속 사육되고 천수를 누릴 수 있다.

보여주기식으로 끝나는 어설픈 실험이 아니라 실제 선택한 대로 현실에서 이루어진다. 참여자에게는 사전에 쥐가 아직 젊고 건강하며, 평균 수명은 약 2년이라는 사실을 설명한다. 그런 다음, 쥐의 생태계와 살처분 방법 등을 소개하는 영상을 보여준다. 그리고 2가지 중 하나를 선택하게 한다. 그러자 46퍼센트의 사람들이 현금을 받는 안을 선택했다. 이것은 약 절반의 사람에게 쥐의 목숨이 10유로 이하의 가치밖에 지니지 않는다는 것을 암시하는 셈이다.

연구팀은 더욱더 흥미로운 사실을 보여준다. 그들은 위의 선택지에 '시장 원리'를 도입했다. 참여자를 편의상 '매수자'와 '매도자' 그룹으로 나눈 다음, 쥐의 생명을 구하거나 각 10유로씩 받는 식으로 가상 '거래'하는 상황을 설정한 것이다. 그러자 75퍼센트라는 상당히 높은 확률로 거래가 이루어졌다. 즉, 앞에서처럼 2가지 선택지를 주었을 때보다도 더 많은 사람이 쥐의 목숨을 아무렇지 않게 빼앗았다. 아무래도 시장 원리는 인간의 도덕성을 무너뜨리는 파괴적인 속성이 있는 모양이다.

"거래 현장에는 여러 사람이 있으므로 죄책감도 여러 조각으로 분할된다. 또 주위 사람이 쥐를 희생시키는 모습을 지켜보는 과정에 도덕성은 더욱 급속히 무너져 내리기 쉽다."

연구팀의 분석이다. 또 그들은 "시장이 존재한다는 사실 자체만으로도 쥐를 희생시키는 선택이 얼마든지 있을 수 있다는 사회적 신호로 여겨진다"라는 설명을 덧붙였다. 즉, 생명

을 '낙엽 한 장의 무게'로 만드는 것은 바로 돈의 존재라는 의미다.

돈은 분명 편리한 도구다. 그러나 '무엇이든 돈으로 살 수 있다'고 생각하는 순간, 돈은 우리 가슴을 촉촉이 적셔주는 '샘물'에서 마음을 바짝 마르게 만드는 '제초제'로 변모한다. 우리가 돈 앞에서 궁극적으로 무너지지 않고 선한 양심과 인간성을 지켜 마음밭이 척박한 자갈밭이 되지 않게 하고 씨앗을 나무로 키울 수 있는 옥토가 되게 하기 위해 부단히 힘써야 하는 이유다.

뇌는 '3'보다 큰 숫자를 부담스러워한다는데?

존스 홉킨스대 핼버다 교수의 '숫자 판별 능력 실험'

'수'는 우리 뇌 회로에서 어떻게 다루어질까? 이에 관한 간단한 실험을 하나 소개한다. 실험 참여자는 모니터에 표시된 점의 개수를 재빨리 센 뒤 대답해야 한다. 점이 한 개밖에 없으면 순간적으로 '1'이라고 답할 수 있다. 점이 2개이거나 3개일 때도 반응 시간은 한 개일 때와 거의 비슷하다. 그러나 4개 이상이 되면 급격히 반응 속도가 느려진다.

이 실험 결과를 통해 알 수 있는 것은 우리 뇌가 순간적으로 파악할 수 있는 개수는 3개까지라는 사실이다. 4개 이상이 되면 뇌에 가해지는 부담이 대폭 증가한다. 숫자 개념이 약한 사람은 '1, 2, 3, 그리고 잔뜩……'이라는 식으로 얼버무리는 경우가 있다. 이런 현상은 뇌를 기준으로 보면 충분히 있을 수 있는 일이다. 개인차는 크지만, 일반적으로 사람이 뇌 속에서 순간적으로 처리할 수 있는 '수'는 생각보다 많지 않은 것 같다.

'수'란 참으로 신비하고도 불가사의한 개념이다. 바나나가 3개 있으면 '3'의 의미는 구체적인 이미지를 형성한다. 그런데 '3'이라는 기호는 바나나뿐 아니라 사과의 개수도 표현할 수 있다. 물건만이 아니다. 3번 울린 소리, 3번 번쩍인 빛, 거리 3킬로미터, 무게 3그램 등 갖가지 단위를 세는 도구로 활용할 수 있다. '수'는 즉물적 실체가 아니라 범용성과 상징성을 지닌 도구다.

수는 우리 뇌 회로에서 어떻게 다루어질까? 이에 관한 간단한 실험을 하나 소개할까 한다. 실험 참여자는 모니터에 표시된 점의 개수를 재빨리 센 뒤 대답해야 한다. 점이 한 개밖에 없으면 순간적으로 '1'이라고 답할 수 있다. 점이 2개이거나 3개일 때도 반응 시간은 한 개일 때와 거의 비슷하다. 그러나 4개 이상이 되면 급격히 반응 속도가 느려진다.

이 실험 결과를 통해 알 수 있는 것은 우리 뇌가 순간적으로 파악할 수 있는 개수는 3개까지라는 사실이다. 4개 이상이 되면 뇌에 가해지는 부담이 대폭 증가한다. 숫자 개념이 약한 사람은 '1, 2, 3, 그리고 잔뜩……'이라는 식으로 얼버무리는 경우가 있다. 이런 현상은 뇌를 기준으로 보면 충분히 있을 수 있는 일이다.

"요새 친구들이 죄다 결혼해버렸어."

"다른 친구들은 전부 나보다 용돈을 많이 받는다니까요."

위의 문장에서처럼 '죄다', '전부', '모두' 등으로 표현하는 부분에 주목하자. 구체적으로 수를 헤아려보면 3명 이상임을 알 수 있다. 3명 이상이면 '많다'='모두'라고 뇌 속에서 자동 변환이 일어나는 것 같다.

숫자는 '마루엽속고랑(Intraparietal Sulcus, 대한해부학회 의학용어 사전 참고, 옛 용어로는 두정간구_옮긴이)'이라는 뇌 부위에서 다룬다. 이 뇌 부위는 발달 속도가 빨라 4세 무렵부터 왕성한 활동을 시작한다. 실제로 4세 또래 아이들은 물건 개수의 많고 적음을 명확히 판단할 수 있게 된다.

원숭이도 충분히 훈련을 거치면 '수'를 이해한다. 튀빙겐 대학교(Eberhard Karls Universität Tübingen)의 안드레아스 니더(Andreas Nieder) 교수는 훈련된 원숭이의 두뇌 활동을 기록해 《미국 과학원 회보》에 보고했다. 원숭이도 사람과 마찬가지로 마루엽속고랑을 사용해 수치를 정확히 처리했다. 원숭이도 바나나 4개와 8개를 주면 많은 쪽을 선택하는 걸 보면, '수'는 나이나 동물 종류를 뛰어넘어 공통으로 인지할 수 있는 개념인 모양이다.

여기까지 이해하고 나면 새로운 의문이 생긴다. 그러면 수의 개념이 있는 사람과 없는 사람 차이는 어디서 비롯될까? 존스 홉킨스대학교 저스틴 핼버다(Justin Halberda) 교수 연구팀이 《미국 과학원 회보》에 발표한 내용을 소개한다.

연구팀은 11~85세 남녀 1만 명 이상을 대상으로 실험했다. 모니터에 파란 점과 노란 점 중 어느 색이 많은지 순간적으로 헤아려 대답하는 실험이다. 7개와 14개를 비교하는 경우라면 바로 판단할 수 있지만, 7개와 8개라면 한눈에 구별하기 어려울 수밖에 없다. 이 능력은 젊다고 그리 뛰어나지도 않았다. 성장하며 차츰 능력이 향상되다가, 30대에 이르러 정점을 찍고, 80세에 가까워지면 10대 초반 수준으로 돌아간다.

다만 이 수치는 어디까지나 평균에 지나지 않는다. 실제로는 이 실험에서 잘하는 사람과 잘하지 못하는 사람이 확연히 구분된다. 재미있게도, 숫자를 판별하는 능력이 뛰어난 사람은 학교 '수학' 성적도 높은 편이었다. 얼핏 당연한 결과처럼 보이지만, 둘 사이에 모종의 상관관계가 있는지 묻는다면 고개를 갸웃거릴 수밖에 없다. 순발력을 발휘해야 하는 숫자 판별과 미적분이나 기하학은 서로 전혀 다른 능력을 요구하기 때문이다. 이는 뜻밖이라면 뜻밖의 사실이다. 아무튼, 수학적 감각은 어느 정도 선천적으로 타고나는 재능인 모양이다.

연구팀의 실험 결과를 놓고 유전을 언급하는 순간, 약간 이

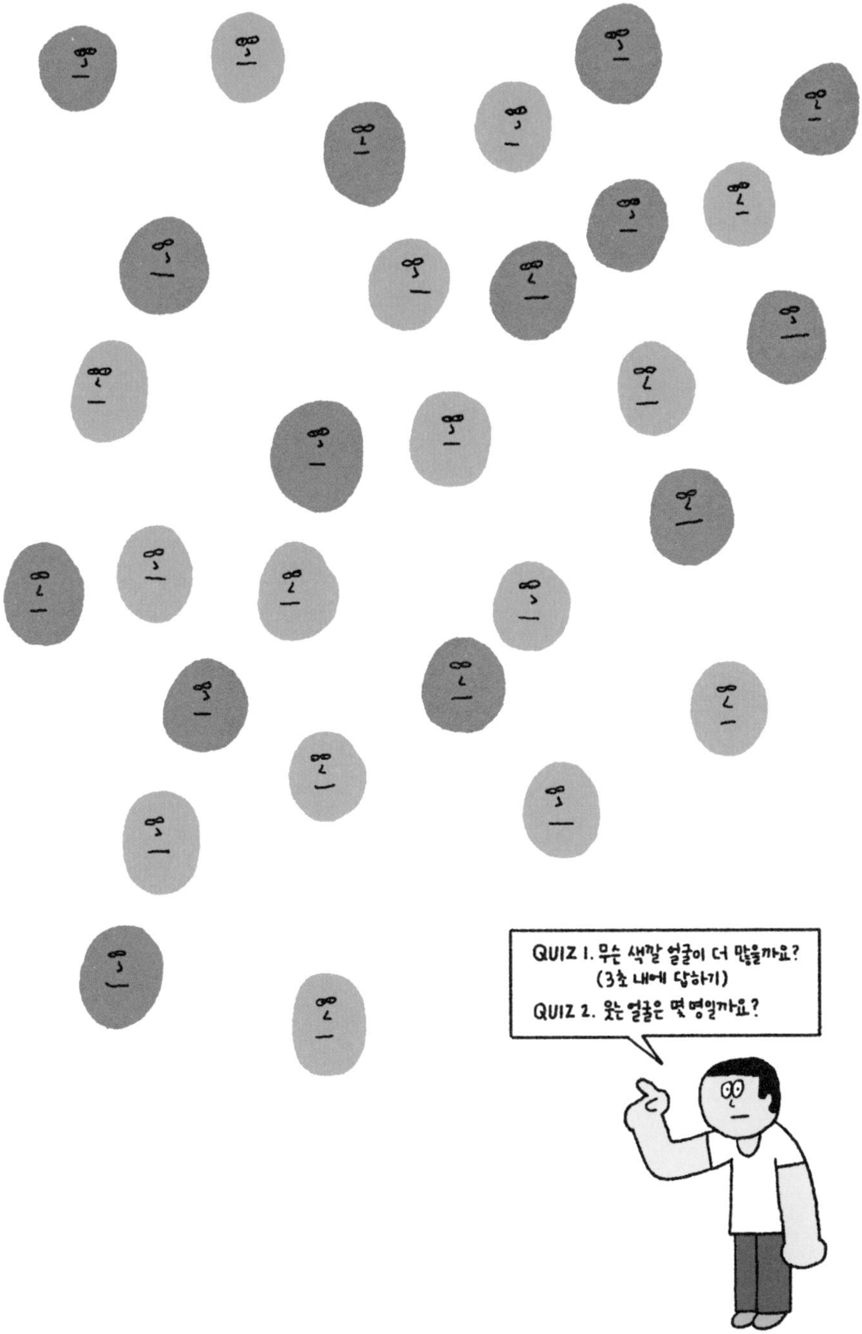
QUIZ 1. 무슨 색깔 얼굴이 더 많을까요?
(3초 내에 답하기)
QUIZ 2. 웃는 얼굴은 몇 명일까요?

상한 이야기가 되어버리는 것 같은 느낌이 드는 것도 사실이다. 그러나 주위 사람들을 살펴보면 어느 정도 수긍이 가는 결과가 아닌가 싶다. 나는 이과 계통의 사람이라 수학은 제법 잘하는 편이다. 그러나 그렇다고 해도 수학적 재능이 탁월한 사람과 비교하면 그야말로 새 발의 피다. 그런 사람들과는 아무리 노력해도 따라잡을 수 없을 만큼 커다란 재능의 차이가 난다. 어떤 분야에서든 천재적인 재능을 가진 사람은 언제나 부러움과 경외심의 대상이다.

심리실험 15

남자는 왜 이성보다 동성의 감정을 더 정확히 파악할 수 있을까?

뒤스부르크-에센대 시퍼 교수의 '눈을 읽는 능력 측정 실험'

뒤스부르크-에센대학교 마이클 시퍼 교수 연구팀은 21~52세 남성에게 다양한 '눈' 영상을 보여주고 2가지 질문을 했다. 첫째, '남성인가 여성인가?' 둘째, '즐거워 보이는가 슬퍼 보이는가?' 그 결과, 남녀 구별은 비교적 정확하게 했지만, 여성의 눈을 보고 감정을 제대로 읽어내지 못한다는 사실이 밝혀졌다. 남성의 눈을 보고 90퍼센트 정답률로 감정을 알아맞혔으나, 여성의 눈을 보고 75퍼센트밖에 알아맞히지 못했다.

영국의 퀸 메리대학교 라만 교수팀은 "남성의 뇌는 이성보다 오히려 동성의 감정 및 위험한 표정을 읽는 쪽으로 진화해왔다"라는 가설을 내놓았다. 왜 그럴까? 아마도 아주 먼 옛날, 예컨대 수렵시대에는 남성끼리의 소통이 이성과의 소통보다 훨씬 중요한 의미를 지녔기 때문일 것이다. 이렇게 진화 과정에서 차곡차곡 쌓인 경향이 현대인의 남성 뇌에도 여전히 남아 있는지 모른다.

'남자는 여자 마음을 읽는 데 선천적으로 서툴다'는 연구 결과가 발표되었다. '역시 그러면 그렇지' 하는 생각이 들어 고개가 저절로 끄덕여졌다. 그러면서 동시에 '남자는 왜 여자 마음을 잘 못 읽을까?' 하는 궁금증이 생겼다. 고개를 갸우뚱거리며 서둘러 논문을 읽어보았다.

남성이 상대방의 심리 상태를 제대로 인식하지 못한다는 사실을 보여주는 논문이 공식적으로 발표된 것이 이번이 처음은 아니다. 그동안 심심치 않게 이에 관한 내용이 학계에 발표된 바 있다. 일반적으로 얼굴을 중심으로 찍은 증명사진을 보여주고 감정을 알아맞히는 실험을 한다. 그러면 여성이 남성보다 희로애락을 훨씬 정확하게 짚어낸다.

그런데 '감정 읽기'라는 문제가 그렇게 단순하지만은 않다. '분노'의 감정만은 남성이 여성보다 잘 읽어낸다는 사실이 밝혀졌기 때문이다. 매사추세츠공과대학교 윌리엄스 교수팀의 연구 결과다. 표정은 주로 눈과 입, 뺨에 나타난다. 사람은 얼굴의 여러 부위를 조합해 다양한 표정을 만들어낸다. 미소도 그중 하나다. 눈을 가늘게 만들어 눈웃음을 짓고 이를 드러내며 웃는 등 이목구비를 사용하는 방식은 다양하다. 사람들은 온갖 표정을 만들어 미묘한 감정을 상대방에게 전달할 수 있다.

그런데 '웃는 얼굴'은 개인적으로 미국 유학 경험으로 알게 된 일본의 재미난 특징 중 하나다. 예를 들어, 일본에서는 은행 창구나 계산대에서 여직원이 대개 화사한 미소를 머금고 있다. 굳이 말하자면, 미국에서는 대체로 무뚝뚝한 얼굴로 작업에 몰두하는 편이다. 솔직히 처음에는 적잖이 당황스럽고 적응하기가 어려웠지만 로마에 가면 로마법을 따라야 하는 법, 금세 익숙해졌다. 억지로 미소 짓지 않아도 자기 일에 집중하는 모습이 보기 좋다는 방향으로 차츰 생각이 바뀌었다.

반대로 생각해보니, 오히려 일본 쪽이 이상하다. 즐겁지 않은데 방실방실 웃고 있으니 약간 꺼림칙한 습관이라고 볼 수도 있다. 사람이 거짓 웃음을 지을 수 있는 건 표정을 만드는 근육을 의도적으로 움직일 수 있기 때문이다. 전문 용어로 표현하자면, '표정근은 수의근이다'. 그 근육 덕분에 괴상한 표정이나 재수 없이 잘난 척하는 표정을 자유자재로 만들며 놀 수 있다.

이 부분에 주목해야 한다. 왜냐하면, '사람은 표정으로 거짓말을 할 수 있다'는 의미이기 때문이다. 꾸며낸 표정으로 본심을 교묘히 위장할 수 있다면 상대방은 대체 무엇을 믿고 대화를 진행할 수 있단 말인가.

재미있게도, 사람에게는 상대방의 진심을 귀신같이 알아차리는 본능적인 재능이 있다. '겉으로는 웃고 있지만, 저 얼굴 어딘가 수상해. 뭔가 냄새가 나!'라고 간파한다. 도대체 어떻게 알 수 있을까? '눈'에 답이 있다. 아무리 교묘히 상대를 속이려 해도 눈을 보면 들통나기 때문이다. 눈 주위 근육은 의도적으로 제어할 수 없다. 눈둘레근(Orbicularis Oculi=안륜근)은 '불수의근'이다. '눈이 웃는' 현상이 나타나는 것도 그래서다. 즉, 표정으로 감정을 읽어낼 때는 '눈(또는 눈 주변)'으로 진심을 파악하는 과정이 중요해질 수밖에 없다.

앞에 소개한 논문은 말 그대로 '눈을 읽는 능력'을 측정한 실험이다. 뒤스부르크-에센대학교(der Universität Duisburg-Essen) 마이클 시퍼(Michael B. Schiffer) 교수팀의 연구다. 연구팀은 21~52세 남성에게 다양한 '눈' 영상을 보여주고 2가지 질문을 했다. 첫째, '남성인가 여성인가?' 둘째, '즐거워 보이는가 슬퍼 보이는가?' 그 결과, 남녀 구별은 비교적 정확하게 했지만 여성의 눈을 보고 감정을 제대로 읽어내지 못한다는 사실이 밝혀졌다. 남성의 눈을 보고 90퍼센트 정답률로 감정을 알아맞혔으나, 여성의 눈을 보고는 75퍼센트밖에 알아맞히지 못했다.

연구팀은 '상대방의 마음을 헤아리는' 과정에서 중요한 역할을 하는 전대상피질(Anterior Cingulate Cortex, ACC)의 뇌 활동이 여성의 눈을 읽을 때 활성화하지 않는 현상을 발견했다. 다시 말해, 남성은 표정을 읽는 능력이 전반적으로 부족하다기보다는 이성의 표정을 읽는 능력이 떨어진다고 할 수 있다. 반대로, 동성의 얼굴이라면 제법 정확하게 파악할 수 있다.

영국의 퀸 메리대학교(Queen Mary University of London) 라만(Q. Rahman) 교수팀은 '남성의 뇌는 이성보다 오히려 동성의 감정 및 위험한 표정을 읽는 쪽으로 진화해왔다'라는 가설을 내놓았다. 왜 그럴까? 아마도 아주 먼 옛날, 예컨대 수렵시대에는 남성끼리의 소통이 이성과의 소통보다 훨씬 중요한 의미를 지녔기 때문일 것이다. 이렇게 진화 과정에서 차곡차곡 쌓인 경향이 현대인의 남성 뇌에도 여전히 남아 있는지 모른다.

요즘 우리 사회에서 끊임없이 발생하는 '이성간 혐오' 문제의 근원도 아마 라만 교수팀이 밝힌 이런 연구 결과에서 기인하는 게 아닌가 싶다. 우리가 극도의 성차별과 이성간 혐오 문제를 해결하고 남녀 모두에게 좀 더 나은 세상을 만들고자 한다면, 남녀의 뇌 구조에 대한 이해로부터 출발하여 이성간 서로 좀 더 마음을 열고 적극적으로 소통하며 이해하려고 노력해야 하지 않을까.

심리실험 16

쥐도 기분 전환하면 기억력이 향상된다는데?

부에노스아이레스대 발라리니 교수의
'쥐의 기분 전환-기억력 간 상관관계 실험'

부에노스아이레스대학교 파브리치오 발라리니 교수 연구팀은 실험용 쥐를 물건 2개와 함께 상자 안에 4분간 넣어두었다. 잠시 후, 그들은 2개의 물건 중 하나를 바꾼 다음 다시 쥐를 상자에 넣는 방식으로 인지력 · 기억력을 측정했다. 그 결과, 쥐가 30분 정도 짧은 시간 안에 다시 본 물건은 기억하지만, 이틀 정도 긴 시간이 지나 다시 본 물건은 기억하지 못하는 것으로 나타났다. 잠시 후, 연구팀은 한 번도 가본 적 없는 장소에 쥐를 5분간 놓아두었다. 이틀 후 다시 녀석을 상자에 넣어 기억력을 테스트하자, 기억력 성적이 70퍼센트까지 껑충 뛰어올랐다. 놀랍게도, 기분 전환 덕분에 기억력이 크게 향상된 것이다.
연구팀은 위의 실험을 응용하여 1,676명의 학생들을 대상으로 기분 전환 후 기억력이 얼마나 향상되는지 측정해보았다. 어떤 결과가 나왔을까?

♥

열심히 일하다가 짬이 나면 잠시 꿀맛 같은 휴식을 즐긴다. 쉬는 동안 기분이 전환된다. 새로운 마음으로 일에 집중할 수 있을 것 같은 기분이 든다. '기분 전환 효과'에 대한 부에노스아이레스대학교 파브리치오 발라리니(Fabricio Ballarini) 교수팀의 연구를 소개할까 한다. 몇 년 전, 이 연구팀이 발표한 쥐를 이용한 실험이다.

'쥐란 놈이 사람처럼 기분 전환을 다 한다고? 무슨 뚱딴지 같은 소리야?' 하며 반문하고 싶을지 모르겠다. 그러나 사실이다. 실제로 기분 전환한 쥐가 그 전보다 기억력이 눈에 띄게 좋아졌다는 실험 결과가 나왔기 때문이다. 연구팀은 쥐를 이용하여 물체를 식별하는 실험을 했다. 먼저, 실험용 쥐를 4분 동안 상자 안에 넣어 두었다. 상자에는 나무 블록이나 공, 숟가락 등의 물건이 2개 놓여 있었다.

잠시 후, 연구팀은 다시 쥐를 같은 상자에 넣고 2분간 그대로 두었다. 이때 원래 있던 2개의 물건 중 하나를 다른 물건으로 바꾸어놓았다. 쥐는 어떤 반응을 보였을까? 처음에 녀석은 영문을 몰라 어리둥절했다. 그러고는 새로운 물건을 살펴보려고 쪼르르 달려갔다. 연구팀은 쥐가 새로운 물건 옆에 얼마나 오래 머무는지 관찰하는 방식으로 쥐의 기억력을 측정했다.

연구팀은 위의 방식으로 쥐를 상자에 넣고 30분 뒤 기억력을 측정했다. 녀석은 75퍼센트의 시간을 새로운 물체를 살펴보는 데 사용했다. 그러나 이틀이 지난 뒤 행동을 관찰하니, 녀석은 원래 있던 물건과 새로운 물건을 비슷한 시간을 들여 탐색했다. 연구팀은 쥐가 30분 정도의 짧은 시간 안에 다시 본 물건은 정확히 기억하지만, 이틀 정도의 긴 시간이 지나 다시 본 물건은 기억하지 못한다는 결론을 내렸다.

연구팀은 2차 실험에 들어갔다. 그들은 쥐에게 기분 전환할 기회를 주었다. 평소 연구팀은 상자에서 실험을 마치고 나온 쥐를 원래 있던 우리로 곧장 돌려보내곤 했다. 그러나 이날만은 그렇게 하지 않고 지금껏 쥐가 한 번도 가본 적 없는 새로운 장소에서 5분간 시간을 보내게 했다. 그리고 이틀 후 다시 녀석을 상자에 넣어 실험했다. 그러자 쥐의 기억력 성적이 70퍼센트까지 껑충 뛰어올랐다. 놀랍게도, 기분 전환 덕분에 기억력이 크게 향상된 것이다.

이 실험으로 기분 전환에는 단기 기억을 장기 기억으로 전환하는 효과가 있다는 가설이 증명되었다. 참고로, 기분 전환으로 인한 기억력 향상 효과는 한 시간 후에도 지속하였다고 한다. 그러나 4시간 정도 지난 뒤에는 거의 효과가 없었다.

또한, 상자에 집어넣기 대략 한 시간 전에 기분 전환하게 하면 역시 기억력이 좋아지는 것으로 나타났다. 다시 말해, 기분 전환 전후 한 시간이 기억력 향상을 위한 골든타임임이 밝혀진 셈이다.

연구팀은 이 실험을 사람에게 응용해보았다. 1,676명의 초등학생이 대상이었다. 담임선생님은 평소와 마찬가지로 국어와 수학 수업을 진행했다. 그런 다음, 조금 전 수업한 내용으로 시험을 치렀다. 다음 날, 연구팀은 2차 실험을 했다. 선생님은 어제와 똑같이 국어와 수학 수업을 했다. 수업이 끝난 뒤, 선생님은 학생들을 이끌고 평소 수업에 이용하지 않던 새로운 장소(예를 들어 과학실이나 시청각 자료실, 운동장 등)로 이동했다. 거기서 아이들이 지금까지 한 번도 만나본 적 없는 새로운 얼굴의 선생님이 과학이나 음악을 20분 동안 가르쳤다. 그런 다음, 어제 아이들이 수업 시간에 배운 국어와 수학 시험을 치렀다.

연구팀은 이틀간 1,676명의 학생이 치른 국어와 수학 시험 성적을 통계 내고 세밀히 비교, 분석했다. 그 결과, 놀랍게도 전날 치른 국어와 수학 시험 성적보다 다음 날 (뜻밖의 장소에서 처음 만난 선생님과 과학이나 음악을 공부하며) '기분 전환한' 뒤 치른 국어와 수학 성적이 무려 1.5배나 높아졌다. 한데 재미있게도, 쥐 실험과 마찬가지로 '기분 전환 수업'이 일반 수업 직전에 이루어져도 효과가 있었지만, 역시 4시간 이상 간격을 벌리면 효과가 크게 떨어졌다.

재미있는 사실 하나 더. '오늘 기분 전환을 위해 색다른 수업을 진행할 예정입니다'라고 사전에 공지하면 희한하게도 효과가 사라졌다. 예기치 못한 상황에서 뜻밖의 경험을 해야 기분 전환이 이루어진다는 사실이 밝혀진 셈이다.

쥐도 기분 전환을 하면 학습 능력이 향상된다. 그러니 사람은 오죽할까! 이따금 머리가 띵하고 학습 능률이 오르지 않을 땐 손에 잡고 있던 책을 잠시 내려놓고 기분 전환을 해보라. 가까운 공원길을 따라 산책을 해도 좋고, 영화를 보며 머리를 식혀도 좋다. 한동안 기분 전환을 한 뒤 다시 책을 잡으면 신기할 정도로 이해도 잘되고 암기도 잘될 것이다.

심리실험 17

자기 자신을 점점 더 높이 평가하는 이유는?

도쿄대 유지 교수의 '베터-댄-에버리지 효과 실험'

도쿄대학교 이케가야 유지 교수 연구팀은 대학교수들을 대상으로 설문조사를 했다. "주위의 평균적인 동료 교수들과 비교해 당신은 자신이 뛰어나다고 생각하십니까?" 이 질문에 무려 94퍼센트의 교수가 "그렇다"라고 대답했다. 연구팀은 질문을 바꾸어서 설문조사를 했다. 연구팀은 "주위의 평균적인 사람들과 비교해 당신은 모든 일을 공정하게 처리하고 다른 사람을 공평하게 대하는가?"라고 물었다. 어떤 결과가 나왔을까? 거의 모든 사람이 "그렇다"라고 답했다. 말하자면, 자신을 '불공정하고 불공평한 사람'이라고 평가하는 사람은 거의 없다는 얘기다.

왜 사람들은 자신에 대해 이토록 관대하고 자기 자신을 높이 평가할까?

대학교수들을 대상으로 설문조사를 한 적이 있다. 우리는 다음과 같이 질문했다.

"주위의 평균적인 동료 교수들과 비교해 당신은 자신이 뛰어나다고 생각하십니까?"

위의 질문에 무려 94퍼센트의 교수가 "그렇다"라고 대답했다. 평균적인 통계 수치를 고려하면 이상하리만치 높은 숫자다. 이 통계 수치를 접한 독자 중에는 '교수라는 사람들의 인격에 뭔가 문제가 있다'고 생각하는 사람이 있을지도 모르겠다.

잠깐, 질문을 바꿔보자. "주위의 평균적인 사람들과 비교해 당신은 모든 일을 공정하게 처리하고 다른 사람을 공평하게 대하는가?"라고. 어떤 결과가 나왔을까? 내가 시행한 설문조사에서는 거의 모든 사람이 "그렇다"라고 답했다. 말하자면, 자신을 '불공정하고 불공평한 사람'이라고 평가하는 사람은 거의 없다는 얘기다. 그러고 보니, 내 설문조사에 응한 대학교수들만 유독 객관적이지 않거나 다소 편향된 사고를 하는 것은 아닌 것 같다.

이처럼 자기 자신을 평균 이상이라고 착각하는 경향을 '베터-댄-애버리지 효과(Better-Than-Average Effect)'라고 부른다. 이는 인간 사회에서 보편적으로 관찰할 수 있는 현상 중 하나다.

인간은 왜 자신을 객관적으로 보지 못할까? 아니, 단지 객관적으로 보지 못하는 정도가 아니다. 많은 사람이 자신을 실제보다 훨씬 높게 평가한다는 것이 불편한 진실이다.

자신을 과대평가하는 순간, 뇌가 어떻게 반응하는지 측정한 실험이 있다. 베를린자유대학교의 콘(Korn) 교수팀의 연구 결과다. 연구팀의 논문에 따르면, "너는 성실한 사람이야", "항상 친절할 뿐 아니라, 믿고 기댈 만해!"와 같은 긍정적인 평가를 받으면 복측 선조체(Ventral striatum)가 활동하기 시작한다. 이 낯선 이름의 뇌 부위는 보수계에 속한다. 쉽게 말해, 쾌감을 만들어내는 부위다.

신바람 나게 공부했더니 진도가 쭉쭉 나간다. 이것은 '강화학습'으로 알려진 뇌의 기본 기능이다. 비유하자면, 이런 거다. 개는 주인이 들고 있는 먹이를 간절히 먹고 싶다. 그래서 주인이 "손" 하고 말하면, 앞발을 주인에게 척 내민다. 다시 말해, 개가 '먹이'라는 강화 요소 덕분에 주인이 원하는 동작을 쉽게 익히는 것과 비슷한 이치다. 이것은 뇌가 진화 과정에서 터득한 기본 동작 원리이기도 하다.

칭찬을 받으면 누구나 기분이 좋아진다. 꾸중이나 잔소리

TITLE
B's
MIRROR
A
B

TITLE
A's
MIRROR
A
B

보다 칭찬받은 일을 훨씬 오래 기억한다. 그 과정에 자신에 대한 이미지가 좋은 방향으로 왜곡된다. 이런 맥락에서 보면 자기 긍정 이미지를 타인이 만들어냈다고 말할 수도 있다.

그렇다면 자신을 오판하고 과대평가하는 심리에는 어떤 이점이 있을까? 미국 듀크대학교 마크 리어리(Mark Leary) 교수는 "설령 자아상이 본래 모습과 조금 다르다 하더라도 긍정적 자아상은 건전한 정신과 행복감, 사회적 성공 등에 관여하므로 나름대로 의미가 있다"고 말한다. 듣고 보니, 고개가 끄덕여지는 설명이다.

그러나 우쭐거리기만 해서는 곤란하다. 자아상은 현실보다 과장되고 미화되기 쉽다는 사실을 명확히 인식해야 한다. 그러나 말처럼 쉬운 일은 아니다. 실제로, 많은 사람이 애초 현실과 괴리가 있다는 사실조차 깨닫지 못한다. 많은 경우, 사람들은 자신의 '못난 모습'을 발견하지도 자각하지도 못한다. 따돌림이나 가정 폭력, 아동 학대나 인종 차별 등의 문제가 연일 언론에 보도되지만, 해가 뜬 뒤 안개처럼 사람들의 관심에서 사라져버린다. 왜 그럴까? '당사자 의식'을 갖고 있지 못하기 때문이다.

오스트레일리아 퀸즐랜드대학교 오키모토(Okimoto) 교수 연구팀은 '타인에게 손해를 끼친 사람이 사죄를 거부했을 때'의 심리 변화를 심층 분석했다. 그들은 왜 마땅히 사과해야 할 상황에서 사과를 거부할까? 자기가 명백히 잘못하고도 사과하지 않으면 '미안한 기분'이 드는 것이 인지상정이다. 그러나 실제로 그런 사람들은 우월감과 함께 자신이 가진 권력으로 다른 사람을 지배한다고 느끼는 모양이다. 이런 식으로, 큰 잘못을 저지르고도 오히려 자존심을 세우는 역설적인 상황이 발생한다.

사람 마음이 지닌 추악한 모습에 눈살이 찌푸려질 정도다. 아니, 눈을 질끈 감고 싶어진다고 할까. 사실, 이 지경까지 이르면 차라리 나는 '연민' 비슷한 감정을 느낀다. '애초에 뇌가 그렇게 설계되어 있으니 어쩌랴' 하는 생각을 하게 되는 거다. 그렇다고 실망만 해서도 곤란하다. 먼저, 뇌의 속성과 그늘진 면을 명확히 인식한 뒤 우리가 서로 밀접한 관계를 맺고 살아가는 공동체가 요구하는 방향으로 자아상을 새롭게 확립하기 위해 노력해야 하지 않을까.

심리실험 18

힘껏 주먹을 쥐기만 해도 기억력이 좋아진다고?

몽클레어 주립대 프로퍼 교수의 '기억력 향상 비법 연구'

몽클레어 주립대학교 프로퍼 교수 연구팀은 '주먹을 꼭 쥐기만 해도 기억력 향상 효과가 있다'는 것을 실험을 통해 증명했다. 연구팀은 51명의 일반인을 모집하여 '기억력 테스트'를 했다. 먼저, 참여자들은 36개의 단어를 암기한 뒤 시험을 치러야 한다.
테스트에 들어가면 눈앞의 모니터에 쉬지 않고 단어가 나타났다가 사라진다. 한 단어가 표시되는 시간은 5초. 총 3분에 걸쳐 외워야 할 단어를 순차적으로 보여준다. 참여자들은 끝까지 보고 난 다음, 자신이 외우고 있는 단어를 모조리 종이에 적어 낸다. 그들이 정확히 떠올린 단어 수는 평균 8.6개였다.
자, 이제 힘껏 주먹을 쥐어보자. 지름 5센티미터의 고무 재질 공을 힘껏 쥐는 방식이다. 공을 쥐는 시간은 45초. 공을 쥐고 나서 15초 동안 휴식하고, 다시 45초 동안 젖 먹던 힘까지 짜내 있는 힘껏 공을 쥐게 한다. 이런 방식으로 1세트를 수행한다. 그런 다음, 단어를 외우기 전과 답을 적기 전 '힘껏 공 쥐기'를 1세트씩 수행한다. 과연 어떤 결과가 나왔을까?

♥

'손쉽게 기억력을 향상하는 방법이 있다면…….' 여러분도 한 번쯤 이런 생각을 해보지 않았나? 나는 뇌 부위 중에서도 특히 '해마'를 연구한다. 말하자면, '기억력 전문가'인 셈이다.

자, 여러분의 소망을 접수했다. 지금부터 은혜를 베풀어 여러분의 소원을 이루어주려고 한다. '수리수리 마수리~.' 기억력을 향상해주는 마법 같은 방법이 있다면, 다른 사람에게 은혜를 베풀기 전 나 자신을 위해 먼저 사용하겠지만 말이다.

안타깝게도, 지금은 '나의 변변치 못한 기억력'을 여러분 앞에 꺼내어 보여드리는 수밖에 없을 것 같다. 소원을 이루어주겠다고 큰소리쳤지만, 사실 기억력을 향상하는 '마법'은 없다. 부단한 노력과 끈기만이 요구될 뿐이다.

그런데 얼마 전, 나는 내 귀를 의심해야 하는 상황에 맞닥뜨렸다. 누군가 손쉽게 기억력을 향상하는 마법을 마침내 찾아냈다는 소식이 들려왔기 때문이다. 미국 뉴저지에 있는 몽클레어 주립대학교(Montclair State University) 프로퍼(Propper) 교수 연구팀이 그 주인공들이다.

그들의 연구 논문은 《플러스원》에 실렸다. 구체적인 방법이 궁금해서 얼른 논문을 읽어보았는데, 뜻밖에도 매우 간단한 방법이었다. 즉, '주먹을 꼭 쥐기만 해도 기억력 향상 효과가 있다'는 것. 이쯤 되면, 프로퍼 교수 연구팀이 나를 대신해서 여러분의 소원을 이루어줄 수도 있을 것 같다.

연구팀은 51명의 일반인을 모집하여 '기억력 테스트'를 했다. 먼저, 참여자들은 36개의 단어를 암기한 뒤 시험을 치러야 한다. 테스트에 들어가면 눈앞의 모니터에 쉬지 않고 단어가 나타났다가 사라진다. 한 단어가 표시되는 시간은 5초. 총 3분에 걸쳐 외워야 할 단어를 순차적으로 보여준다. 참여자들은 끝까지 보고 난 다음, 자신이 외우고 있는 단어를 모조리 종이에 적어 낸다. 한데, 비교적 난도가 높은 과제라서 그들이 정확히 떠올린 단어 수는 평균 8.6개밖에 되지 않았다.

자, 이제 힘껏 주먹을 쥐어보자. 지름 5센티미터의 고무 재질 공을 힘껏 쥐는 방식이다. 공을 쥐는 시간은 45초. 공을 쥐고 나서 15초 동안 휴식하고, 다시 45초 동안 젖 먹던 힘까지 짜내 있는 힘껏 공을 쥐게 한다. 이런 방식으로 1세트를 수행한다. 그런 다음, 단어를 외우기 전과 답을 적기 전 '힘껏 공 쥐기'를 1세트씩 수행한다. 이 방법이 과연 효과가 있을지 의문이 생긴다고? 놀라지 마시라. 이 간단한 작업만으로 정답 수가 평균 10.1개까지 늘어났다. 18퍼센트나 정답률이 높아졌다는 계산이 나온다.

손을 꼭 쥐는 정도라면, 말 그대로 '손'쉬운 방법이므로 누구나 당장 시도해볼 수 있다. 단, 주의할 점이 한 가지 있다. 오른손과 왼손이 내는 효과가 다르다는 점을 염두에 두어야 한다. 즉 단어를 외우기 전에는 '오른손'으로 공을 꽉 쥐어야 하고, 단어를 떠올리기 전에는 '왼손'으로 쥐어야 한다. 그렇게 하지 않으면 효과가 없다고 한다. 심지어 잘못된 손을 사용하면 역효과가 발생해 아무것도 하지 않았을 때보다 오히려 성적이 더 떨어질 수도 있단다.

'왼손 → 오른손' 순서로 쥐지 말아야 하는 데는 합당한 이유가 있다. 우리 뇌 반구 기능이 좌우가 서로 다르기 때문이다. 20여 년 전에 등장한 'HERA 가설'에 따르면 왼쪽 전두엽은 '암기'에, 오른쪽 전두엽은 '기억을 떠올리는 작업'에 관여한다고 한다.

뇌는 우리 몸을 좌우 교차로 지배한다. 오른손을 쥐면 왼쪽 전두엽이, 왼손을 쥐면 오른쪽 전두엽이 활동한다. 그러므로 뭔가를 외우기 전에는 오른손을, 기억을 떠올리기 전에는 왼손을 꼭 쥐어야 한다. 참고로, 이번 연구는 '오른손잡이'에게만 해당하는 이야기다. 연구팀은 '왼손잡이'에게도 같은 실험을 했고, '결과는 나중에 별도로 공개하겠다'는 입장을 전해왔다. 앞으로의 발표가 기대된다.

사족을 하나 덧붙이자면, 손을 쥐는 동작은 감정을 다스리는 데도 효과적으로 활용할 수 있다는 점이 과거 몇 편의 연구에서 발표된 적이 있다. 연구 결과에 따르면, 오른손을 쥐면 행복감과 분노 등 감정이 외부로 향하게 된다고 한다. 또, 왼손을 쥐면 슬픔이나 불안 등 감정이 내면으로 향한다. 이 또한, 뇌의 좌우 차이에서 비롯되는 현상이다.

불현듯, 내 머릿속에 인디언 이름 '주먹쥐고일어서'가 떠올랐다. 혹시, 오랜 옛날부터 인디언들은 몽클레어 주립대학교 프로퍼 교수 연구팀의 '주먹 쥐기–기억력' 간 상관관계를 본능적으로 알고 있었던 게 아닐까.

CHAPTER

2

공감하는 뇌, 행복을 느끼는 뇌

심리실험
19

뇌는 선천적으로 '거짓말하는 능력'을 타고난다는데?

앨버타대 레그 교수의
'물건을 숨길 때와 찾을 때의
행동 패턴을 밝히는 실험'

앨버타대학교 레그 교수 연구팀은 평균 연령 21세 젊은이 102명을 모집하여 실험했다. 연구팀은 참여자들에게 실험실 바닥에 깔린 70장의 타일 아래 어딘가에 물건을 숨기라고 지시했다. 참여자들은 2분 안에 최대한 다른 사람들이 찾기 어려운 장소를 3곳 골라 물건을 숨겨야 한다. 가장 많은 사람이 선택한 '장소'는 어디였을까? 흥미롭게도, 대다수 사람이 벽에서 멀리 떨어진 실험실 한복판에 물건을 숨기려 한다는 사실이 밝혀졌다.
연구팀은 전혀 뜻밖의 결과에 놀랐다. 왜냐하면, 물건을 숨기는 실험에 참여한 사람들에게 70장의 타일 중 어딘가에 숨겨진 물건을 찾아달라고 지시하자 (자기가 물건을 숨긴 실험실 한복판이 아닌) 구석 같은 외진 곳부터 살펴보기 시작했기 때문이다.
뇌는 왜 물건을 숨길 때와 물건을 찾을 때 전혀 다른 방식으로 작동할까?

다단계 상술, 보이스 피싱을 활용한 금융사기, 결혼을 빙자한 사기, 바가지 씌우는 악덕 인테리어 업자……. 눈 뜨고 있는데 코 베어 가는 세상에 살면서 각종 사기와 악덕 상술로 인한 사건·사고를 소개하는 뉴스를 들을 때마다 가슴이 아프다.

"속는 사람 잘못이죠."

"멍청한 사람들이나 당하겠죠. 저는 절대로 그런 수법에 넘어가지 않을 자신이 있거든요."

어떻게 그렇게 말도 안 되는 사기를 당할 수 있느냐며 세상 물정에 어두운 피해자를 비난한다. '나는 똑똑해서 절대로 사기당하지 않는다'고 호언장담도 한다. 과연 그럴까? 똑똑한 사람은 절대로 사기를 당하지 않을까? 이런 말은 인간 뇌에 대해 잘 몰라서 하는 소리다. 뇌의 본질과 동작 원리를 알면 그리 쉽게 호언장담하지는 못할 것이다. 자, 본론으로 들어가자.

얼마 전, 《플러스원》에 발표된 논문을 두고 한바탕 치열한 논쟁이 벌어졌다. 앨버타대학교(The University of Alberta) 레그(Legge) 교수팀의 연구 결과다. 물건을 숨길 때와 찾을 때의 행동 경향을 관찰해 상대방의 '마음을 읽는' 순간의 심리를 밝힌다는 것이 실험의 목적이었다.

연구팀은 평균 연령 21세 젊은이 102명을 모집하여 실험했다. 먼저, 참여자들에게 실험실 바닥에 깔린 70장의 타일 아래 어딘가에 물건을 숨기라고 지시한다. 참여자들은 2분 안에 최대한 다른 사람들이 찾기 어려운 장소를 3곳 골라 물건을 숨겨야 한다. 가장 많은 사람이 선택한 장소는 어디였을까? 흥미롭게도, 대다수 사람이 벽에서 멀리 떨어진 실험실 한복판에 물건을 숨기려 한다는 사실이 밝혀졌다. 연구팀은 전혀 뜻밖의 결과에 놀랐다. 왜냐하면, 물건을 숨기는 실험에 참여한 사람들에게 70장의 타일 중 어딘가에 숨겨진 물건을 찾아달라고 지시하자 (자기가 물건을 숨긴 실험실 한복판이 아닌) 구석 같은 외진 곳부터 살펴보기 시작했기 때문이다.

구석은 누가 봐도 물건을 숨기기에 좋은 장소로 여겨진다. 그런데 실험 참여자들은 물건을 숨길 때 그런 곳을 선택하지 않았다. 이어서 연구팀은 비슷한 실험을 실험실이 아닌 비디오게임의 가상현실을 활용해 진행했다. 참여자들은 이번에도 역시 비슷한 행동 패턴을 보여주었다. 흥미로운 실험 결과가 아닐 수 없다.

위의 2가지 실험을 통해 우리는 인간 심리 흐름의 단면을 읽을 수 있다. 즉, 누구나 물건을 숨길 때는 '어떻게 하면 최대한 상대방의 허를 찌를까?' 고민한다. 사람들이 흔히 생각하는 뻔한 장소를 본능적으로 피하고 싶어 하는 것이다. 반대로, 누군가가 숨겨 놓은 물건을 찾을 때는 사고 회로가 한결 단순해진다. 일반적으로 사람들이 예측하는 장소부터 찾게 된다.

물건을 찾는 사람은 왜 물건을 숨기는 사람의 심리를 읽지 못할까? 연구팀은 "물건을 숨길 때 사용하는 뇌 부위와 찾을 때 사용하는 뇌 부위가 다르기 때문"이라고 결론 내렸다. 뇌는 왜 이런 방향으로 진화했을까?

야생동물을 예로 들어 생각해보자. 야생동물 입장에서는 들판이나 숲속에서 우연히 마주치는 상대방의 '마음'을 읽는 능력이 매우 중요하다. 적인가 아군인가, 혹은 내게 우호적인가 위협적인가. 이 판단을 한순간에 그르치면 그로 인해 치명적인 위험에 빠지고 자칫 목숨을 잃을 수도 있다. 그야말로 생사가 달린 결정이다. 이런 맥락에서 볼 때, 진화 과정에서는 상대방의 마음을 읽는 능력이 자기 마음을 숨기는 능력보다 먼저 발달했을 것이다. 마음을 숨기는 능력은 상대방에게 마음을 읽는 능력이 있다는 전제가 뒷받침되어야만 성립하는 상위 개념이기 때문이다. 그러므로 '마음을 숨기는 능력'과 '마음을 읽는 능력'은 뇌의 기능적 측면에서는 별개의 능력인 셈이다.

적에게 들키지 않고 자신의 안전을 지키는 방편인 '보호색'

이나 여러 가지 은신 능력과 방법은 곤충이나 조류를 비롯한 수많은 동물에게 쉽게 찾아볼 수 있다. '어떻게 하면 은신처인 둥지나 먹이, 혹은 자기 모습을 적의 눈을 피해 완벽하게 숨길까.' 이 임무를 멋지게 수행해낼수록 자연에서 도태되지 않을 가능성이 커지고 생존 경쟁에서 유리해진다.

생존과 종족 보존을 위해 감추고, 위장하고, 상대방을 기만하는 행위는 사람으로 넘어오면 '거짓말하기'로 나타난다. 매 순간 상대방의 사고 흐름을 훤히 꿰뚫어 보며 상대방보다 한 차원 높은 고단수로 머리를 굴리지 않으면 효과적인 거짓말하기는 가능하지 않다. 거짓말을 꿰뚫어 보려는 쪽보다 거짓말하는 쪽이 훨씬 복잡한 사고 회로를 지녀야 하고, 여러 가지 가능성과 돌발 변수에 철저히 대비해야 하며, 치밀한 작전을 짜야 하는 것도 그런 이유에서다. 어린아이들이 즐겨하는 '보물찾기'나 '숨바꼭질' 같은 놀이를 재미있게 해주는 것도 '감추는(속이는) 측'과 '찾는(간파하는) 측'의 뇌 부위와 사고 회로가 일치하지 않기 때문에 가능하다고 볼 수 있다.

안타깝게도, 우리 뇌는 '교묘한 거짓말쟁이'가 되는 방향으로 진화해왔다. 먼저, 이 점을 인식하는 일로부터 시작해야 한다. 애초에 뇌가 그렇게 생겼다면 온갖 사기와 악덕 상술은 앞으로도 끊이지 않을 것이다. 아니, 오히려 더욱 교묘한 방식으로 진화하고 발전해가지 않을까. 그러나 절망할 필요는 없다. 마치 '창과 방패'의 대결과도 같아서 속이려는 뇌가 진화하는 만큼 속지 않으려는 뇌도 그에 못지않게 진화해갈 것이기 때문이다.

에드거 앨런 포의 추리소설 『도둑맞은 편지』는 레그 교수팀의 '물건을 숨길 때와 찾을 때의 행동 패턴을 밝히는 실험'을 완벽하게 재현해낸 작품으로 보인다. 교활한 D 대신과 명민한 탐정 뒤팽은 중요한 편지 한 통을 놓고 상대의 허를 찌르는 치열한 두뇌 싸움을 벌인다. 편지의 주인과 편지를 훔친 자의 정치적 운명을 좌우할 만큼 중요한 그 편지를 경찰은 집안을 샅샅이 뒤지고도 끝내 찾지 못하지만, 전혀 뜻밖의 장소에서 발견되는데……. 그곳은 바로 D 대신의 집 거실 눈에 잘 띄는 서류꽂이였다!

심리실험 20

남자는 눈으로 사랑하고, 여자는 귀로 사랑한다?

발레아레스제도대 셀라-콘데 교수의 '예술 작품 관람 후 뇌 활동 측정 실험'

스페인 일레스 발레아레스 대학교 셀라-콘데 교수 연구팀은 남녀 각 10명씩을 모집해 그림과 사진 등의 예술 작품을 보여주고 뇌 활동을 측정했다.
남녀 차이는 두정엽에서 관찰되었다. 특히 작품의 아름다움을 느끼는 순간, 차이가 두드러졌다. 남성은 두정엽 우측을 주로 사용하는 데 반해, 여성은 좌반구까지 사용했다.
두정엽은 좌우 기능이 다르다. 우측 두정엽은 공간 위치(장소 등)를, 좌측 두정엽은 사물과 사물의 대립적 위치(전후와 좌우 관계 등)를 파악하는 데 관여한다.
연구팀은 "원시적인 인간 사회에서는 남성이 사냥을, 여성은 채집을 담당했기 때문"이라고 설명을 덧붙였다.
말하자면 남성은 길을 잃고 헤매지 않도록 위치를 파악하는 일로, 여성은 굶주리지 않도록 초목을 식별하는 일로, 각자의 능력을 특화하여 갈고닦아왔을 것이다.

"남자는 눈으로 사랑하고, 여자는 귀로 사랑한다."

영국의 저널리스트 우드로 와이엇(Woodrow Wyatt)이 한 말이다. 이 말이 과학적으로 맞는지 틀리는지는 단정하기 어렵지만, 분명한 것은 남자와 여자가 세계를 다르게 느낀다는 점이다. 사실 뇌 구조만 놓고 보면, 두 성별 사이에 그리 큰 차이는 없다.

좌우 반구를 연결하는 뇌들보(뇌량)의 측면에서 여성이 남성보다 훨씬 발달했다는 연구 결과가 나온 적이 있다. 이를 근거로 '여자는 수다쟁이'라는 말이 정설처럼 받아들여졌다. 그러나 이후 당시 실험은 정밀도가 많이 떨어지는 것으로 밝혀졌다. 과학자들은 신중한 재검사와 실험을 거쳐, 뇌들보 두께에 남녀 차이가 거의 없다는 결론을 내렸다. 녹음 칩을 사용한 장시간 조사에서도 '수다 정도'에 남녀 차이는 발견되지 않았다.

그렇다면 왜 '여자는 말이 많다'는 선입견이 정설처럼 대중에 받아들여졌을까? '여자는 비논리적이고 쓸데없는 이야기만 늘어놓는다'라는 남성 중심의 고루한 사고방식이 낳은 편견일 가능성이 크다. 여성은 절대로 비논리적인 존재가 아니다. 실제로 유심히 관찰해보면, 여성에게 오히려 특유의 섬세하고 정교한 논리와 엄정한 규칙을 발견할 수 있다.

최근 연구에 따르면, 뇌의 '형태'에는 성별 차이가 거의 존재하지 않는다. 다만 뇌 '사용법'이 다를 뿐이며, 특히 좌우 뇌 활동에 차이가 있다고 한다. 물론 이것은 아직 정설이 아닌 가설로 받아들여지고 있다. 이에 관한 2가지 연구를 소개할까 한다. 둘 다 《미국 과학원 회보》에 발표된 논문에 기반을 두고 있다.

먼저, 스탠퍼드대학교 앨런 라이스(Allan L. Reiss) 교수팀의 연구부터 살펴보자. 연구팀은 건강한 남녀 10명을 모아 '농담'을 들었을 때 뇌의 반응을 기록했다. 뇌 활동은 대부분 언어와 지식에 관여하는 부위에서 관찰되었고, 그 점에 대해서는 남녀 차이가 거의 없었다. 다만, 여성의 뇌에서 특히 활발하게 활동하는 부위가 몇 군데 관찰되었다. 그중 하나가 측좌핵(Nucleus accumbens)으로, 쾌락에 관여하는 뇌 부위다. 이는 여성이 남성보다 유머를 더 잘 즐긴다는 뜻이다.

측좌핵 활동은 기대와 현실의 '차이'에 비례한다. 수입을 예로 들면 이해하기 쉽다. 같은 금액이라도 예상보다 많으면 기쁨이 커진다. 연구팀은 '여성은 유머가 보여줄 수 있는 재치를 과도하게 기대하지 않는다'고 추론한다. 다시 말해, '남자는 본격적으로 개그를 시작하기 전 결과에 집착하고, 여자는

이야—
그림 끝내주네!
이 그림으로
무슨 재미난 드립을
칠 수 있을까…
TOILET

W
TOILET

순수하게 제시된 개그를 즐긴다'는 이야기다. 또한, 남자의 경우 묘한 경쟁심에서 '말주변은 제법 그럴듯하지만, 입만 산 녀석이야'라는 식으로 샘을 내느라 측좌핵이 순순히 활동하지 못하도록 의식적으로 방해할 가능성도 제기된다.

이어서 스페인 일레스 발레아레스 대학교(Universitat de les Illes Balears) 셀라-콘데(Cela Conde) 교수팀의 연구다. 연구팀은 남녀 각 10명씩을 모집해 그림과 사진 등의 예술 작품을 보여주고 뇌 활동을 측정했다. 남녀 차이는 두정엽에서 관찰되었다. 특히 작품의 아름다움을 느끼는 순간, 차이가 두드러졌다. 남성은 두정엽 우측을 주로 사용하는 데 반해, 여성은 좌반구까지 사용했다.

두정엽은 좌우 기능이 다르다. 우측 두정엽은 공간 위치(장소 등)를, 좌측 두정엽은 사물과 사물의 대립적 위치(전후와 좌우 관계 등)를 파악하는 데 관여한다. 연구팀은 "원시적인 인간 사회에서는 남성이 사냥을, 여성은 채집을 담당했기 때문"이라고 설명을 덧붙였다. 말하자면 남성은 길을 잃고 헤매지 않도록 위치를 파악하는 일로, 여성은 굶주리지 않도록 초목을 식별하는 일로 각자의 능력을 특화하여 갈고닦아왔을 것이다.

사회적 역할 차이가 아름다운 그림을 보고 느끼는 감상에 대한 성별 차이로 이어졌다는 사실이 참 재미있다. 남성은 아름다운 경치, 여성은 아름다운 화초가 '아름다움'의 원점이 되었을 것이다.

참고로, 두정엽은 사람에게 특히 발달한 부위다. 즉, 진화 과정에서 원숭이와 사람이 갈라져 나온 이후 '아름다움'에 대한 감성의 남녀 성별 차이가 발생했다고 보면 그리 틀리지 않은 사실이다.

존 그레이의 책 『화성에서 온 남자 금성에서 온 여자』를 기억하나? 1990년대에 미국과 일본을 비롯한 수많은 나라에서 출간되어 엄청난 반향을 불러일으키며 초대형 베스트셀러가 된 책이다. 그레이는 이 책에서 남자와 여자가 같은 인간 종에 속하면서도 얼마나 다른지를 표현하기 위해 '화성 남자'와 '금성 여자'라는 재미있는 용어를 만들었다. 그레이의 말대로, 여자와 남자는 '금성인'과 '화성인'의 차이만큼이나 상대를 온전히 이해하기가 거의 불가능에 가까울 정도로 저마다 독특하고 이질적이다. 그러나 잊지 말자. 그 '화성 남자'와 '금성 여자' 모두 '지구'에 발을 딛고 같은 공기를 호흡하며 살아가는 존재라는 사실을.

심리실험 21

유럽꽃게는 왜 전기 자극이 주는 통증을 참아야 했을까?

퀸즈대 엘우드 교수의
'유럽꽃게 전기 자극 실험'

통각 연구로 유명한 퀸즈대학교 엘우드 교수는 오랜 관찰과 실험을 통해 유럽꽃게도 통증을 느낀다는 사실을 보여주었다. 유럽꽃게는 자기가 좋아하는 바위굴에 기어드는 습성이 있다. 성장해서 몸집이 커지면 넉넉한 몸집에 맞는 다른 굴로 이사한다. 엘우드 교수는 이 게의 보금자리에 자극 전극을 설치했다. 굴에 들어갈 때마다 찌릿찌릿한 전기 자극을 받은 게는 몸서리치며 굴 밖으로 기어 나왔다. 전기 자극이 불쾌하기 때문이다. 그런데 그 굴이 제 몸에 딱 맞고 마음에 들면 전기 자극을 주어도 굴 밖으로 나오지 않았다. 녀석은 굴속에서 전기 자극을 꾹 '참아내고' 있었던 거다. 이후 근처에 비슷한 다른 굴을 설치하자, 녀석은 헌 집을 버리고 잽싸게 새집으로 이사했다.
더 나은 보금자리를 얻기 위해 전기 자극의 통증을 참아내는 유럽꽃게의 인내가 가슴 짠하고 눈물겹지 않은가!

“아픔은 얼마든지 참을 수 있는 법이다.”

통각 연구로 유명한 캐나다 퀸즈대학교 밥 엘우드(Bob Elwood) 교수가 ‘아픔이란 무엇인가?’라는 질문에 내놓은 대답이다. 다소 생뚱맞은 이야기라서 어떻게 받아들여야 할지 몰라 약간 난감할 수도 있다. 그러나 속뜻을 알고 나면 다의적인 의미를 지니면서도 본질을 찌른 매우 함축적인 말이라는 것을 알 수 있다.

아픔이란 닫힌 감각이다. 쉽게 말해, 당사자 이외의 다른 어느 누구도 동시에 그 아픔을 같이 느낄 수는 없다. 어떻게 하면 타인의 아픔을 제대로 헤아릴 수 있을까? 엘우드 교수는 ‘인내’에 초점을 맞추라고 조언한다. 아픔에서 도망치면 아픔은 줄어든다. 주위에서 보았을 때 당사자가 아파한다는 건, 그 아픔에서 ‘도망치고자 애쓰는’ 행위로 볼 수 있다. 다만, 한 가지 주의할 점이 있다. 어디까지나 ‘도망치고 싶다’는 바람이지 ‘도망치는 행위’는 아니다. 도망치는 행위는 단순한 반사적 행동과 구별하기 어렵다.

엘우드 교수는 이 ‘도망치는’ 행위에 주목하여 유럽꽃게(Carcinus Maenas)가 통증을 느낀다는 사실을 보여주었다. 유럽꽃게는 자신이 좋아하는 바위굴에 기어드는 습성을 갖고 있다. 성장해서 몸집이 커지면 넉넉한 몸집에 맞는 다른 굴로 이사한다.

엘우드 교수는 이 게의 보금자리에 자극 전극을 설치해보았다. 그렇게 하면 게가 굴에 들어갈 때마다 찌릿찌릿 저리는 자극이 온다. 전기 자극을 받은 게는 몸서리치며 굴 밖으로 기어 나온다. 전기 자극이 불쾌하기 때문이다. 그런데 재미있게도 그 굴이 제 몸에 딱 맞고 마음에 들 경우, 전기 자극을 주어도 굴 밖으로 나오지 않았다. 녀석은 굴속에서 전기 자극을 꾹 '참아내고' 있었던 거다. 아무튼 근처에 비슷한 굴을 설치하자, 녀석은 헌 집을 버리고 잽싸게 새집으로 이사했다.

인내는 사회적 의미를 지닌다. 인내하는 사람이나 동물을 보면 '아프겠다', '불쌍하다'고 그저 공감만 하기 때문이다. 다른 사람이나 동물의 고통에 공감하는 순간의 뇌 활동을 분석한 연구가 있다. 독일 막스 플랑크 연구소 싱거(Singer) 박사의 연구다. 흥미롭게도, 아파하는 사람을 보면 보는 사람의 뇌에서도 통증 회로가 활성화한다. 상대방의 아픔을 마치 내 몸의 아픔처럼 느끼는 현상이다. 이렇게 '거울' 같은 뇌의 투영 기능을 통해 타인의 고통을 유사체험하고 공감한다.

그러나 단순한 공감만으로 사회적 가치는 발생하지 않는다. '공감'은 아무것도 만들어내지 못하기 때문이다. 정말로 중요한 가치는 '불쌍하다'고 단지 공감하는 게 아니라 '도와주고 싶다'라는 자애에서 비롯된 동정심으로 변화하는 과정이다.

공감과 동정은 얼핏 비슷해 보이지만 본질은 다르다. 공감은 단순히 타인의 고통을 자신에게 투영하는 닫힌 감각인 반면 동정은 상대방의 고통을 배제하려는 노력, 즉 이타적인 행위다. 공감이라면 동물도 할 수 있다. 동정은(아주 예외적인 사례가 보고되기는 하지만) 사람만이 가능한 인간 고유의 행동이라고 보아도 무방하다.

싱거 박사는 '동정 훈련'이라는 약간 미묘한 어감의 뇌 훈련법을 발표했다. 동양적 명상을 접목한 6시간 코스의 훈련이라고 한다. 어떤 결과가 나왔을까? 훈련 효과는 그야말로 만점이었다. 훈련을 받으면 곤경에 처한 사람을 보았을 때 공감보다 동정이 훨씬 강하게 나타난다고 한다. 뇌 활동도 통각신경 활동에서 '쾌감' 활동으로 변화한다. 동정은 그 감정의 주체인 사람에게 쾌감을 안겨준다. 그러고 보니, 확실히 누군가를 도와주면 기분이 좋아진다.

앞에서 이야기한 '아픔은 참을 수 있다'라는 정의가 새삼 흥미롭게 느껴진다. 아픔에 견딜 수 있는 미덕. '인내로 상대방의 동정심을 유도한다.' 인내는 자기 자신을 위해서가 아니라 상대방을 위한 것이기도 하다. 누군가를 도와줌으로써 뇌가 행복해지기 때문이다. '자기 자신이 아닌 타인을 위해 인내하며, 누군가를 도울 때 뇌가 행복해진다…….' 뇌과학에 감춰진 이런 메시지가 너무도 근사하고 감동적이지 않은가.

안온한 보금자리를 마련하기 위해, 혹은 지키기 위해 전기 자극의 저릿저릿한 통증과 불쾌함을 견디어내는 유럽꽃게의 모습에서 마치 내가 전기 자극의 고통을 당하는 것 같은 느낌을 받았다. 유럽꽃게에게 '동정'까지는 아니어도 '공감'할 수 있을 것 같은 기분이 든다고 할까!

심리실험 22

파리도 잠을 충분히 자지 못하면 업무 효율이 떨어진다고?

캘리포니아대 시겔 교수의 '다양한 생물 종들의 수면 연구'

캘리포니아대학교 제롬 시겔 교수는 수면이 동물에게만 특징적으로 나타나는 현상이 아니라고 주장한다. 파리 · 모기 등의 곤충, 개나 고양이 같은 동물은 물론이고 식물도 잠을 잔다는 것이다. 식물, 즉 씨앗의 잠은 단순히 계절을 기다리는 데서 그치지 않고 한없이 길어지기도 한다. 가령, 연꽃 씨앗은 1,000년 이상 시간이 지나도 건강하게 자랄 수 있다. 툰드라 지대의 '루핀' 중에는 1만 년 이상 가는 종자도 있다고 한다. 게다가 다람쥐가 숨겨둔 실레네 스테노필라라는 석죽과의 식물 씨앗이 영구 동토 속에서 무려 3만 년 동안이나 잠자다 깨어나 아름다운 꽃을 피운 사례도 보고된 바 있다. 지금까지 발견된 사례 중 최장 기록은 레바논에서 발견된 효모다. 녀석은 유리 속에서 무려 4만 년 넘게 갇혀 있다가, 마침내 생명을 되찾아 맥주 제조에 참여하여 멋지게 제 역할을 해냈다.

수면은 불가사의한 현상이다. 늘 시간이 부족하다고 투덜대며 밤낮 가리지 않고 바쁘게 활동하는 현대인도 평생 자신에게 주어진 시간의 30퍼센트 정도는 아무것도 하지 않고 잠만 자며 보내기 때문이다. 수면은 곤충에서 포유류에 이르기까지 지구 위 모든 동물에게 나타나는 보편적 현상이다. 곤충도 잠을 잔다는 말을 들으면 짐짓 놀라며 전혀 뜻밖이라는 반응을 보이는 사람도 적지 않다.

그러나 곤충도 인간처럼 잠을 잔다. 주위에서 흔히 볼 수 있는 곤충을 떠올려보자. 예컨대, 파리도 잠을 잔다. 한데 흥미롭게도, 파리의 수면 패턴이 인간의 그것과 상당히 비슷하다. 인간은 수면이 부족하면 그만큼 능률이 떨어지지 않나? 밤새워 일한 다음 날은 보통 30퍼센트 정도 더 오래 잔다고 한다. 파리도 마찬가지다. 녀석도 잠을 제대로 자지 못하면 현저히 능률이 떨어진다. 여기서 떠오르는 한 가지 궁금증. '사람이 먹는 수면제를 파리에게 먹이면 어떻게 될까?' 재미있게도, 사람처럼 곯아떨어진다.

수면이라는 생물학적 현상이 진화 과정에 사라지지 않고 모든 종에 보편적으로 남아 있는 까닭은 무엇일까? 수면이 그만큼 생존과 생활에 중요한 역할을 하기 때문 아닐까. 그런데 뜻밖에도 수면이 무엇을 위해 존재하는지는 아직 명확히 밝혀지지 않았다.

수면의 길이는 생물 종에 따라 천차만별이다. 짧은 종은 하루에 3시간 남짓, 긴 종은 20시간 가까이 잔다. 한술 더 떠서, 바다코끼리처럼 며칠씩 깨지 않고 자는 동물도 있다. 사람의 평균 수면 시간은 약 8시간으로, 동물 중에서는 비교적 '긴 수면 유형'에 속한다.

수면 시간이 짧은 종은 그만큼 몰입해서 효율적으로 잠을 잔다고 생각하기 쉽다. 그러나 실상은 오히려 그 반대다. 예컨대 얼룩말은 가장 짧게 자는 종 중 하나인데, 동시에 얕은 잠을 잔다는 특징이 있다. 언제 사자나 하이에나 같은 무시무시한 적에게 공격당할지 모르는 상황에서 팔자 좋게 쿨쿨 자고 있을 수 없기 때문이다. 반면, 먹이 피라미드의 가장 꼭대기 층을 차지하는 사자는 긴 시간 깊은 잠을 잔다. 일반적으로 초식동물, 잡식동물, 육식동물 순서로 수면 시간이 길어진다.

수면은 매일 반복되는 형태로만 나타나지는 않는다. 가령, 겨울잠도 수면의 일종이다. 극한의 땅에서 생활하는 동물들, 특히 철새와는 달리 장거리를 이동할 수 없는 육상동물은 겨울잠을 자고 혹한을 이겨내며 생명을 보존해야 한다. 동면 중

체온이 영하 3도까지 내려가는 동물도 있다. 신체 활동을 최대한 줄여 에너지를 절약하기 위해서다. 그 상태에서 잠을 깨려면 한 시간 이상 걸린다.

곰은 겨울잠을 자는 동물로 알려져 있는데, 엄밀히 말해 이는 사실이 아니다. 곰의 '동계 수면'은 생물학적으로 볼 때 일반적인 겨울잠과는 성격이 다르기 때문이다. 좀 더 구체적으로, 체온 저하 폭은 5도가량이며 겨울잠을 자는 다른 동물들과 비교하면 상당히 빨리 잠에서 깨어날 수 있으므로 겨울잠과는 다른 유형의 수면으로 보아야 한다.

캘리포니아대학교 제롬 시겔(Jerome Siegel) 교수는 수면의 정의를 확장했다. 그런 맥락에서 그는 수면은 동물에게만 특징적으로 나타나는 현상이 아니라고 주장한다. 말하자면, 식물도 파리나 고양이 같은 동물과 마찬가지로 잠을 잔다는 것이다. 좀 더 구체적으로, 당분간 활동을 멈추고 휴식을 취하며 새로운 '생활'을 준비한다는 의미에서 식물 씨앗도 동물처럼 잠을 잔다. 겨울이 지나고 봄이 다가와 싹을 틔우는 씨앗은 적절한 계절이 올 때까지 휴식을 취하는 셈이니 일종의 '수면'으로 볼 수 있다.

씨앗의 잠은 단순히 계절을 기다리는 데서 그치지 않고 한없이 길어지기도 한다. 가령, 연꽃 씨앗은 1,000년 이상 시간이 지나도 건강하게 자랄 수 있다. '1,000년 이상?' 하며 놀라는 독자가 많을 것 같은데, 아직 놀라기는 이르다. 연꽃은 약과니까. 예를 들어, 툰드라 지대의 루핀(lupine: 학명은 Lupinus, 우리나라에서는 '층층이부채꽃'이라는 이름으로 부른다._옮긴이) 중에는 1만 년 이상 가는 종자도 있다.

이번에 발표된 사례는 더욱더 놀랍고 충격적이다. 다람쥐가 숨겨둔 실레네 스테노필라(Silene Stenophylla)라는 석죽과의 식물 씨앗이 영구 동토 속에서 무려 3만 년 동안이나 잠자다 깨어나 아름다운 꽃을 피웠기 때문이다. 현재 알려진 종보다 꽃봉오리가 많이 달린 '고대종'으로, 식물의 진화를 추적하는 귀중한 학술 자료로 삼을 만하다.

식물 중에서 실레네 스테노필라는 매우 특수한 사례로 볼 수 있다. '균'으로 눈길을 돌리면 이야기는 또 달라진다. 일반적으로 균은 식물보다 훨씬 오래 잠을 자기 때문이다. 지금까지 발견된 사례 중 최장 기록은 레바논에서 발견된 효모다. 녀석은 유리 속에서 무려 4만 년 넘게 갇혀 있다가, 마침내 생명을 되찾아 맥주 제조에 참여하여 멋지게 제 역할을 해냈기 때문이다.

시겔 교수는 다양한 예를 들며, 어느 사례나 수면 길이와 시기가 합리적이라고 주장한다. 수면은 적의 위험에 무방비로 노출되는, 생존에 불리한 시간이 아니다. 그보다는 적에게 발각되지 않도록 일시적으로 활동을 멈춘 상태이자 열악한 환경 탓에 먹이를 얻기 어려운 시기를 지혜롭게 넘기기 위해 진화 과정에서 최적화된 합리적 행위로 볼 수 있다.

고양이도 파리도, 심지어 식물도 잠을 잔다고 하니 신기한가? 곰곰이 생각해보면, 신기할 것도 이상할 것도 없다. 무릇 동물에서 식물에 이르기까지 모든 생물은 잠을 잔다. 그게 바로 자연의 이치다. 휴식이 필요한 건 우리 인간만이 아니다. 인간 중심의 사고에서 벗어나 다른 생물 종들에 대해 좀 더 관심을 두고 '역지사지(易地思之)'하는 마음의 여유를 가질 때 우리가 발을 딛고 있는 이 푸른 별 지구는 좀 더 풍요로워지고 살만해지지 않을까!

심리실험 23

'젊게' 살면 오히려 우울증에 걸리기 쉽다는데?

함부르크대 브라센 교수의 '가끔 악마가 튀어 나오는 황금 찾기 비디오게임 실험'

함부르크대학교 브라센 교수 연구팀은 25세 전후의 젊은이 21명, 건강한 고령자 20명, 우울증 상태의 고령자 20명을 모아 비디오게임을 하게 했다. 화면에 늘어놓은 상자를 왼쪽부터 순서대로 차례차례 열어 나가는 게임이다. 상자에는 황금이 들어 있을 때가 많지만, 이따금 돌발적으로 악마가 튀어나오기도 한다. 실험 참여자는 각 상자를 열기 전 게임을 종료할지 계속할지 결정해야 한다. 황금이 나올 때마다 상금은 늘어나지만, 악마가 나오면 게임 끝. 그동안 획득한 상금은 0원이 된다. 그러므로 악마가 나오기 전에 게임을 종료하느냐가 관건이다. 게임을 종료할 때는 나머지 상자를 모두 열어 황금과 악마를 보여준다. 즉, 어느 정도 승산이 있었는지를 참여자에게 알려주는 방식이다. 이 게임을 80차례 반복한다.

'평범한 청년'과 '우울증을 앓고 있는 고령자', 그리고 '건강한 고령자'는 각각 어떤 선택을 했을까?

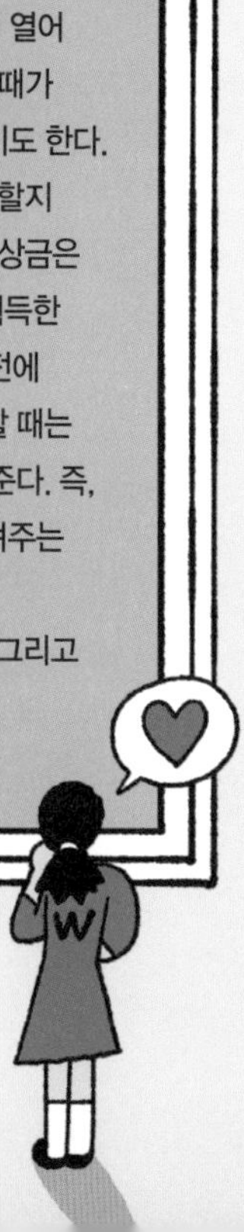

나이를 먹으면 부정적인 감정이 줄어들고, 인생을 긍정적인 관점에서 바라보게 된다고들 말한다. 물론 이는 대략적인 경향성을 의미하는 것일 뿐 모든 사람이 그렇지는 않을 것이다. 아무튼, 이러한 심경 변화는 일반적으로 남은 시간이 많지 않음을 깨달아 행복해지는 방향으로 정서를 적응시키는 순응 과정의 일환으로 볼 수 있다. 재산이나 기회가 줄어든다는 사실을 벌충하기 위한 보완적 감정 변화라는 주장도 있다.

우울증은 고령자에게 흔히 나타나는 감정 질병이다. 우울증 환자의 40퍼센트 정도가 60세 이상 고령자인 것만 보아도 이는 명확한 사실이다. 그런데 이 수치는 사실 병원을 방문하여 치료받은 환자의 통계 수치에 지나지 않는다. 실제로는 일본 안에서만 100만 명 가까운 노인성 우울증 환자가 병원 치료를 받지 않는 까닭에 통계에 반영되지 않았을 가능성이 크다.

고령자의 우울증이 간과되기 쉬운 까닭은 치매와 구별하기 어렵기 때문이다. 기억력이나 집중력 저하는 노인성 우울증의 전형적 증상이다. 『노인성 우울증』(원제: 老人性うつ, 和田秀樹, PHP研究所, 2012)의 저자이자 의사인 와다 히데키는 "치매로

의심되는 환자 중 70~80퍼센트는 우울증일 가능성이 있다"고 지적한다.

나이를 먹을수록 우울증이 증가하는 추세는 생물학적 현상의 일환이 아닐까. 즉, 신경 전달물질 감소라는 기질적 장기 변화라는 의미다. 노인성 우울증이 젊은 층이 겪는 우울증과 비교하면 우울증약이 한결 잘 듣는다는 사실이 생물학적 현상임을 보여준다.

이와 관련된 함부르크대학교 스테파니 브라센(Stefanie Brassen) 교수팀의 연구를 소개한다. 2012년 《사이언스》에 게재된 논문이다. 연구팀은 25세 전후의 젊은이 21명, 건강한 고령자 20명, 우울증 상태의 고령자 20명을 모아 비디오 게임을 하도록 요청했다. 화면에 늘어놓은 상자를 왼쪽부터 순서대로 차례차례 열어 나가는 게임이다. 상자에는 황금이 들어 있을 때가 많지만, 이따금 돌발적으로 악마가 튀어나오기도 한다.

실험 참여자는 각 상자를 열기 전 게임을 종료할지 계속할지 결정해야 한다. 황금이 나올 때마다 상금은 늘어나지만, 악마가 나오면 바로 게임 끝. 그동안 획득한 상금은 0원이 된다. 그러므로 악마가 나오기 전에 게임을 종료하느냐가 관건이다. 게임을 종료할 때는 나머지 상자를 모두 열어 황금과 악마를 보여준다. 즉, 어느 정도 승산이 있었는지를 참여자에게 알려주는 방식이다. 이 게임을 80차례 반복한다.

평범한 청년과 우울증을 앓고 있는 고령자는 비슷한 선택 경향을 보였다. 그들은 많은 황금을 차지할 기회를 놓치면 무척 억울해했고, 다음 게임에서 큰 위험을 감수했다. 반면, (우울증을 앓지 않는) 건강한 고령자는 게임 결과에 따라 행동을 바꾸지 않았다. 그들은 행동에 일관성을 유지했다. 연구팀은 그들의 뇌 활동도 동시에 측정했다. 측정한 뇌 데이터 역시 같은 결과를 뒷받침했다. 건강한 고령자의 경우, 선택에 실패했을 때 전대상피질 등의 감정을 관장하는 뇌 부위가 활발하게 활동했고, 오래 후회하지 않았다.

연구팀은 건강한 고령자는 매사가 반드시 뜻대로 풀리지 않는다는 사실을 잘 알고 있다고 말한다. 그들은 '포기하는 능력'을 가지고 있다는 얘기다. 다시 말해, 언제까지나 젊은 이처럼 머리(뇌)를 쓰려고 고집하는 사람이 우울증에 걸리기 쉽다는 뜻으로 해석할 수 있다.

포기해야 할 때 포기할 줄 아는 것도 능력이다. 손에 움켜쥐고 있던 것을 놓아야 할 때 놓을 줄 아는 것도 능력이다. 지혜로운 행동이며, 인생을 행복으로 이끌 줄 아는 노하우다. 인간 뇌가 작동하는 메커니즘을 관찰하다 보면, 때로 책 한 권에서 얻을 수 있는 지혜와 노하우를 얻은 듯 뿌듯해지곤 한다.

심리실험 24

인간이 타인의 몸 부위 중 '얼굴'을 가장 잘 구분하는 이유

밴더빌트대 맥권 교수의 '경이적인 검출력을 자랑하는 뇌 회로, FFA 연구'

뇌에는 얼굴 정보를 처리하는 전용 회로가 있다. 대뇌 피질 일부인데, 전문 용어로 '방추상 얼굴 영역'이라고 부른다. 이 FFA에 장애가 생기면 얼굴을 제대로 인식할 수 없게 된다. FFA는 경이적인 검출력을 자랑하는 뇌 회로다. 예컨대, 똑같이 웃는 얼굴을 보고 '쑥스러운 웃음', '씁쓸한 웃음', '비웃음', '애교 섞인 웃음', '가짜 웃음' 등으로 미묘한 차이를 구별한다. 컴퓨터 화상 처리로 각 웃음을 구별하려면 최신 기술을 도입해도 상당히 어려운 작업이다. FFA 처리 능력은 우리 상상을 능가하는 수준이다.

밴더빌트대학교 랭킨 맥권 교수 연구팀은 얼굴 이외의 대상을 식별하는 데도 FFA를 응용할 수 있다고 주장했다. 그 증거로 연구팀은 자동차 종류를 식별할 때 FFA가 활성화된다고 보고하기도 했다. 재미있게도, 차종 식별 능력이 뛰어난 사람일수록 판별하는 순간 FFA 활동이 활발해졌다.

나의 지인 중에 포르셰를 무척 좋아하는 사람이 있다. 대화 중에 그는 온갖 포르셰 모델을 코드명까지 덧붙여 줄줄 읊어 댄다. 911 카레라, 964 카브리올레……. 내 눈에는 그 차가 그 차 같아 보이고, 아무리 눈을 부릅뜨고 사진을 유심히 살펴봐도 뚜렷한 차이를 알 수가 없다.

어떻게 슬쩍 한 번 보고 세부 모델까지 척척 구분해낼까? 사실, 우리 인간이 가장 잘 구분할 수 있는 대상은 '사람 얼굴'이다. 사회생활을 하려면 개인의 얼굴을 식별하는 능력은 기본 중의 기본이다. 그러므로 우리 뇌는 얼굴에 민감하게 반응하도록 만들어졌고, 당연하다고 생각할 수 있다.

그런데 뇌 연구자라면 조금 다르게 설명한다. 인간이 사회를 이루고 무리 없이 살 수 있도록 얼굴에 민감하게 반응하는 회로를 적극적으로 발달시켰는지, 아니면 그와는 반대로 진화 과정에 우연히 얼굴에 민감해져서 무리 짓는 습성이 몸에 배었는지 알 수 없기 때문이다.

뇌에는 얼굴 정보를 처리하는 전용 회로가 있다. 대뇌 피질 일부인데, 전문 용어로 '방추상 얼굴 영역(Fusiform Face Area)'이라고 부른다. 듣기만 해도 골치가 지끈거리고 소리 내어 읽으면 혀가 꼬일 정도로 어려운 이름이라 여기서는 'FFA'로 줄여서 부르기로 한다.

어쨌든 이 FFA에 장애가 생기면 얼굴을 제대로 인식할 수 없게 된다. 흔히 '얼굴 인식 장애'라고도 부르는 '안면실인증(Prosopagnosia)' 증상이다. 눈·코·입 같은 이목구비는 이해할 수 있지만, 각 부위를 종합한 얼굴을 '얼굴'로 인식하지 못한다. 그러므로 개인을 구별하거나 표정을 읽는 것이 어려워진다. 그러나 얼굴 이외의 '물체'를 인식하는 지력은 정상이다.

얼굴 인식 장애를 보이는 사람 중에는 선천성 환자도 있다. 환자 수는 전체 인구의 2퍼센트를 웃돌 정도이니 생각보다 훨씬 많은 편이다. 게다가 유전성도 일정 부분 인정되고, 책임 유전자도 조금씩 해명되기 시작했다. 사실, 나 자신의 얼굴 인지력과 식별 능력을 냉정하게 고려하면 선천성 안면실인증이 강력히 의심될 정도로 심각하다.

물론 사람 식별은 얼굴 이외의 단서(체형이나 음색, 머리 모양, 안경 등)로도 가능한 터라 일상생활에 큰 지장은 없다. 그 탓에 대다수 환자는 자신의 증상에 무감각한 편이다. 이렇게 말하는 나 역시 뇌 연구를 20년 가까이 했지만, 질환 가능성을 알게 된 건 아주 최근이다. 돌이켜 생각해보면, 초등학생 때부터 새 학년에 올라가면 반 친구들 얼굴과 이름을 일치시키는

데 반년이 훨씬 넘게 걸리곤 했다. 완벽하게 이름과 얼굴이 일치되었다 싶으면 얼추 가을은 됐으니까.

자신의 증상이 신경 쓰이는 독자라면 인터넷에 간편한 진단 검사가 공개되어 있으니 시간 날 때 시험 삼아 확인해보기 바란다(http://www.faceblind.org/index.html 등). 평균 정답율은 85퍼센트, 선천성 안면실인증 진단 기준은 65퍼센트 이상이다. 참고로, 나는 39퍼센트가 나왔다.

일반인이라도 선천성 안면실인증 환자의 심경을 상상하는 건 그리 어려운 일이 아니다. 예를 들어, '얼굴'이 아닌 '손' 모양만 보고 사람을 알아맞혀야 한다면 어떨까? 손 모양도 얼굴 모양과 비등비등하게 개성적이라 사람마다 제각각 다르다. 그러나 손으로 사람을 판정하는 건 굳이 해보지 않아도 어렵다는 걸 알 수 있다. 우리 뇌는 평소에 손에 주의를 기울이지 않기 때문이다.

선천성 안면실인증은 정확히 위의 상황과 비슷해서 얼굴에 주의를 기울이지 않는다. 대화 중에도 얼굴을 마주하지 않는다. 어떤 면에서 이 증상은 자폐증과 닮아 보인다. 그러나 자폐증과는 명확히 다르다. 왜냐하면, FFA 기능이 떨어져 얼굴과 다른 물체를 비교해 특별한 존재로 자동 인식할 수 없기 때문이다.

다시 FFA 이야기로 돌아가자. FFA는 경이적인 검출력을 자랑하는 뇌 회로다. 예컨대, 똑같이 웃는 얼굴을 보고 '쑥스러운 웃음', '씁쓸한 웃음', '비웃음', '애교 섞인 웃음', '가짜 웃음' 등으로 미묘한 차이를 구별한다. 컴퓨터 화상 처리로 각 웃음을 구별하려면 최신 기술을 도입해도 상당히 어려운 작업이다. FFA 처리 능력은 우리 상상을 능가하는 수준이다.

이렇게 뛰어난 FFA를 얼굴 식별에만 사용하는 건 아깝다. 그런 맥락에서 밴더빌트대학교 랭킨 맥귄(Rankin W. McGugin) 교수 연구팀은 얼굴 이외의 대상을 식별하는 데도 FFA를 응용할 수 있다고 주장했다. 그 증거로 연구팀은 자동차 종류를 식별할 때 FFA가 활성화한다고 보고하기도 했다. 얼마 전, 《미국 과학원 회보》에 실린 논문이다. 재미있게도, 차종 식별 능력이 뛰어난 사람일수록 판별하는 순간 FFA 활동이 활발해졌다. 일반적으로 자동차를 판별할 때는 FFA를 사용하지 않다가, 매의 눈으로 희귀한 차종을 구별해야 할 때는 FFA 회로를 가동시키는 셈이다.

얼굴의 미묘한 차이에 민감한 뇌 회로인 FFA를 얼굴 이외의 미세한 특징을 판정하는 일에 활용하다니, 뇌의 위대한 발명이라고 새삼 감탄하게 된다. 한편 내가 포르셰 차종이나 아이돌 그룹 멤버를 구별하지 못하는 건 FFA를 충분히 효과적으로 활용하지 못하기 때문일 수도 있겠다는 생각이 든다. 그리고 어쩌면 대상 식별 능력이 뒤떨어져서 마니아 감성이 필

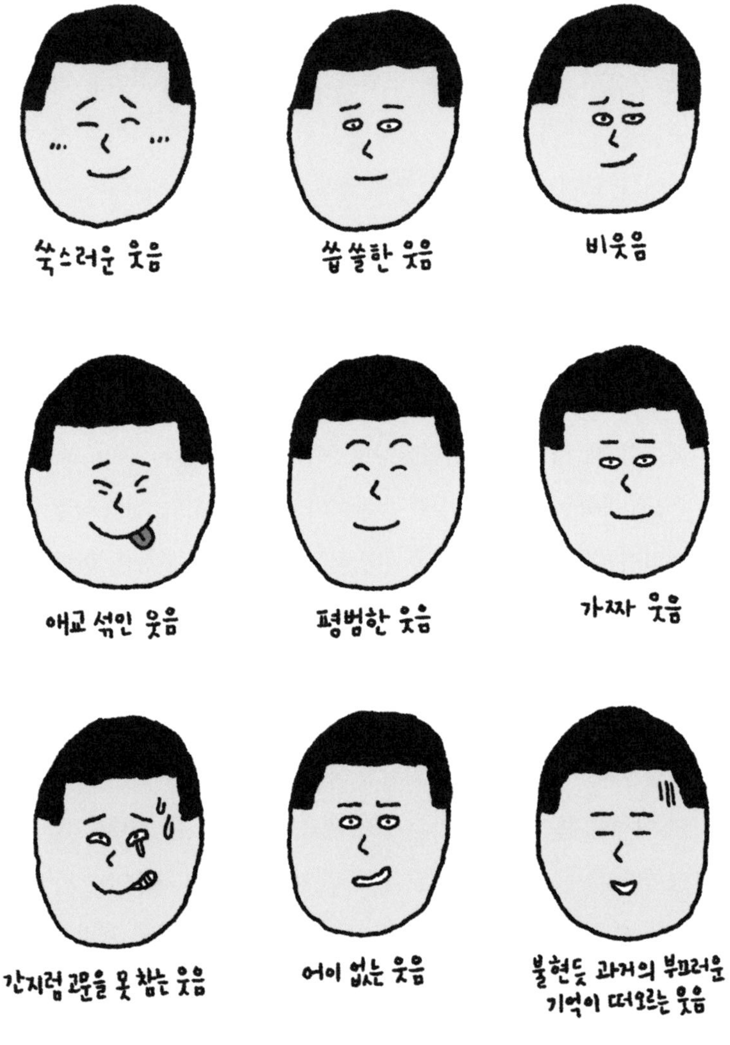
쑥스러운 웃음
씁쓸한 웃음
비웃음
애교 섞인 웃음
평범한 웃음
가짜 웃음
간지럼 고문을 못 참는 웃음
어이 없는 웃음
불현듯 과거의 부끄러운
기억이 떠오르는 웃음

요한 취미 자체를 가지기 어려운 게 아닐까.

'얼굴'을 뜻하는 영어 단어 face는 여러 가지 의미를 지닌다. 그중에서 내 눈에 들어온 것은 '~을 마주 보다', '~을 향하다'라는 의미다. 약간 억지스러운 해석인지 모르겠지만, 사람이 서로 마주 보거나 서로를 향할 때 가장 관심이 가고 가장 먼저 보게 되는 곳, 그곳이 바로 얼굴이기에 이런 다양하고 복합적인 의미가 탄생하지 않았을까.

심리실험 25

잠이 부족하면 뇌는 농땡이를 피운다?

위스콘신대 토노니 교수의
'수면 부족 시 쥐의 행동 연구'

위스콘신대학교 줄리오 토노니 교수 연구팀은 쥐의 수면 시간 중 하룻밤(실험실 쥐는 낮 동안 대개 잠을 자며 시간을 보내므로 정확하게 말하자면 '한나절'을 의미함)을 박탈해보았다. 강제적으로 밤을 새우게 한 셈이다.
연구팀은 밤샘 중인 쥐의 뇌 활동을 관찰하는 과정에 놀라운 사실을 알아냈다. 즉, 쥐는 억지로 깨어 있었지만 뇌는 부분적으로 잠자고 있었다. 그 증거로, 뇌 곳곳에서 조금씩 서파가 기록되었다. 서파는 원래 깊은 수면 중일 때 뇌 전체에서 고르게 관찰되는 뇌파다. 아무튼, 수면 부족 상태에서 모자라는 수면 시간을 보충하기 위해서인지 신경세포들이 교대로 서파를 기록했다. 연구팀은 이러한 뇌의 부분적 수면에 '국소 수면'이라는 이름을 붙였다.
연구팀은 '국소 수면'이 나타나는 동안 학습 능력이 저하된다는 사실도 발견했다. 다시 말해, '뇌의 각 부위가 번갈아 가며 농땡이를 피운다'는 점이 쥐 실험을 통해 발견된 셈이다.

《네이처》에 '수면 부족'을 다룬 재미난 글이 실렸다. 위스콘신 대학교 줄리오 토노니(Giulio Tononi) 교수팀의 연구다. 사람이 아닌 쥐를 대상으로 한 실험으로, 매우 흥미로운 연구 결과다. 실험 내용에 대해 자세히 설명하기 전, '수면의 정의'에 대해 간략히 짚고 넘어가자.

사람들은 일반적으로 수면을 '휴식 시간'이라고 여기는 경향이 있다. 뇌 연구자들은 이러한 일반론과 견해를 달리한다. 왜 그럴까? 일단, 잠을 자는 동안 우리 몸은 쉬고 있는 게 분명하다. 그러나 뇌 활동 수준을 측정하면 이야기는 달라진다. 뇌는 수면 중에도 깨어 있는 상태와 별반 다름없이 활동하기 때문이다. 오히려 대뇌 피질 활동은 수면 중 더욱 활발해진다. 즉, 우리가 잠자는 동안에도 뇌는 전혀 쉬지 않는다는 의미다.

수면은 '서파수면(깊은 수면)'과 '렘수면(얕은 수면)'이 교대로 나타나며 진행한다. 서파수면 중에는 대뇌 피질이 활발하게 활동하고, 거의 모든 신경세포가 활동한다. 활동 양상도 독특해서 신경세포가 동기화한다. 쉽게 말해, 활동 타이밍을 정확히 맞춰서 움직인다는 의미다. 발을 맞춰 질서정연하게 움직이는 활동은 서서히 대규모로 일어나 '서파(slow-wave sleep)'라고 부른다. 그러므로 깊은 수면을 '서파수면' 또는 '논렘수면'이라 부른다. 한편, 렘수면 상태인 뇌는 깨어 있을 때와 거의 똑같은 활동 패턴을 보인다. 실제로 꿈을 꾸었다고 생각하는 상태는 렘수면인 경우가 많다.

슬슬 이번 연구로 화제를 돌려보자. 먼저, 연구팀은 쥐의 수면 시간 중 하룻밤(실험실 쥐는 낮 동안 대개 잠을 자며 시간을 보내므로 정확하게 말하자면 '한나절'을 의미함)을 박탈해보았다. 강제적으로 쥐가 밤을 새우게 한 셈이다. 연구팀은 밤샘 중인 쥐의 뇌 활동을 관찰하는 과정에 놀라운 사실을 알아냈다. 즉, 쥐는 억지로 깨어 있었지만 뇌는 부분적으로 잠자고 있었다. 그 증거로, 뇌의 곳곳에서 조금씩 서파가 기록되었다. 서파는 원래 깊은 수면 중일 때 뇌 전체에서 고르게 관찰되는 뇌파다. 아무튼, 수면 부족 상태에서 모자라는 수면 시간을 보충하기 위해서인지 신경세포들이 교대로 서파를 기록했다. 연구팀은 이러한 뇌의 부분적 수면에 '국소 수면'이라는 이름을 붙였다.

연구팀은 추가 실험과 관찰을 통해 '국소 수면'이 나타나는 동안 학습 능력이 저하된다는 흥미로운 사실도 발견했다. 수면 부족 상태에서 업무 효율성이 떨어진다는 사실과 정확히 일치하는 내용이다. 이렇듯, '뇌의 각 부위가 번갈아 가며 농땡이를 피운다'는 점이 연구팀이 쥐 실험을 통해 발견한 내용의 핵심이다.

참고로, 평소 수면에서도 잠이 든 직후에는 수면이 깊고 뇌 전체가 동기화되어 있다. 그러다 새벽에 잠이 깰 무렵의 서파 수면은 수면 부족일 때와 마찬가지로 역시 국소 수면으로 접어든다는 사실도 이 연구를 통해 규명되었다. 다만 새벽녘의 '국소 수면'은 수면 부족이 아니라 부분적으로 잠에서 깨어나는 '국소 각성'이라고 해석하는 것이 맞다. 참고로, 이 상태는 몽유병을 일으키는 뇌 상태와 닮았다.

다른 동물로 눈을 돌리면 '부분 수면'은 그리 드문 현상이 아니다. 예를 들어, 돌고래나 철새는 뇌를 절반씩 교대로 사용해 잠을 자며 이동한다는 사실이 알려져 있다. 수면 부족일 때나 각성 전 관찰되는 뇌의 '부분 수면'은 사람이 아직 야생동물이었던 시절에 활용했던 능력의 흔적일 가능성이 크다.

환경과 상황에 맞게 대처하며 살아남고 진화해가는 뇌의 융통성과 생존력이 경이롭지 않은가. 이런 뇌를 보고 있으면, 마치 그 자체로 독립적이고 완전한 생명체인 것처럼 여겨진다.

심리실험 26

수면 시간이 줄어들면 왜 살이 찔까?

콜로라도대 라이트 교수의
'수면-비만의 상관관계 연구'

콜로라도대학교 케네스 라이트 교수 연구팀은 평소 7~8시간 자는 건강한 사람을 모집해 5시간 수면의 '토막잠'을 연속 닷새간 반복하게 했다. 그 결과, 불과 닷새 동안 실험에 참여한 사람들의 몸무게가 0.8킬로그램 늘어났다. 이로써 수면 부족은 비만을 유발하는 요인임이 밝혀진 셈이다.

'토막잠'을 자는 기간에 왜 몸무게가 늘어날까? 이 점을 밝히기 위해 연구팀은 실험에 참여한 사람들의 행동을 꾸준히 관찰하고 조사했다. 그 과정에 참여자들이 과자 등 군것질거리에 자꾸 손대는 걸 확인했다. 유일한 '중량 입력원'인 섭식량이 착실하게 증가한 셈이다. 이로써 수면 부족은 활동으로 인해 에너지 소비가 증가하는 것 이상으로 쉽게 과식하게 만들어 비만을 유발한다고 볼 수 있다. '아무리 배가 고파도 마음을 단단히 하여 안 먹으면 그만이지'라고 생각하는 사람도 있을 수 있다. 그러나 현실은 그렇지 않다. 수면이 부족하면 '먹는 양을 조절하자'는 이성적인 판단력과 자제력 자체가 부족해지기 때문이다.

이 글에서는 '수면 부족이 뚱보를 만든다'는 이야기를 해볼까 한다. 먼저, 배경지식으로 비만 이야기부터 해보자. 비만은 아름다움의 관점에서 기피 대상이 되는 경우가 많다. 여성의 경우, 상대적으로 외모에 관심이 많아 다이어트에 집중하기도 한다.

비만은 왜 나쁠까? 일단, 위에서 언급한 대로 살이 찌면 아름다운 외모를 갖기 어렵다는 점에서 그렇다. 그러나 그보다 더 중요한 이유가 있는데, 자칫 건강을 해치기 쉽다는 점이다. 심혈관 질환과 당뇨병뿐 아니라 수면 장애 및 우울증, 그리고 암에 이르기까지 다양한 질병의 위험 인자로 비만을 꼽는다. 그러므로 평소 몸무게에 신경 쓰고 세심하게 관리해야 한다.

체중 증감을 중량의 '흐름'으로 살펴보자. 무엇이든 흐름에는 반드시 '입력'과 '출력'이 존재한다. 여기서 입·출력이란 몸 안으로 들어오는 중량과 몸 밖으로 나가는 중량을 의미한다. 이 균형이 체중 증감을 결정한다. 쉽게 말해, 입력량이 출력량보다 많으면 살이 찐다.

자, 지금부터 정신 바짝 차리고 집중해서 읽어야 한다. 입력과 출력은 종류의 다양성에 차이가 나는데, 바로 이 부분이 핵심이다. 출력에는 여러 가지 '출구'가 있다. 대변이나 소변으로 배출(출력)되면 체중은 내려간다. 땀을 흘려도 수분량만큼 체중은 줄어든다. 폐로 호흡해도 마찬가지다. 들이마신 산소(O_2)에 탄소 원자(C)를 더해 이산화탄소(CO_2)로 배출하면 역시 체중이 감소한다. 즉, 출력으로 체중을 줄이는 방법에는 다양한 종류가 있다.

그런데 입력은 오직 한 종류밖에 없다. 음식, 즉 '입'으로 먹고 마시는 방법뿐이다. 이 부분에 특히 주목해야 한다. 먹지 않으면 입력값은 0이 된다. 가령, 지금 이 순간부터 단식에 돌입하면 현시점의 체중보다 늘어날 일은 절대로 없다. 그러므로 의사나 전문가들은 체중 감량에 '식사 관리'가 효과적이라고 조언한다.

밑자락은 여기까지 깔고, 지금부터 본격적인 주제로 들어가 '수면'에 대해 살펴보자. 잠자는 동안 우리 몸은 휴식을 취한다. 그러므로 이 상황에서는 몸 전체 에너지 소비가 저하된다. 다시 말해, 중량 출력이 떨어진다. 그러므로 이론상 자면 잘수록 살이 찐다. 그런데 실제로 몸무게를 재보면 반대 결과가 나온다. 즉, 비만한 사람일수록 수면 시간이 짧은 경향이 있다는 얘기다.

수면 시간이 줄어들면 왜 살이 찔까? 아니면, 단순히 살찐 사람은 얕은 잠만 자고 잠자는 시간이 짧은 걸까? 이 의문에 답하기 위한 연구가 발표되었다. 콜로라도대학교 케네스 라이트(Kenneth P. Wright) 교수 연구팀이 《미국 과학원 회보》에 발표한 논문이다.

연구팀은 평소 7~8시간 자는 건강한 사람을 모집해 5시간 수면의 '토막잠'을 연속 닷새간 반복하게 했다. 그 결과, 불과 닷새 동안 실험에 참여한 사람들의 몸무게가 0.8킬로그램이나 불어났다. 이로써 수면 부족은 비만을 유발하는 요인임이 밝혀진 셈이다.

'토막잠'을 자는 기간에 왜 몸무게가 늘어날까? 이 점을 밝히기 위해 연구팀은 실험에 참여한 사람들의 행동을 꾸준히 관찰하고 조사했다. 그 과정에 참여자들이 과자 등 군것질거리에 자꾸 손대는 걸 확인했다. 유일한 '중량 입력원'인 섭식량이 착실하게 증가한 셈이다. 이로써 수면 부족은 활동으로 인해 에너지 소비가 증가하는 것 이상으로 쉽게 과식하게 만들어 비만을 유발한다고 볼 수 있다. '아무리 배가 고파도 마음을 단단히 하여 안 먹으면 그만이지'라고 생각하는 사람도 있을 수 있다. 그러나 현실은 그렇지 않다. 수면이 부족하면 '먹는 양을 조절하자'는 이성적인 판단력과 자제력 자체가 부족해지기 때문이다.

잠을 적게 자면 전반적으로 판단력이 둔해지는 경험을 누구나 해보았을 것이다. 잠이 부족하면 업무 실수가 늘어나고, 쉽게 짜증이 나고, 자꾸 마음이 초조해진다. 그러므로 업무 효율을 높이고 더 나은 성과를 얻기 위해서라도 몸과 마음을 건강하고 평안하게 유지하며 충분하게 잠을 자야 한다.

심리실험 **27**

뇌를 활성화하면 지능이 높아질까?

존스 홉킨스대 갤러거 교수의 '치매 환자 대상 기억력 테스트 실험'

'뇌를 활성화하면 지능이 높아질까?' 이 질문에 관한 답을 찾기 위해 존스 홉킨스대학교 갤러거 교수 연구팀은 가벼운 치매 환자 23명을 모집해 기억력 테스트를 했다. 그들은 모니터에 '삽'이나 '호박' 등 일상적인 사물 그림을 잇달아 표시했다. 실험 참여자는 그림을 보고 난 뒤 다시 그림 중에서 조금 전 영상에 나온 물건을 맞춰야 한다. 그림 중에는 얼핏 보면 똑같이 보이지만, 자세히 들여다보면 미묘하게 다른 그림도 섞여 있다. 이런 그림을 보고 '비슷하지만 영상에 나온 물건과는 다르다'고 판정해야 한다. 이 테스트를 통해 해마가 기억과 관련된 두뇌 활동에 깊이 관여한다는 사실이 밝혀졌다.
자, 치매 환자가 이 테스트를 받으면 어떻게 될까? 물론 성적은 저조하지만, 놀랍게도 해마가 건강한 사람보다 훨씬 높은 수준으로 활성화하였다. 이 실험 결과로 볼 때 인위적으로 해마를 활성화하는 것이 전혀 예기치 못한 부작용을 초래할 위험성이 있다고 짐작할 수 있다.

독자 여러분은 '두뇌 활성화 훈련'이라는 말을 한 번쯤 들어보았을 것이다. 여기서 '활성화'란 구체적으로 무엇을 의미할까? 그리고 뇌를 활성화하면 대체 무엇이 어떻게 좋아질까? 약간 직설적으로 표현해보자. 뇌를 활성화하면 지능이 높아질까?

존스 홉킨스대학교 갤러거(Gallagher) 교수 연구팀이 《뉴런》에 발표한 논문을 읽으면, 그런 소박한 의문에 다시금 의문을 제기하고 싶어진다. 그들은 치매를 다루는 기존 가설로는 상상할 수 없었던 놀라운 치료법을 개발했다.

우선, 연구팀은 가벼운 치매 환자 23명을 모집해 기억력 테스트를 했다. 그들은 모니터에 '삽'이나 '호박' 등 일상적인 사물 그림을 잇달아 표시했다. 실험 참여자는 그림을 보고 난 뒤 다시 그림 중에서 조금 전 영상에 나온 물건을 맞춰야 한다. 그림 중에는 얼핏 보면 똑같이 보이지만, 자세히 들여다보면 미묘하게 다른 그림도 섞여 있다. 이런 그림을 보고 '비슷하지만 영상에 나온 물건과는 다르다'고 판정해야 한다. 이 테스트를 통해 해마가 기억과 관련된 두뇌 활동에 깊이 관여한다는 사실이 밝혀졌다.

자, 치매 환자가 이 테스트를 받으면 어떻게 될까? 물론 성적은 저조하지만, 놀랍게도 건강한 사람보다 훨씬 높은 수준으로 해마가 활성화하였다. 사실 이와 비슷한 현상이 알츠하이머 증후군 위험 인자를 지닌 사람에게서 이미 확인되었다. ApoE4라는 유전자가 있는 사람은 일반인보다 몇 배 높은 확률로 알츠하이머 증후군에 걸리기 쉽다고 알려져 있다. 이 유전자를 가진 사람 뇌에서는 역시 해마 활동이 뚜렷하게 나타난다.

이처럼 역설적인 상황은 다음의 2가지로 해석할 수 있다. 첫째, '해마가 너무 활발하게 활동하다 보면 도리어 인지력이 떨어진다'라는 가설이다. 즉, 적절한 활성화가 중요하다는 주장이다. 다른 한 가지 가설은 '뇌 기능이 쇠퇴하기 시작한 뒤 상실해가는 뇌 기능을 보완하기 위해 해마 활동을 높인다'는 주장이다.

학계는 둘로 갈라져 치열한 논쟁을 벌였다. 갤러거 교수는 뜻밖의 방법으로 논쟁을 해결했다. '뇌전증 약'을 해결사로 등장시킨 것이다. 흔히 '간질'이라고 부르는 뇌전증은 뇌가 과도하게 흥분하는 질환이다. 그러므로 뇌전증에 처방하는 약은 지나치게 흥분한 뇌의 활동을 정상 수준으로 돌려놓는 작용을 한다.

뇌전증 환자에게 처방하는 약물을 치매 환자에게 투여하자

해마 활동은 정상 수준으로 안정되었으며, 동시에 건망증도 개선되었다. 과유불급(過猶不及), 지나친 것은 미치지 못한 것과 같다. 뇌가 활성화한다고 해서 반드시 좋아진다는 보장은 없다.

신경 회로에는 액셀러레이터와 브레이크가 있다. 액셀러레이터는 주로 글루탐산, 브레이크는 GABA가 담당한다. 앞에서 소개한 ApoE4 유전자를 실험용 쥐에게 이식하자 해마의 GABA 기능에 이변이 발생했다. 브레이크가 풀리고, 해마가 너무 흥분해 고삐 풀린 말처럼 미쳐 날뛰기 시작했다. 실제로 뇌전증 약은 GABA 작용을 높여 브레이크를 강화하는 약물이다. 뇌 기능은 절묘한 상태로 아슬아슬하게 균형을 잡고 있다. 멋진 완성도를 보여주는 뇌에 새삼 감탄하며, 동시에 '뇌 활성화' 등의 얄팍한 표현에 대한 죄책감도 생겨난다.

갈수록 경쟁이 치열해지는 21세기 자본주의 시대를 살아가는 우리들. 그렇다 보니, 남들과의 경쟁에서 이겨서 살아남아야 한다는 부담감과 강박관념에 시달리기에 십상이다. 많은 사람이 타인과의 경쟁에서 이기려면 남보다 뛰어난 두뇌를 가져야 한다고 생각한다. 운 좋게 그런 뇌를 타고나면 좋지만, 그게 안 되면 뇌를 '활성화'해서라도 경쟁 우위에 설 만한 뇌를 가져야 한다고 믿는다. 그러나 갤러거 교수의 치매 환자를 대상으로 한 기억력 테스트 실험을 통해서도 보듯, 무엇이든 인위적이고 작위적인 시도들은 대개 오히려 더 안 좋은 결말로 귀결되기 쉽다. 그게 자연의 이치이자 뇌과학의 원리다.

심리실험 28

멍 때리는 '디폴트 모드'에서 뇌가 더 활발히 활동하는 이유

프리드리히 미셔 생명의학연구소 헤리 박사의
'뇌 활동 조작으로 지워진 기억 되살리기 실험'

스위스 프리드리히 미셔 생명의학연구소 소속 헤리 박사 연구팀은 실험용 쥐를 사용한 동물실험으로 디폴트 모드는 뇌가 태만한 상태가 아니라는 점을 밝혀냈다. 뇌의 디폴트 모드 활동은 의료 현장과 제약업계에서 새롭게 주목받았다. 알츠하이머 증후군이나 우울증, 자폐증, 자율신경 기능 이상, 만성 동통 등에서도 독특한 디폴트 모드 활동이 발생하여 증상 판단에 활용할 수 있다는 주장이 제기되기도 했다. 특히 치매를 진단할 때는 계산과 그림 그리기 작업을 시킨 다음 경과를 살펴보는데, 멍하니 있기만 해도 검사할 수 있는 '디폴트 모드 진단'은 의사나 환자나 수고를 덜어줄 수 있어 여러모로 편리하다. 멍 때리는 상태, 즉 디폴트 모드는 뇌가 태만한 상태가 아니라 오히려 건강하다는 증거이며, 열정적으로 활동하는 상태라는 이론은 신선할 뿐 아니라 새로운 가능성을 기대하게 한다.

잊어버린 기억은 우리 인간의 뇌 속에서 어떻게 처리될까? 직감적으로는 '뇌에서 완전히 삭제되었다'고 생각하는 게 상식적이다. 그러나 이는 사실이 아니다. 최신 연구에 따르면, 망각이란 '떠올리지 못하는 상태'이며 뇌에 흔적이 남아 있다는 사실이 밝혀졌기 때문이다.

2008년 스위스 프리드리히 미셔 생명 의학연구소 소속 시릴 헤리(Cyril Herry) 박사 연구팀은 실험용 쥐를 사용한 동물실험으로 뇌 활동을 인공적으로 조작해 지워진 기억을 되살리는 데 성공했다. 일련의 최신 연구 결과를 터득한 전문가들은 기억을 떠올리지 못하는 현상에 '망각'과 '소거'라는 표현을 사용하지 않기로 했다. 대신 그들은 '소거 기억'이라는 용어를 즐겨 사용하게 되었다. 즉, '오래된 기억을 떠올릴 수 있도록 돕는 기억'이 새롭게 작성된다는 의미다. 망각이란 뇌에서 '기억의 저장고에 접속하지 말라'는 적극적 행동으로 나타난다.

이처럼 '망각'이라는 뇌 현상 하나만 놓고 봐도 우리가 직감적으로 상상하는 원리와는 상당히 다른 방식으로 두뇌가 작동하고 있음을 알 수 있다. 흔히 말하는 '멍 때리기'도 그런 사례 중 하나로 볼 수 있다. 그냥 멍하니 있는 상태는 뇌가 공

디폴트 모드
작동개시!
비상! 비상!
NO BRAIN
~ 헤
멍때리기 대회
최대우승 기록 보유자

회전하는 상태, 즉 게으름 피우는 상황이라 활동이 눈에 띄게 저하될 거로 생각하는 사람이 많다.

그러나 위와 같은 생각은 사실과 아주 다르다. 부위에 따라 편차는 있지만, 뇌는 아무 작업도 하지 않을 때 오히려 더욱 활발히 활동한다. 게다가 얼렁뚱땅 되는 대로 활동하는 것이 아니라 뇌 전체가 일사불란하게 손발을 맞추고 서로 협력하며 고도의 조화를 이룬 상태로 정교하게 움직인다. 그럴 때 뇌는 쉬고 있는 게 아니라 에너지를 적극적으로 소비해 '멍하니 있는 상태'를 의도적으로 만들어내는 셈이다. 이처럼 멍때리는 상태를 '뇌의 디폴트 모드'라고 부른다. 디폴트 모드란 '기본 상태'라는 뜻이다.

디폴트 모드는 뇌가 태만한 상태가 아니다. 그렇다면 우리는 뇌의 디폴트 모드 상태에서 어떤 의미를 읽어낼 수 있을까? 안타깝게도, 생물학적 이유는 아직 밝혀지지 않았다. 그러던 중 뇌의 디폴트 모드 활동이 의료 현장과 제약업계에서 새롭게 주목받게 되었다. 의사나 약사들이 디폴트 모드를 적극적으로 질병 진단에 활용하기 시작한 것이다. 여기에는 뇌전증이나 혼수상태에서 디폴트 모드 활동의 조화가 흐트러진다는 사실이 알려진 덕이 무엇보다 컸다. 알츠하이머 증후군이나 우울증, 자폐증, 자율신경 기능 이상, 만성 동통 등에서도 독특한 디폴트 모드 활동이 발생하여 증상 판단에 활용할 수 있다는 주장이 제기되기도 했다. 특히 치매를 진단할 때는 계산과 그림 그리기 작업을 시킨 다음 경과를 살펴보는데, 멍하니 있기만 해도 검사할 수 있는 '디폴트 모드 진단'은 의사나 환자나 수고를 덜어줄 수 있어 여러모로 편리하다.

다만, 현재까지는 아직 진단 기술이 충분히 완성되지 않았다. 작년에는 ADHD(주의력 결핍 장애 / 다동성 장애) 진단 콘테스트도 벌어졌다. 우승은 생물 통계학자인 캣포 박사가 차지했다. 다만 캣포 박사의 기술도 임상에 응용되기까지는 오랜 시간이 걸릴 가능성이 크다. 아직 실용화할 만큼 충분한 기술 발전이 이루어지지 않았기 때문이다. 어쨌든 멍 때리는 상태, 즉 디폴트 모드는 뇌가 태만한 상태가 아니라 오히려 건강하다는 증거이며, 열정적으로 활동하는 상태라는 이론은 신선할 뿐 아니라 새로운 가능성을 기대하게 한다.

하루하루를 바쁘고 빠르게 움직이며 여유 없이 살아가는 우리들. "급할수록 돌아가라"라는 속담도 있듯이, 세상이 좀 더 빨리 생각하고 결정하라고, 좀 더 빨리 행동하고 대처하라고, 좀 더 빨리 달리라고 다그치고 몰아붙일 때마다 오히려 마음의 여유를 갖고 과부하에 걸린 뇌를 위한 '숨구멍'을 만들어주려고 노력해야 하지 않을까. 분주한 하루 중 단 몇 분이라도, 일주일이나 한 달 중 단 하루 이틀이라도 충분히 쉬며 뇌가 '멍 때릴' 시간을 허락해야 하지 않을까.

심리실험
29

뇌세포는 아무리 나이를 먹어도 줄어들지 않는다고?

스웨덴 캐롤린스카 연구소 프리센 박사의 '해마 신경세포 연구'

스웨덴 캐롤린스카 연구소 프리센 박사팀의 연구 결과에 따르면, 날마다 700개의 신경세포가 새로 태어난다. 즉, 날마다 전체 신경세포의 0.004퍼센트가 교체된다는 계산이 나온다. 결과적으로, 해마의 세포는 신선한 상태로 유지된다. 설령 실제 나이가 100세라도 해마의 나이는 어림잡아 40세 정도다. 사람은 오래 사는 만큼 쥐의 뇌보다 훨씬 오래가는 구조로 뇌가 만들어진 것 같다. 참고로, 이번 실험으로 얻은 결과뿐 아니라 측정 방법도 흥미롭다. 탄소 동위 원소 C14를 활용해 증식을 측정했다. 냉전 시대인 1955~1963년, 미국과 구소련을 중심으로 수많은 핵실험이 자행되었고 대기 중으로 C14가 방출되었다. 이 물질이 식물에 흡수되어 먹이 사슬을 타고 사람의 해마 DNA에 축적되었다. 그러므로 남아 있는 C14를 분석하면 신경세포가 언제 분열했는지 측정할 수 있다.

뇌는 노화할까? 결론부터 말하자면, 사실이 아니다. '나이를 먹을수록 신경세포가 줄어든다'는 속설이 있는데, 이는 널리 알려진 잘못된 지식 중 하나다. 이 속설에 '뇌세포는 매년 몇 천 개 단위로 죽어 간다'는 구체적인 수치가 덧붙여져 확대 재생산되기도 한다.

일반적으로 낙관적인 뉴스보다 비관적인 뉴스에 사람들은 좀 더 민감하게 반응하는 편이다. 주위로 퍼져 나가는 속도와 범위 면에서도 비관적인 뉴스가 낙관적인 뉴스보다 빠르고 폭이 넓다. '뇌는 노화한다', '뇌세포는 매년 몇천 개 단위로 죽어 간다'와 같은 두뇌에 관한 잘못된 정보나 지식이 그토록 빠르게 확산하고 마치 사실인 양 알려진 것도 그런 맥락에서 이해할 만하다. 아무튼 다시 한번 강조하지만, 위의 2가지 주장은 명백히 잘못된 내용이다. 아무리 나이를 먹어도 뚜렷한 뇌세포 감소 현상을 발견할 수 없기 때문이다.

뇌과학자들은 여러 번의 실험과 시행착오를 거쳐 신경세포 수는 신생아가 가장 많고, 고령자일수록 줄어든다는 사실을 밝혀냈다. 그러나 이는 나이가 들어가면서 서서히 감소한 결과가 아니다. 뇌과학자들은 생후 3개월에 주목해야 한다고 말한다. 왜냐하면, 태어날 때 지닌 신경세포의 약 70퍼센트가 3세 무렵까지 사라지기 때문이다. 그리고 3세까지 살아남은 30퍼센트 정도의 신경세포를 인간은 평생 사용한다는 거다. 놀랍게도, 100세가 되어도 신경세포 수는 거의 줄어들지 않는다고 한다.

또 알츠하이머 증후군 등 인지 질환에서는 신경세포가 명백히 탈락한다. 쉽게 말해, 뇌 조직에 숭숭 구멍이 뚫린다는 얘기다. 그러나 이는 이미 심각한 질병에 빠진 상태다. 현실에서는 알츠하이머 증후군에 걸리지 않는 사람이 더 많다. 건강 프로그램이나 잡지에서 각종 노화성 질환에 걸린 환자들의 모습을 보고 충격을 받은 경험이 누구나 한 번쯤 있을 것이다. 언론에 나온 사례가 반드시 자기 뇌에서도 일어난다고 단정할 수 없다는 사실을 알아둘 필요가 있다.

거듭 강조하자면, 3세 이후 신경세포는 거의 일정하다. 이는 매우 중요한 사실이다. 해부 조직학 관점에서 보면 우리 뇌는 노화로 쇠약해지지 않는다. 그러나 엄밀히 말하자면, 모든 일에 예외는 존재한다. 바로 해마다. 해마의 신경세포는 나이를 먹을수록 오히려 증가한다. 해마체 중에서 '치아 이랑(Dentate Gyrus=치상회)'이라 부르는 장소(해마로 가는 정보의 입구에 해당하는 뇌 부위)에서 일어나는 불가사의한 현상이다.

다만 이는 어디까지나 실험용 쥐의 뇌에서 얻어낸 정보다.

생후 9개월째에 증식률이 유아 및 청소년기의 10퍼센트까지 저하되므로, 사람과 함께 몇십 년씩, 아니 100년 가까이 사는 뇌에서 해마의 신경세포는 늘어나지 않을 거라는 비관적인 견해가 연구자들 사이에서는 일반적이었다. 그런데 얼마 전 사람의 뇌에서도 신경세포가 늘어나며 100세까지 착실하게 증가한다는 연구 결과가 학계에 보고되며 뇌 연구자들을 경악시켰다. 스웨덴 캐롤린스카 연구소 프리센(Frisén) 박사 연구팀이 《셀(Cell)》에 발표한 논문이다.

연구 결과에 따르면, 날마다 700개의 신경세포가 새로 태어난다. 즉, 날마다 전체 신경세포의 0.004퍼센트가 교체된다는 계산이 나온다. 결과적으로, 해마의 세포는 신선한 상태로 유지된다. 설령 실제 나이가 100세라도 해마의 나이는 어림잡아 40세 정도다. 사람은 오래 사는 만큼 쥐의 뇌보다 훨씬 오래가는 구조로 뇌가 만들어진 모양이다.

참고로, 이번 실험으로 얻은 결과뿐 아니라 측정 방법도 매우 흥미롭다. 탄소 동위 원소 C14를 활용해 증식을 측정했다. 냉전 시대인 1955~1963년, 미국과 구소련을 중심으로 수많은 핵실험이 자행되었고, 대기 중으로 C14가 방출되었다. 이 물질이 식물에 흡수되어 먹이 사슬을 타고 사람의 해마 DNA에 축적되었다. 그러므로 남아 있는 C14를 분석하면 신경세포가 언제 분열했는지 측정할 수 있다.

그러고 보면, 뇌가 노화하는 게 아니다. 우리 마음이 노화하고 의식이 노화하는 것일 뿐. 언제까지나 젊게 살고자 한다면 우리 뇌는 우리가 그렇게 살 수 있도록 뒷받침해줄 준비가 되어 있다.

CHAPTER
3

몸이 죽으면 마음도 죽을까

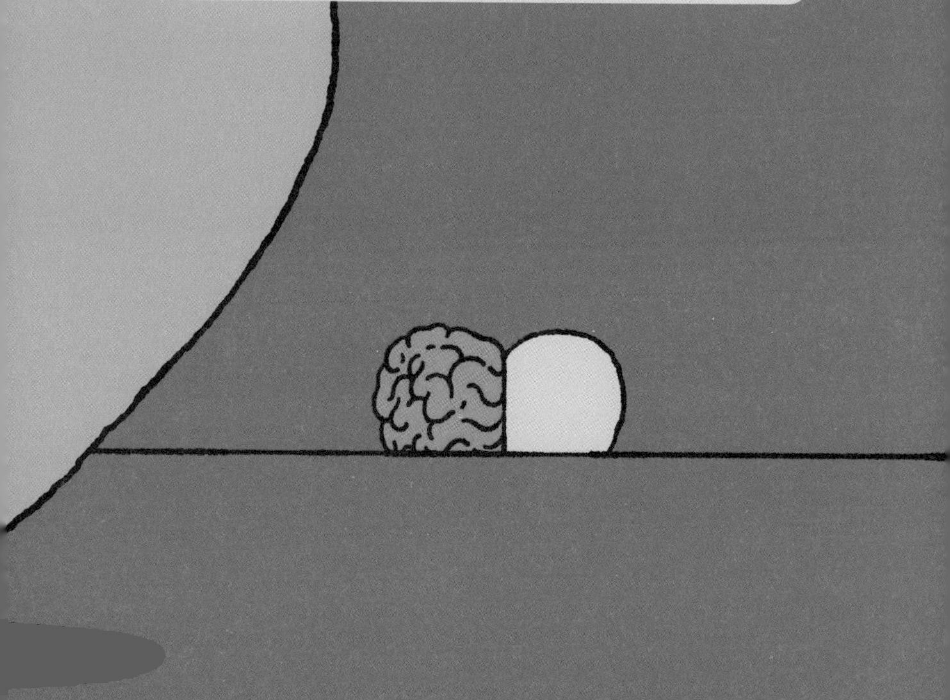

심리실험 30

남을 위해 헌신하면 더 큰 보답을 받는 원리를 원숭이도 이해한다?

에모리대 드 발 교수의 '침팬지와 꼬리감는원숭이를 대상으로 한 호혜성 실험'

미국 에모리대학교 드 발 교수는 여키스 영장류 연구센터의 750제곱미터 부지에서 사육 중인 침팬지를 오랫동안 꾸준히 관찰했다. 침팬지는 일반적으로 자신의 먹이를 다른 동료에게 건네주지 않는다. 그런데 드 발 교수는 침팬지가 털 고르기를 해준 동료에게 자기 몫의 먹이를 기꺼이 나누어 주는 흥미로운 광경을 목격했다. 평소 털 고르기에서 소외되었던 침팬지가 다른 동료가 털 고르기를 해주자, 자기 몫의 먹이를 기꺼이 나누어 주었던 거다. 누군가 털 고르기를 해준 게 기뻐서 감사 표시로 먹이를 건넸는지, 아니면 뭔가 다른 이유가 있었는지는 알 수 없다. 다만, 사람들 사이에서 흔히 볼 수 있는 '보은(은혜 갚기)'과 유사한 원형 행동임에는 의심의 여지가 없다. 이런 실험 결과를 보면 과연 우리 인류가 원숭이나 침팬지보다 우월한 존재일까, 하는 의문이 든다.

♥

'호혜성'과 '이타성'은 사회 집단을 이루는 데 필요한 기본 성질이다. 다른 사람에게 보탬이 되고 싶은 마음, 내가 받은 은혜를 갚고 싶은 마음, 단순하지만 '따뜻한 마음'이 사회가 원활하게 돌아가는 윤활유 역할을 한다. 집단의 성능과 효율을 높이고, 개인에게도 이익이 된다.

'진화 과정에서 인간은 언제부터 '호혜성'을 갖게 되었을까?' 심리학적으로도 매우 흥미로운 질문으로 받아들여진다. '타인을 위한 행동은 돌고 돌아 언젠가 나를 위한 일이 된다'라는 명제를 알고 있다고 가정해보자. 그런데 이 명제가 참임을 깨달으려면 한 발짝 내딛는 첫걸음이 필요하다. 쉽게 말해, '타인에게 도움이 되는 행동을 한다'라는 초기 동작이 있어야 한다.

그렇다면 '남을 돕고 싶다'라는 원시 욕구는 언제, 어떻게, 어떤 목적으로 생겨났을까? 이 수수께끼에 접근하기 위해 최근 원숭이의 행동을 관찰하는 연구가 활발히 이루어졌다. 사람으로 진화하기 전, 이미 이타성과 호혜성의 '마음'이 싹텄을지 모른다는 추측에서 비롯되었다. 먼저, 미국 에모리대학교 프란스 드 발(Frans de Waal) 교수의 1997년 연구부터 소개한다. 그는 여키스 영장류 연구센터(Yerkes Primate Research Center)의 750제곱미터 부지에서 사육 중인 침팬지를 오랫동안 꾸준히 관찰했다.

침팬지는 일반적으로 자신의 먹이를 다른 동료에게 건네주지 않는다. 그런데 드 발 교수는 침팬지가 털 고르기를 해준 동료에게 자기 몫의 먹이를 기꺼이 나누어 주는 흥미로운 광경을 목격했다. 평소 털 고르기에서 소외되었던 침팬지가 다른 동료가 털 고르기를 해주자, 자기 몫의 먹이를 기꺼이 나누어 주었던 거다.

누군가 털 고르기를 해준 게 기뻐서 감사 표시로 먹이를 건넸는지, 아니면 뭔가 다른 이유가 있었는지 침팬지의 마음을 정확히 알 수는 없다. 다만, 사람들 사이에서 흔히 볼 수 있는 '보은(은혜 갚기)'과 유사한 원형 행동임에는 의심의 여지가 없다. 이어지는 실험에서도 역시 드 발 교수가 등장한다. 《미국 과학원 회보》에 보고된 연구로, 이번에는 꼬리감는원숭이가 조사 대상이다.

아프리카 대륙에서 온 침팬지와 달리 꼬리감는원숭이는 아메리카 대륙에 서식한다. 진화적으로도 침팬지와는 전혀 다른 계통으로 볼 수 있다. 아무튼, 꼬리감는원숭이는 침팬지 못지않게 사회성이 높은 동물로 유명하다. 멀리 떨어져 진화한 서로 다른 종이 사람과 유사한 집단행동을 보여준다는 점에서 영장목의 사회성은 진화적으로 오래된 기원을 가진다고 추정할 수 있다.

드 발 교수가 진행한 실험은 선택지 과제인데, 그는 다음의 2가지 선택지를 제시했다. 우선 ① 혼자만 먹이를 받는다. ② 나와 동료 모두 먹이를 받는다. 그러자 약 60퍼센트 확률로 꼬리감는원숭이는 ②를 선택했다. 근소한 차이지만, 통계학적으로 의미가 있다. 꼬리감는원숭이는 ①과 ②의 조건 중 자신의 이익에 전혀 차이가 없는데도 동료가 먹이를 받는 상황을 선호했다. 말 그대로, '이타성'이다.

이어서 드 발 교수는 '자신과 동료가 교대로 선택한다'는 조건에서 위와 같은 방식의 실험을 진행했다. 그러자 ②를 선택하는 확률은 70퍼센트까지 높아졌다. 선천적인 이타성과 함께 '동료에게 헌신하면 나에게 돌아온다'는 호혜성을 이해했기 때문일 것이다.

① 나와 동료가 같은 양의 먹이를 받는다. ② 동료의 양이 내가 받는 양보다 2배 많다.

위의 2가지 조건으로 실험하면 어떤 결과가 나올까? 놀랍게도, 원숭이는 80퍼센트의 압도적인 확률로 후자의 조건을 선택했다. 동료에게 헌신하면 미래에 더 큰 보답을 받게 된다는 원리를 이해했기 때문일 것이다. "인정도 품앗이다"라는 말은 사람뿐 아니라 원숭이에게도 해당하는 속담인 모양이다

(주: 원숭이는 볼수록 똑똑한 생물이라는 생각이 든다. '이런, 원숭이가 사람보다 낫네!' 하며 혀를 내두른 독자도 있지 않을까. 사람은 무심코 '인류는 만물의 영장'이라고 믿는 경향이 있다. 그러나 이러한 오만함 자체가 '사람은 사회적 동물로서는 최고가 아니다'라는 방증이 아닐까).

우리 인간은 스스로를 '만물의 영장'이라 부르며 잘난 척하고 마치 자신이 지구의 주인인 것처럼 행세하지만, 과연 그럴까? 이런 실험 결과를 보다 보면 과연 인류가 꼬리감는원숭이보다 나은 존재일까, 하는 의문이 든다.

심리실험 31

빨리 결정하면 기부율이 높아지고, 심사숙고한 뒤 결정하면 낮아진다는데?

하버드대 란드 교수의 '직감과 반사의 차이 연구'

하버드대학교 란드 교수 연구팀은 자원자를 모집해 일정 금액의 돈을 준 다음, 그 돈 중 얼마를 기부하는지 관찰했다. 그러자 결정이 빠른 사람일수록 기부 확률이 높다는 사실이 드러났다. 반대로, 무슨 일이든 서둘러 결정하지 않고 숙고하는 유형의 사람은 자신의 이익을 우선하는 경향이 뚜렷했다.

이 연구 결과는 여러 가지를 암시한다. 그러나 '각양각색'이라는 일반적인 결론에서 한 걸음도 더 나아가지 못했다. 이를 해결하기 위해 연구팀은 추가 실험에 나섰다. 그들은 판단 속도가 더딘 실험 참여자에게 '신속하게 판단해달라'고 재촉했다. 그러자 기부 확률이 크게 높아졌다. 직감적으로 결정하면 자기중심적 행동보다 이타적 행동이 늘어나는 셈이다. 이 실험 결과로 사람은 선천적으로 '선'하다고 추정된다. 한편 '악'은 직감적 결론에서 한걸음 물러나 보류하고 '생각하는' 과정에 태어난다.

♥

사람은 태어나면서부터 선한 존재일까, 아니면 악한 존재일까? 이 질문의 기원은 아주 오랜 옛날로 거슬러 올라간다. 중국에서는 '성선설'과 '성악설'이라는 2가지 사상으로 날카롭게 대립하기도 했다. 여러분은 두 사상 중 어느 쪽을 지지하나? 내 생각에, 현명한 답은 '사람마다 다르다'가 아닐까. 세상에는 좋은 사람이 있는가 하면 나쁜 사람도 있는 법이다. 개성이 풍부한 사람 집단을 하나로 뭉뚱그려 선이냐, 악이냐 하며 일방적으로 규정하고 단정 짓는 건 거칠고 난폭한 논리다.

과학자들은 선과 악의 문제를 어떻게 바라볼까? 그들의 관점과 논리는 일반인들과는 사뭇 다르다. 왜냐하면, 그저 '좋은 게 좋은 거다'라는 식으로 결론을 내리면 학문적으로 정립하기 어렵기 때문이다. 천차만별로 보이는 다양성과 복잡성 중 일정한 경향과 전체를 아우르는 법칙을 찾아내려는 시도가 과학의 본질이다.

이 글에서는 과학적 관점에서 사람의 선악을 파헤쳐보려고 한다. 이를 위한 유용한 실마리는 '진화적 고찰'이다. 사람은 개나 원숭이 등의 포유류에서 진화했다. 우리 집 개를 보고 있으면 성선설을 지지하는 증거는 절망적인 수준으로 빈약해

보인다. 개의 욕망은 대개 '먹이'에 집중된다. 먹이를 위해서라면 온갖 재주와 재롱을 부리며 비굴해지는 일도 마다하지 않는다. 물론, 개의 경우 다른 개에게 자기 먹이를 나누어 주는 이타성도 없다. 그저 본능과 욕망에 충실할 따름이다. 이런 모습이 동물이 가진 하나의 원형이 아닐까. 그런데 원숭이로 눈을 돌리면 양상은 완전히 달라진다. 앞에서 소개한 원숭이는 동료를 위하는 이타적 행동을 잘 보여주었다. 이로써 원숭이에게도 '성선설'이 싹틀 여지가 생겼다.

그렇다면 이 진화 과정에서 원숭이와 같은 계통에서 탄생한 우리 인간은 어떨까? 《네이처》에 게재된 하버드대학교 란드(Rand) 교수팀의 논문이 나름대로 명쾌한 해답을 제시해준다.

연구팀은 '직감'과 '반사'의 차이에 주목했다. 둘 다 빠른 판단이지만, 직감 쪽이 근소한 차이로 반응 속도가 좀 더 빠르다고 알려져 있다. 즉, '직감'은 생명의 본질에 뿌리내린 순간적 판단에 가깝고, '반사'는 생각하는 시간만큼 문화적 요인과 환경적 요인이 반영될 여지가 있다. 다시 말해 성선설이 옳다면 직감은 반사보다 사회 친화적이고, 성악설이 옳다면 직감은 반사회적이다.

연구팀은 자원자를 모집해 일정 금액의 돈을 준 다음, 그 돈 중 얼마를 기부에 사용하는지 관찰했다. 그러자 결정이 빠른 사람일수록 기부 확률이 높다는 사실이 드러났다. 반대로,

무슨 일이든 서둘러 결정하지 않고 숙고하는 유형의 사람은 자신의 이익을 우선하는 경향이 뚜렷했다.

이 연구 결과는 여러 가지를 암시한다. 그러나 '각양각색'이라는 일반적인 결론에서 한 걸음도 더 나아가지 못했다. 이를 해결하기 위해 연구팀이 추가 실험에 나섰다. 그들은 판단 속도가 더딘 실험 참여자에게 '신속하게 판단해달라'고 재촉했다. 그러자 기부 확률이 크게 높아졌다.

직감적으로 결정하면 자기중심적 행동보다 이타적 행동이 늘어나는 셈이다. 이 실험 결과로 사람은 선천적으로 '선'하다고 추정된다. 한편 '악'은 직감적인 결론에서 한걸음 물러나 보류하고 '생각하는' 과정에 태어난다고 볼 수 있다.

성선설을 주장한 사람은 맹자다. 맹자는 종종 오로지 낙천적 인간관을 전개한 사상가로 오해받는 경향이 있다. 그는 '인간의 도덕적 본성은 선하고, 이 본성이 숨겨져 악이 만들어진다'고 주장했다. '직감은 선, 반사는 악'이라는 이번 실험 결과는 맹자의 혜안을 멋지게 증명해 보인 셈이다.

길을 걷다가 도움을 필요로 하는 누군가와 맞닥뜨렸다거나 어딘가에 기부할 기회를 만났다면 이런저런 생각을 하고 따지기 전에 곧바로 실행하라. 머리보다 서둘러 손과 발을 움직여 선함을 베풀어라. 위의 실험에 따르면, 그것이 악으로부터 독자 여러분의 선을 지키는 방법이다.

심리실험 32

오른쪽 눈에 빨간색, 왼쪽 눈에 초록색을 보여주면 존재하지도 않는 노란색이 보이는 이유

듀크대 니콜레리스 교수의 '쥐 2마리의 뇌 접속 실험'

뇌가 연결된 채 태어나는 샴쌍둥이처럼 감각을 타인과 직접 공유하는 것이 가능할까? 이 가능성을 확인하기 위해 듀크대학교 미겔 니콜레리스 교수는 실험용 쥐를 이용하여 실험했다. 그는 쥐 2마리의 뇌를 접속하는 데 성공했다. 그는 램프를 단서로 먹이를 찾아 먹는 과제를 쥐에게 내주었다. 쥐 한 마리의 뇌 반응을 램프를 보았을 때의 반응으로 해독하고, 다른 쥐의 뇌에 송신했다. 그러자 정보를 수신한 쥐는 램프를 실제로 보지도 않았으면서 동료가 본 램프를 '읽어' 먹이를 능숙하게 찾아 먹었다.
니콜레리스 교수는 쥐를 5,000킬로미터나 떨어진 브라질과 미국에 두어도 불과 0.2초의 시간 간격을 두고 뇌를 동기화하는 경이로운 광경을 보여주었다. 아직 쥐 연구의 초기 단계라 원시적이라고는 하나 '원리적으로 가능'과 '실현'은 전혀 의미가 다르다.

♥

색이란 무엇일까?

"빛에는 색이 없다. 빛은 색을 느끼는 감각을 발생시키는 힘을 지니고 있을 뿐이다."

인류가 낳은 가장 위대한 과학자 중 한 명인 뉴턴의 주장이다.

괴테 역시 "색은 인간과 분리되어 존재할 수 없다"고 말했다. 즉, 색이란 물리적 '실재(實在)'가 아니라, 인지적 '지각'이라는 게 그들 주장의 요지다.

이는 간단한 실험으로 확인할 수 있는 주장들이다. 가령 오른쪽 눈에 빨간색, 왼쪽 눈에 초록색을 보여주면 어떻게 될까? 놀랍게도, 실제로 존재하지도 않는 노란색이 보인다! 색은 뇌의 산물인 것이다. 이렇게 되면 큰 문제가 발생한다. '객관적인 색'이 무엇인지 알 수 없기 때문이다. 빨간색은 누구에게나 빨간색일까? 실제로 사람에 따라 다른 색으로 보이는데, 단순히 '빨강'이라는 단어로 부르는 표면적 합의에 지나지 않을까?

감각은 고독한 현상이다. 자신의 사정거리를 벗어날 수 없기 때문이다. 사실 이 문제는 매우 심오해서 간단히 답하기

KOR

어렵다. 자신과 타인의 뇌는 별개다. 뇌끼리 접속하거나 교환할 수 있다면 검증할 수 있겠지만, 현실적으로 불가능하다. 애초에 뇌는 독립성을 담보하고 있다. 그 덕분에 우리는 사회에서 자기만의 자아와 개성을 유지하며 살아갈 수 있다. 냉철하게 말하자면, 타인의 지각을 공유하고자 하는 욕구는 뇌의 본래 기능을 생각하면 모순된 시도다.

뇌가 연결된 채 태어나는 샴쌍둥이(두 개 결합 쌍둥이, Craniopagus Parasiticus)를 보면 이해하기 쉽다. 캐나다에서 태어난 타티아나와 크리스타의 사례가 유명하다. 샴쌍둥이 자매는 뇌가 결합한 상태로 태어났지만 건강에는 별다른 지장이 없고, 대화를 나누거나, 수를 세거나, '네 개의 다리'로 뛰어다닐 수 있다. 일반 초등학교에도 다닌다. 여느 아이들처럼 활발하게 뛰어노는 샴쌍둥이 자매의 모습이 텔레비전과 인터넷으로 공개되기도 했다.

한데, 이 샴쌍둥이 자매에게는 특수한 능력이 있다. 한 아이가 눈을 감고 있어도 다른 한 아이가 무엇을 보고 있는지, 무엇을 먹고 있는지 알 수 있다. 아직 놀라기는 이르다. 두 소녀는 생각을 공유한다. 아무 말 하지 않고, 생각만으로 전달할 수 있다. 그렇다면 자매의 '마음'은 몇 명의 마음일까? '2명'일까? 아니면 통합된 '한 명'일까? 녹록지 않은 문제다. 샴쌍둥이 자매밖에 이해하지 못하는 새로운 '마음'의 양상이 있지 않을까.

철들 무렵부터 독립된 뇌를 지니고 자란 일반인은 감각을 타인과 직접 공유하는 경험을 하는 것이 어쩌면 불가능할지도 모른다. 본질적으로 모순된 질문이라는 걸 이해하면서도 역시 타인의 감각이란 신경 쓰이는 존재다. 공유 가능성이 전혀 없지는 않은 모양이다. 듀크대학교 미겔 니콜레리스(Miguel Nicolelis) 교수가 쥐 2마리의 뇌를 접속하는 데 성공했기 때문이다. 그는 램프를 단서로 먹이를 찾아 먹는 과제를 쥐에게 내주었다. 쥐 한 마리의 뇌 반응을 램프를 보았을 때의 반응으로 해독하고, 다른 쥐의 뇌에 송신했다. 그러자 정보를 수신한 쥐는 램프를 실제로 보지도 않았으면서 동료가 본 램프를 '읽어' 먹이를 능숙하게 찾아 먹었다.

그는 쥐를 5,000킬로미터나 떨어진 브라질과 미국에 두어도 불과 0.2초의 시간 간격을 두고 뇌를 동기화하는 경이로운 광경을 보여주었다. 아직 쥐 연구의 초기 단계라 원시적이라고는 하나 '원리적으로 가능'과 '실현'은 전혀 의미가 다르다. 이 하이브리드 뇌 기술을 응용하면 언젠가 '빨간색이란 무엇인가?'를 정면으로 물을 수 있는 날이 오리라고 은근히 기대해본다.

심리실험 33

'하얀 색깔', '하얀 소리', '하얀 냄새'에 대하여

이스라엘 와이즈먼 과학연구소 소벨 박사의 '하얀 냄새 연구'

이스라엘 와이즈먼 과학연구소 소벨 박사 연구팀은 총 86종의 냄새를 준비한 다음, 그중에서 후각 안테나에 최대한 스펙트럼이 겹치지 않는 냄새를 조합해 '향수'를 제조했다. 그 결과, 어떤 조합으로도 30종 이상 섞으면 일정한 '질감'으로 정착된다는 사실을 발견했다. 바로 '흰색'이다.

연구팀은 이 하얀 냄새에 'laurax'라는 이름을 붙였다. 빛과 소리와 같은 원리가 후각에서도 성립한다. 빛이 삼원색이라면 냄새는 '30원향'쯤 될까. 하얀 냄새는 무취가 아니다. 냄새를 혼합해서 만들어진 '하얀 냄새'라는 질감이 있다. 백색 소음이 무음이 아니라 독특한 소리를 내는 것과 마찬가지다.

색깔도 순백, 결백 등의 의미로 사용될 때 흰색에는 '무', '처음', '공허하다' 등의 이미지가 있지만, 이는 과학적 사실과는 큰 차이가 있다. 흰색은 절대로 무색투명하지 않다. 흰색이라는 '색'은 그 자체로 고유한 질감을 지닌다. 흰색은 그 자체가 하나의 현실 존재다.

♥

가장 신비한 색은 무엇일까? 나라면 '하양', 그리고 '검정'을 꼽겠다. 초등학교 미술 시간. 선생님 눈을 피해 몰래 빨간색과 초록색 물감을 섞어 본다. 그러자 검은색이 만들어져서 깜짝 놀란다. 빨간색과 초록색이라는 '부모'에서 빨간색의 성질과도 초록색의 성질과도 전혀 닮지 않은 검은색이라는 '자식'이 태어났다. '자식은 부모를 닮는다'는 생물계의 유전 원리와 배치되는 규칙이 색깔의 세계에 숨어 있다는 사실을 알고 호기심으로 가슴이 두근거렸다.

이 놀라움은 파란색과 주황색을 섞어도 검은색이 된다는 사실을 발견하고 더욱 증폭되었다. 이후 일반적으로 그림물감을 섞으면 섞을수록 검은색에 가까워진다는 사실을 알게 되었다(고작 그림물감으로 진짜 검정을 만들어낸다는 건 엄청나게 어려운 작업이지만…….).

빛은 색깔과 반대다. 섞으면 섞을수록 '흰색'에 가까워진다. 역시 흰색을 만드는 방법도 마찬가지다. 파란색과 노란색, 초록색과 보라색, 어떤 색을 섞어도 흰색이 된다. 햇빛은 무슨 색일까? 빨간색이나 노란색이라고 답하는 사람이 많겠지만, 햇빛은 '흰색'이다. 흰색의 햇빛을 프리즘으로 분해하면 무지

개색으로 분리된다. 다양한 파장의 스펙트럼이 어우러져 만들어내는 색은 '흰색'이다. 수많은 빛이 모여 '흰색'이 만들어진다. 그런데 실제로 흰색을 만들려면 모든 색을 다 섞을 필요는 없다. 이것은 중요한 의미를 내포하고 있는 내용인데, 물리학적 '흰색'과 지각적 '흰색'은 의미가 다르다는 사실이다. 그 이유는 '망막 센서'에 있다.

우리 망막에는 빨강 · 초록 · 파랑이라는 3종류의 센서가 있다. 아니, 안타깝게도 '3종류밖에 없다'는 표현이 좀 더 정확할 것 같다. 세상에는 갖가지 빛이 난무하지만, 정작 우리 눈은 3가지 색깔밖에 감지하지 못한다. 이 3색이 '빛의 삼원색'이라는 원리다. 이 3가지 센서가 골고루 자극되면 '흰색'이라는 지각이 뇌에 나타난다. 즉, 3가지 센서에 되도록 상호 교차하지 않는 파장 스펙트럼 색이 내리쬐면 '흰색'에 가까워진다는 얘기다.

이와 같은 원리는 '소리'에도 적용할 수 있다. 다양한 음색을 섞으면 '흰색'이 나온다. 이른바 '백색 소음(White Noise)'이라고 부르는 소리다. 채널이 맞지 않은 라디오에서 나오는 '지지직'거리는 잡음이 대표적인 백색 소음이다. 소리의 '흰색'이란 바로 이런 질감이다. 청각도 시각의 흰색과 마찬가지로 수많은 파장을 혼합하면 들리는 소리는 점차 흰색에 가까워진다.

이러한 사고방식을 후각에도 적용할 수 있다. 이스라엘 와이즈먼 과학연구소 소벨(N. Sobel) 박사 연구팀이 '하얀 냄새'에 관한 논문을 《미국 과학원 회보》에 발표했다. 연구팀은 총 86종의 냄새를 준비한 다음, 그중에서 후각 안테나에 최대한 스펙트럼이 겹치지 않는 냄새를 조합해 '향수'를 제조했다. 그러자 어떤 조합으로도 30종 이상 섞으면 일정한 '질감'으로 정착된다는 사실을 발견했다. 바로 '흰색'이다.

연구팀은 이 하얀 냄새에 'laurax'라는 이름을 붙였다. 빛과 소리와 같은 원리가 후각에서도 성립한다. 빛이 삼원색이라면 냄새는 '30원향'쯤 될까. 물론, 하얀 냄새는 무취가 아니다. 냄새를 혼합해서 만들어진 '하얀 냄새'라는 질감이 있다. 마치 백색 소음이 무음이 아니라 독특한 소리를 내는 것과 마찬가지다.

색깔도 매한가지다. 순백, 결백 등의 단어에서 흰색에는 '무', '처음', '공허'하다는 이미지가 있지만, 이는 과학적 사실과는 큰 차이가 있다. 흰색은 절대로 무색투명하지 않다. 흰색이라는 '색'은 그 자체로 고유한 질감을 지닌다. 흰색은 그 자체가 하나의 현실 존재다.

흰색의 의미를 생각하면 불가사의한 기분이 든다. 머리가 새하얘지는 느낌이라고 할까. 문득, 마쓰오 바쇼의 하이쿠가 생각난다.

“바다 저물고 오리 울음소리 희끄무레하구나”

흰색의 범용성에는 그저 놀랄 따름이다. 다들 알고 있겠지만, 이누이트족 사람들은 1,000가지의 흰색을 알고 있다고 한다. 아마도 그들은 최근 여러 학자들에 의해 이루어진 ‘하얀 색깔’, ‘하얀 소리’, ‘하얀 냄새’에 관한 연구 결과를 오랜 옛날부터 본능적으로 알고 있었던 게 아닐까.

심리실험 34

원숭이도 '무'의 개념을 이해한다는 게 사실일까?

멕시코 국립자치대학교 니더 교수의
'원숭이의 '무' 개념 인지 실험'

'무'는 정보가 될 수 있다. 고도로 정보화된 '유'가 태반을 차지하는 과밀사회에 익숙해지면 깜빡 잊고 살기 쉽지만, '무'는 유익한 정보를 제공한다. 그렇다면 우리 뇌는 '무라는 존재'를 어떻게 느낄까?
멕시코국립자치대학교 니더 교수 연구팀은 원숭이를 이용해 실험했다. 그들은 모니터에 표시되는 신호를 단서로 삼아 다음에 해야 할 행동을 외우도록 원숭이를 훈련했다. 다만 가끔 신호가 표시되지 않을 때가 있다. 신호가 나오지 않을 때는 다른 행동을 취해야 한다. 그럴 땐 '무'라는 신호 그 자체가 행동을 결정하는 신호가 되는 셈이다. 연구팀은 신호가 없을 때 반응하는 신경세포를 찾았다. 그리고 한발 더 나아가 그것이 전두엽에 존재한다는 사실까지 밝혀냈다. 전두엽은 고도의 인지 기능을 담당하는 부위로 알려져 있으므로 충분히 수긍할 만한 결과다. 역시 '무'는 뇌에게 무가 아니라 '무가 되는 존재'로 받아들여지는 모양이다.

♥

'무(無)'는 정보가 될 수 있다. 고도로 정보화된 '유(有)'가 태반을 차지하는 과밀사회에 익숙해지면 깜빡 잊고 살기 쉽지만, '무'는 유익한 정보를 제공한다. 예를 들면, 편지가 대표적이다. 일반적인 감각에서는 편지에 적힌 내용이 곧 정보다. 적혀 있지 않으면 알 길이 없을 뿐 아니라 정보로서 가치도 없다. 그러나 옛사람들은 종종 이렇게 말하곤 했다. "무소식이 희소식이다." 편지가 오지 않는 건 '무사하다'는 알림, 즉 '무'는 정보로서 가치가 있다는 의미다.

"무에서 존재성을 느낀다"라는 말이 참으로 불가사의하다. 그렇다면 우리 뇌는 '무라는 존재'를 어떻게 느낄까? 멕시코 국립자치대학교 니더(Nieder) 교수팀이 발표한 연구 결과를 소개할까 한다.

연구팀은 원숭이를 이용해 실험했다. 그들은 모니터에 표시되는 신호를 단서로 삼아 다음에 해야 할 행동을 외우도록 원숭이를 훈련했다. 다만 가끔 신호가 표시되지 않을 때가 있다. 신호가 나오지 않을 때는 다른 행동을 취해야 한다. 그럴 땐 '무'라는 신호 그 자체가 행동을 결정하는 신호가 되는 셈이다. 연구팀은 신호가 없을 때 반응하는 신경세포를 찾았다.

그리고 한발 더 나아가 그것이 전두엽에 존재한다는 사실까지 밝혀냈다. 전두엽은 고도의 인지 기능을 담당하는 부위로 알려져 있으므로 충분히 수긍할 만한 결과다. 역시 '무'는 뇌에게 무가 아니라 '무가 되는 존재'로 받아들여지는 모양이다.

아시아인은 '무'를 느끼는 능력이 뛰어나다는 말을 종종 듣곤 한다. 우리 같은 아시아인이 가진 무를 자각하는 능력에 묘한 자부심마저 느낀다. 불교의 제행무상(諸行無常)이나 색즉시공(色卽是空)은 독특한 개념이다. 특히 일본에는 노가쿠(能樂)라는 전통 예능, 그리고 식물과 물 없이 이루어진 가레산스이(枯山水)라는 전통정원 양식 등 표현 형식을 극한까지 배제함으로써 허무성을 강조한 예술이 있다.

그렇다면 '무'를 즐기는 건 아시아 특유의 문화일까? 원숭이의 뇌에 '무'를 느끼는 회로가 갖추어져 있다는 사실은 앞에서 소개한 실험에서 이미 설명했다. 그렇다면 '무'를 음미하는 능력은 아시아만의 특성이라기보다는 만국 공통으로 보아야 하지 않을까.

실제로 "무소식이 희소식"이라는 말은 전 세계적으로 사용된다. 게다가 일본에서 사용하는 표현은 "No news is good news"라는 영어 표현을 번역한 '수입 속담'이라는 설이 유력하다. 이 속담은 프랑스나 이탈리아로까지 뿌리가 거슬러 올라간다고 한다.

'제로(0)'의 개념은 고대 인도(중동 인근이라는 설도 있다)인들이 발견했다. 이 발견은 수학의 역사에 한 획을 그으며 학문에 위대한 진보를 가져왔다. 무에 '0'이라는 유형 기호를 부여하는 행위는 '없음'의 현재화(顯在化)에 다름 아니다.

실제로 인도에는 "무가 존재한다"는 기묘한 언어 표현이 있다. 말장난처럼 들릴지 모르겠지만, 사실 이 표현은 매우 중요하다. 같은 지역의 언어에서 파생된 어족, 즉 인도·유럽 어족에서는 이와 유사한 표현을 사용하기 때문이다. 예를 들면, 영어에는 "There is nothing"이라는 표현이 있다. 또 "Nobody knows it"이나 "I have no idea" 등 '무'를 주어나 목적어로 사용한 긍정문이 드물지 않다. 일본어에서는 이와 유사한 발상을 거의 찾아볼 수 없으므로 상상하기 힘든 표현이라고 말할 수 있다.

비록 느끼는 방식이나 형식은 동양과 다를지라도 역시 '무'는 아시아 특유의 감성이라기보다는 전 세계인이 가진 공통의 감성인 것 같다. 앞으로 전 세계 곳곳에서 점점 더 많은 사람이 '무'를 깊이 체험하고, 좀 더 적극적으로 자기 생활에 접목하며 한 차원 수준 높은 삶을 살게 되면 좋겠다.

물고기도 아픔을 느낀다는데?

펜실베이니아 주립대 브레이스웨이트 교수의 '물고기 통증 연구'

인간 이외의 다른 동물들도 우리 인간처럼 아픔을 느낄까? 펜실베이니아 주립대학교 브레이스웨이트 교수 연구팀은 '물고기도 아픔을 느낀다'라는 사실을 실험을 통해 밝혀냈다. 물고기는 정말로 아픔을 느낄까? 물론 우리가 직접 물고기가 되어보기 전에는 정확히 알 수 없다. 그러나 우리는 과학을 통해 물고기도 인간처럼 통증을 느낀다는 사실을 짐작할 수 있다. 어류를 현미경으로 관찰하면 사람과 유사한 통각계 신경 회로를 쉽게 찾을 수 있다.
실제로 물고기는 침해 자극을 받으면 맥박과 호흡이 올라가고 스트레스 호르몬을 생성한다. 또, 주의력이 산만해지고 식욕도 감퇴한다. 놀랍게도, 이러한 증상에 사람에게 처방하는 진통제를 투여하면 완화된다.
이러한 일련의 과학적 증거를 바탕으로 물고기에게 '통각'이 있다고 가정할 수 있다.
우리의 위대한 '공감력'을 같은 인간에서 다른 동물, 아니 모든 생물로 넓혀가고자 노력해야 하는 이유와 명분이 바로 위의 내용에 담겨 있다.

♥

우리는 동물의 마음을 헤아릴 수 있을까? 좀 더 구체적으로, 동물이 느끼는 '아픔'을 우리 인간은 어떻게 느낄까? 인간은 자신이 아픔을 느낀다는 사실을 잘 이해한다. 그렇다면 다른 동물들도 우리 인간처럼 아픔을 느낄까?

미국 펜실베이니아 주립대학교 빅토리아 브레이스웨이트(Victoria Braithwaite) 교수가 이끄는 연구팀이 2003년 「물고기도 아픔을 느낀다」라는 주제의 연구 결과를 발표했을 때, 전 세계 언론이 앞다퉈 이 소식을 전했다. 그리고 이 소식은 낚시 애호가부터 동물 복지 활동가에 이르기까지 수많은 이에게 커다란 반향을 불러일으켰다.

물고기는 정말로 아픔을 느낄까? 물론 우리가 직접 물고기가 되어보기 전에는 정확히 알 수 없다. 그러나 우리는 과학을 통해 물고기도 인간처럼 통증을 느낀다는 사실을 짐작할 수 있다. 어류를 현미경으로 관찰하면 사람과 유사한 통각계 신경 회로를 쉽게 찾을 수 있다.

실제로 물고기는 침해 자극을 받으면 맥박과 호흡이 올라가고 스트레스 호르몬을 생성한다. 또, 주의력이 산만해지고 식욕도 감퇴한다. 놀랍게도, 이러한 증상에 사람에게 처방하는 진통제를 투여하면 완화된다. 이러한 일련의 과학적 증거를 바탕으로 물고기에게 '통각'이 있다고 가정할 수 있다.

그러나 곰곰이 생각해보자. 인간이 느끼는, 욱신욱신 쑤시는 지긋지긋한 아픔을 정말로 물고기도 똑같이 느낄까? 사실, 이 주제가 물고기만의 문제는 아니다. 다른 동물들도 마찬가지다. 예를 들어, 개나 고양이가 느끼는 '아픔'은 구체적으로 어떤 것일까?

아픔에 대한 감각은 지극히 주관적이다. 이렇게 철저히 회의적으로 접근하면 돌고 돌아 창끝은 결국 사람에게로 돌아온다. 나 이외의 다른 사람도 아픔을 느낄까? 어쩌면 나를 제외한 다른 사람들은 '아픈 척 연기'하는 게 아닐까? 점점 더 '타인의 아픔'이라는 존재와 그 실체가 수상쩍어진다. 결국 '나와 똑같이 아플 리 없다'고 믿는 것 이외의 답은 없는 셈이다.

'나와 똑같이 아플까?' 엉뚱한 질문으로 느껴질 수 있겠지만, 이 질문은 이미 과학적으로 결론이 났다. 답은 '아니오'다. 아픔의 강도는 사람마다 천차만별이라는 사실이 밝혀졌기 때문이다. 그렇다면 왜 아픔의 강도가 사람마다 천양지차로 다를까? 통각을 처리하는 신경 회로 시스템의 유전자가 사람마다 다르기 때문이다.

통증 수용에 관여한다고 알려진 단백질에 COMT라 부르는 유명한 효소가 있다. 한데, 이 효소의 유전자가 사람에 따라 제각기 다르다. 언뜻 상상하기 힘든 사람이라면, 혈액형 같은 차이라고 생각하면 어느 정도 이해가 될 것이다. 즉, 선천적으로 통증 수용성이 강한 사람과 둔한 사람이 있다. 실제로 뇌 화상을 기록하면 COMT의 '모양'에 따라 아픔을 느꼈을 때 뇌의 반응이 다르게 나타난다는 사실을 알 수 있다.

몇 년 전, 나는 내 유전자 형태를 조사해보았다. DNA에 있는 100만 가지 경우의 수를 샅샅이 분석해 말 그대로 이 잡듯 뒤졌다. 그중에 COMT도 포함되어 있었다. 분석 결과를 조합해보니, 나는 아픔을 강하게 느끼는 유전자를 지니고 있음이 판명되었다. 그렇다면 내 주위의 다른 사람들은 대부분 같은 통각 자극에 대해서도 내가 느끼는 것만큼 아프지 않다는 의미다. 다른 사람들은 인내심이 강하고 나만 호들갑스러운 엄살쟁이일까? 이런 생각에 빠져들면서 점점 더 타인의 마음이, 아니 심지어 내 감각조차 확신할 수 없게 되었다.

'똑같은 자극에 대해서도 생물 종마다, 아니 같은 종 안에서도 개체마다 느끼는 통각이 제각각 다르다'라는 것이 위 내용의 골자다. 사람도 마찬가지다. 그런데도 우리는 살면서 "역지사지해야 한다"라는 말을 자주 한다. 그러나 말이 쉽지, '역지사지'만큼 어려운 일이 또 있을까? '역지사지'란 말 그대로 '(상대방과) 입장이나 처지를 바꾸어 생각해보는 것'을 말한다. 그게 뭐 그리 어려울까 싶을 수도 있지만, 그렇지 않다. 내가 상대방의 처지가 아닌데, 그의 입장에 서서 생각한다는 게 말처럼 쉽겠는가. 그렇더라도 되도록 상대방의 처지에 서 보려고 고민하고 애써야 하는 것이 우리 인간이 지녀야 할 미덕이 아닐까.

심리실험 36

'부끄러움'의 감정은 동물 진화 과정에서 어떻게 싹텄을까?

교토대 히데히코 교수의 '수치심 기원 연구'

'부끄러움'의 감정은 동물 진화 과정에서 어떻게 싹텄을까? 교토대학교 다카하시 히데히코 교수는 사람들이 부끄러운 상황을 떠올릴 때 뇌 활동을 기록했다. 그러자 내측 전두피질과 위측두고랑 등의 뇌 부위가 활동했다. 이는 '마음 이론'에 관여하는 뇌 부위다.

상대의 마음을 읽는 능력은 동물의 생존에 필수적이다. 예컨대, 원시인이 정글을 거닐다가 다른 동물과 마주쳤다고 하자. 이때 상대가 적인지 아군인지 순식간에 판단해야 한다. 상대가 그를 먹잇감으로 노린다면 뒤도 돌아보지 않고 멀리 달아나야 포식의 위험에서 벗어날 수 있다.

히데히코 교수는 '마음 이론'에 주목한다. 사람은 의식의 대전환을 일으켜 타인을 향했던 관심의 화살을 자신에게 돌린다. '타인에게 마음이 있다면, 내게도 마음이 있지 않을까.' 자아라는 존재를 자각하는 순간이다. 이 순간이야말로 '마음'이라 부르는 개념이다. 이러한 자기 성찰 능력은 특히 사람에게서 두드러진다. 그리고 여기서 수치심이 싹틀 여지가 생긴다.

♥

'부끄러움'이란 무엇일까? 기쁜 감정은 아니다. 아니, 불쾌한 감정에 더 가깝다. 왜 이런 부정적인 감정이 우리 마음에 존재할까? 볼썽사납다, 쑥스럽다, 송구스럽다 같은 심리를 '사회적 감정'이라고 부른다. 사회적 감정은 공포와 혐오, 희로애락 등의 원시적 감정과 구별된다. 사회적 감정은 인간관계 속에서만 비로소 발생하는 고도의 감정이기 때문이다.

'부끄러움'의 감정은 동물 진화 과정에서 어떻게 싹텄을까? 교토대학교 다카하시 히데히코(高橋英彦) 교수가 2004년 발표한 연구는 수치심의 기원에 실마리를 던져준다.

히데히코 교수는 '정장을 갖춰 입어야 하는 파티에 평상복 차림으로 갔다', '남대문이 열렸다', '고급 레스토랑에서 식사 예절을 몰라 쩔쩔맸다'와 같은 부끄러운 상황을 떠올릴 때 뇌 활동을 기록했다. 그러자 내측 전두피질과 위측두고랑 등의 뇌 부위가 활동했다. 이는 '마음 이론'에 관여하는 뇌 부위다.

'마음 이론'이라고 하면 거창한 것 같지만, 뜻 자체는 단순하다. '타인의 마음을 깨닫는 능력'이다. 다시 말해, 히데히코 교수의 연구로 수치심은 사람의 마음을 읽는 능력에서 발생한다고 추정할 수 있게 되었다.

타인의 마음을 읽는 능력은 동물이 생존하는 데 필수적이다. 예컨대, 정글을 거닐다가 다른 동물과 마주친다고 하자. 이때 상대가 적인지 아군인지를 순식간에 판단해야 한다. 만약 상대가 당신을 먹잇감으로 노린다면 그 자리에서 뒤도 돌아보지 않고 멀리 달아나야 포식의 위험에서 벗어날 수 있다.

앞에서도 이야기했지만, 동물들도 '다른 개체에 마음이 있다'는 전제로 상황을 판단한다. 진화적으로 보면, 아마 자신에게 명확한 '마음'이 태어나기 전부터 이루어진 생활양식일 것이다. 즉, 진화 초기에는 다른 개체의 존재가 자신의 존재보다 앞섰던 셈이다.

여기서 대전환이 일어난다. 타인을 향했던 관심의 화살을 이제 자신에게 돌린다. '타인에게 마음이 있다면, 나에게도 마음이 있지 않을까.' 이로써 자아라는 존재를 자각하기 시작한다. 이 순간이야말로 우리가 평소에 '마음'이라고 부르는 개념이다. 인간은 이러한 자기 성찰 능력을 가진 특별한 존재다. 원류를 거슬러 올라가면 타인의 마음을 읽는 능력이다.

여기서 수치심이 싹틀 여지가 생긴다. 본래 동물은 타인에게 마음 읽히는 걸 꺼리기 때문이다. 가령 사자가 사냥감을 노릴 때, 자신이 적이라는 사실을 상대에게 간파당하면 잡을 수 있는 확률은 뚝 떨어진다. 또 달아나는 얼룩말도 오른쪽으로 도망칠지, 왼쪽으로 도망칠지 사자가 알아차리면 잡힐 가능성이 커진다. 이렇듯 '마음'을 능숙하게 숨길 줄 아는 동물이 생존에 유리하다.

우리는 이러한 동물들의 후예다. 선조들의 원시적 혐오 감정이 사회적 문맥으로 치환되어 '수치심'으로 거듭났다. '본심을 들키면 부끄럽다', '이상적인 자아상에 미치지 못하는 진짜 내 모습이 적나라하게 드러나면 민망하다' 등등.

수치심과 죄책감은 사회적 감정이다. 이들 불쾌감은 도덕을 만들어내는 원동력이 되기도 한다. 예의범절을 지키거나, 치안과 위생을 강화하거나, 사회에 이바지하는 작용을 한다. 그러면 도덕심이 증가하고 사죄와 자백과 보상 등 사람다운 행동으로 이어진다.

쾌적한 인간 사회가 근원적으로 야생동물들의 필사적인 생존 전략에서 파생되었다고 상상하면, 그 상상만으로도 '부끄럽다'는 감정에 묘한 애착이 느껴진다.

아무튼, 부끄러워해야 할 상황에 부끄러워할 줄 아는 것도 공동체를 이루고 살아가는 사회에서 인간이 갖춰야 할 중요한 덕목이 아닐까. 명백히 부끄러워해야 할 상황에서 아무런 죄책감도 부끄러움도 느끼지 않는 사람들이 늘어가는 인간 세상이 나는 때로 두렵고 부끄럽다.

심리실험 37

생명 탄생을 불가사의하게 여기는 건 '뇌'의 작용이라는데?

포틀랜드 주립대 리먼 교수의
'무생물이 생물로 상전이하는 순간 연구'

빅뱅은 어떻게 시작되었을까? 빅뱅 이전에는 어떤 '세상'이 존재했을까? 그리고 최초의 생물 하나는 언제, 어떻게 탄생했을까? 케임브리지대학교 홀리거 교수 연구팀은 시험관 안에서 RNA를 효소로 활용해 효소 활성을 지닌 다른 RNA를 합성할 수 있다는 사실을 발견했다. '시험관 내 인공진화'라고 불리는 방법을 활용한 이 실험 성공은 생명 연구계에 커다란 충격을 던져주었다. 아마도 초기 지구는 RNA가 자기 증식해 점점 번식해 나가는 'RNA 월드'가 아니었을까.

이러한 연구 흐름에서 포틀랜드 주립대학교 리먼 교수 연구팀은 복수의 RNA 효소가 집합하면 복잡한 협동 반응을 자연스럽게 개시한다는 가설을 증명했다.

그들은 무생물이 생물로 '상전이' 하는 순간을 바로 코앞까지 시험관 안에서 재현하는 데 성공했다. 신비의 인공합성. 이러한 연구가 창조주인 '신'의 영역에 한 걸음 들어서는 길이라고 느끼는 건 지나칠까.

♥

'눈[雪]'을 보고 있노라면 참 신기하다는 생각이 든다. 하늘에서 내리기 시작한 눈 입자는 처음에는 땅에 닿자마자 스르르 녹아 감쪽같이 사라지지만, 차츰 지면을 뒤덮기 시작한다.

"녹지 마, 위에서 떨어지는 동료를 떠받치는, 처음 내린 눈송이를, 가요(加代)는 보고 싶어"

스기 미키코(杉みき子)의 시 「가요의 사계(加代の四季)」의 한 구절이다. 일본 국어 교과서에 실린 친숙한 동시다. 눈을 바라보는 나도 가요와 똑같은 마음이다. 아니, 눈에 대해서만이 아니다. 무슨 일에서나 '처음'은 뭔가 야릇하고 오묘한 느낌을 자아낸다. 예를 들어, 내가 이 책을 쓸 때 하필 왜 이 소재를 골라 글을 쓰기 시작했을까? '최초'의 동기는 어디서 왔을까? 등등.

마음. 태어난 이후 줄곧 우리 인간에게는 '마음'이 존재해왔다. 마음이 인간의 내면에 싹튼 계기는 무엇일까? 우주도 불가사의하다. 빅뱅은 어떻게 시작되었을까? 빅뱅 이전에는 어떤 '세상'이 존재했을까? 생명의 '시작'도 불가사의하다. 지구에서 생명이 싹튼 시기는 38억 년 전으로 추정된다. 생물의 부모는 생물인 것이 이치에 맞는다. 그렇다면 최초의 생물 하나는 언제, 어떻게 탄생했을까?

생물 탄생 직전의 지구는 너무 뜨거워서 어떤 생물도 살 수 없었다. 차츰 지표열은 냉각되었지만, 여전히 지상의 성분은 이산화탄소와 메탄가스, 암모니아, 수소 등 단순한 물질이 중심이었다. 생명체를 형성하는 고도의 유기물은 원시적 단순 분자 수프에서 어떻게 생성되었을까?

실마리는 햇빛과 번개, 그리고 운석에 있다. 시험관 안에 물을 담아 원시 가스를 채운다. 그리고 초기 지구를 모방해 자외선과 고전압을 가하면 뜨겁게 달구어진다. 놀랍게도, 이 정도 자극만으로도 당과 아미노산, 유전자 재료인 푸린체(Purine Bodies) 등이 형성된다. 다만 당시 지구 환경을 고려하면, 생명을 구성하는 고등 유기물질의 상당수가 지구권 밖에서 유입되었다는 가설이 최근 유행하고 있다. 아무튼, 지구 혹은 우주의 원시 환경에서 큰 어려움 없이 합성할 수 있다는 사실에는 변함이 없다.

이러한 생체 유기물 중에서도 중요한 분자 성분은 'RNA'다. RNA는 DNA의 동료로 유전 정보를 담당할 수 있지만, 그 성질은 DNA와 다르다. RNA는 효소도 될 수 있다. 효소는 화학 반응을 촉진한다.

케임브리지대학교 필립 홀리거(Philipp Holliger) 교수 연구팀은 시험관 안에서 RNA를 효소로 활용해 효소 활성을 지닌 다른 RNA를 합성할 수 있다는 사실을 발견했다. '시험관 내 인공진화'라고 불리는 방법을 활용한 이 성공은 생명 연구계에 커다란 충격을 던져주었다. 아마도 초기 지구는 RNA가 자기 증식해 점점 번식해 나가는 'RNA 월드'가 아니었을까.

이러한 연구 흐름에서 포틀랜드 주립대학교 나일스 리먼(Niles Lehman) 교수 연구팀은 복수의 RNA 효소가 집합하면 복잡한 협동 반응을 자연스럽게 개시한다는 가설을 증명했다. 그들은 무생물이 생물로 상전이(Phase Transition) 하는 순간을 바로 코앞까지 시험관 안에서 재현하는 데 성공했다. 신비의 인공합성. 이러한 연구가 창조주인 신의 영역에 한 걸음 들어서는 길이라고 느끼는 건 나뿐일까.

생명 탄생을 불가사의하게 여기는 건 뇌의 작용이다. 그렇다면 뇌는 어떤 계기로 탄생했을까? 우리는 뇌가 있기에 비로소 이 세계를 사유할 수 있고 해석할 수 있다. 즉, 뇌를 통해 비로소 세계가 세계로서 의미를 지니게 된다. 뇌의 탄생은 '세계의 의미 창조'와 동의어다. '세계'를 지탱하는 최초 신경세포의 탄생을 뇌 연구자인 나는 직접 두 눈으로 확인하고 싶다. 물론 그렇게 바라는 내 '마음'도 신경세포가 이 세상에 탄생했기에 만들어졌다. 그러고 보니, 생각할수록 무한 퇴행하는 뫼비우스의 띠 속에 갇힌 느낌이다.

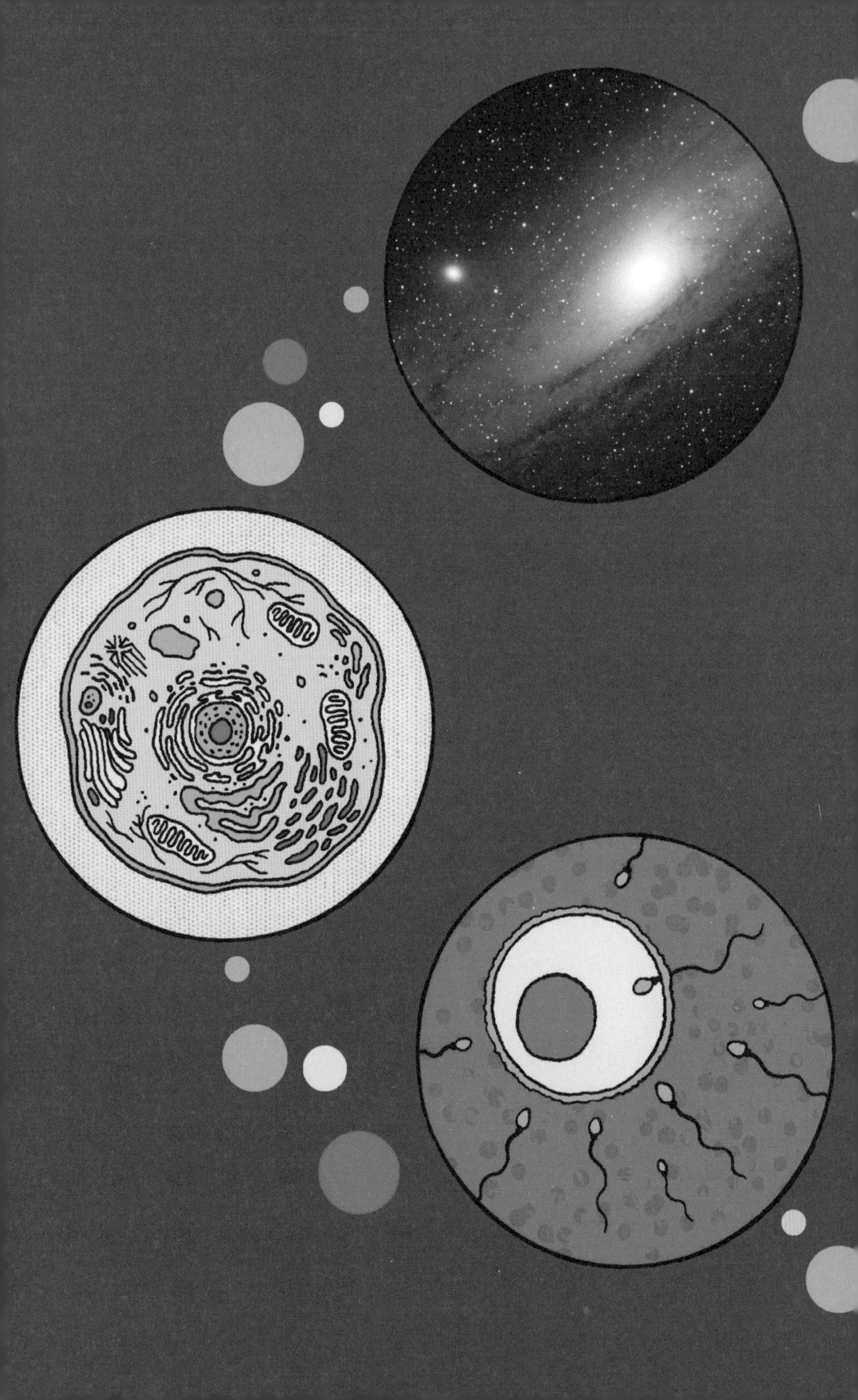

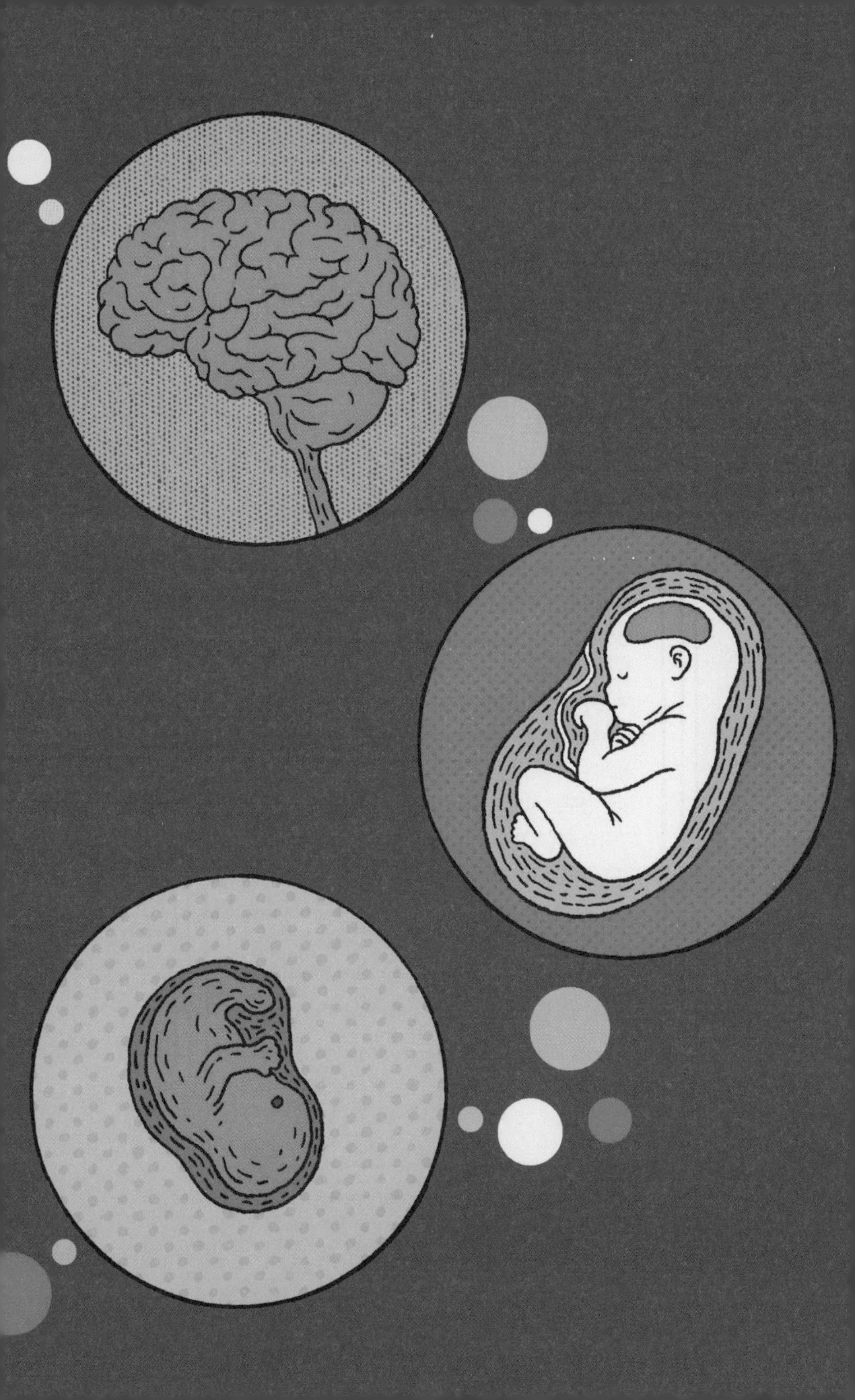

심리실험 38

초능력은 뇌와 어떤 관계가 있을까?

펜실베이니아대 페레스 교수의 '해리 증상 연구'

최근 '해리' 현상이 의학적으로 특별히 주목받고 있다. 해리란 감각과 행동이 통합되지 않는 증상이다. 권위 있는 해리 증상 전문가 중 한 사람인 펜실베이니아대학교 페레스 교수 연구팀은 빙의 상태에 있는 사람의 뇌 활동을 측정하는 데 성공했다. 연구팀은 '영력'으로 적은 문장을 언어학적으로 해석했다. 그리고 빙의 상태에서 적은 글이 문법 구조가 복잡하고 고도의 문장이라는 뜻밖의 사실을 증명했다. 즉, 빙의는 단순한 지력 저하나 심적 이완 상태가 아니라고 말할 수 있는 현상이다.
이번 연구로 빙의 상태에 있는 뇌에서는 다양한 부위의 활동에 변화가 일어난다는 사실도 함께 밝혀졌다. 전체적으로, 우뇌와 좌뇌 활동의 균형이 크게 무너진다. 빙의는 뇌 기능 부전이 아니라 오히려 적극적으로 만들어진 뇌 현상이라고 할 수 있다.
영력이든 악령이 일으키는 원격 조종이든 빙의라는 현상이 존재한다는 사실은 뇌과학적으로 분명하다.

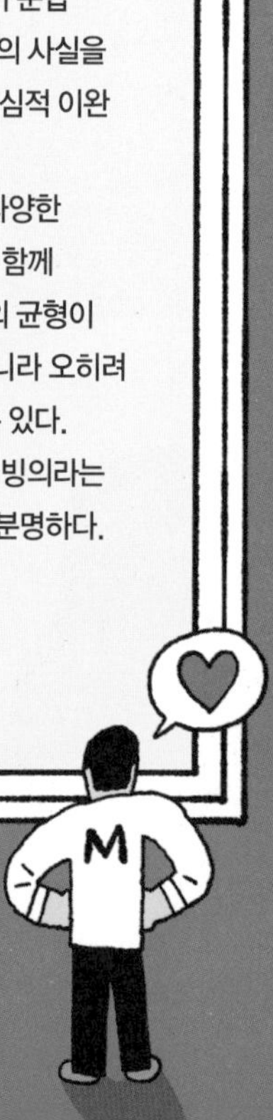

♥

최근에 〈레드 라이트(Red Lights)〉라는 영화를 관람했다. 개인적으로 고전 영화를 좋아해 평소 즐겨 보는 편이다. 신작 영화는 어지간해서 보지 않는다. 본다면 십중팔구 '뇌'에 관한 영화다. 〈써로게이트(Surrogates)〉나 〈메멘토(Memento)〉 등 뇌과학적 내용과 새로운 관점, 통찰력으로 무장한 영화를 주로 관람한다.

〈레드 라이트〉 역시 뇌와 밀접하게 관련된 영화다. 게다가 로버트 드니로가 주인공으로 나온다는 정보에 확 끌렸다. 나는 로버트 드니로의 열성 팬으로, 프랜시스 코폴라 감독의 〈대부 2(The Godfather: Part II)〉, 마틴 스코세이지 감독의 〈택시 드라이버(Taxi Driver)〉, 베르나르도 베르톨루치 감독의 〈1900년(Nineteen Hundred)〉 등의 영화에서 그가 보여준 박진감 넘치는 연기에 매료되었다.

자, 사족은 그만두고 영화 내용을 간략히 요약해보자. 〈레드 라이트〉는 로버트 드니로가 연기하는 희대의 '초능력자'가 과연 진짜 초능력자인지, 아니면 단순한 사기꾼인지를 과학자들이 해명해가는 내용을 담고 있다. 초능력을 대하는 사람들의 반응은 크게 2가지로 엇갈린다. 진심으로 믿는 사람, 고

집스럽게 부정하는 사람이다. '있을 수도 있다'고 어중간한 입장에 서는 사람은 뜻밖에도 얼마 안 된다고 한다.

나는 어중간한 입장에 서는 사람 중 한 명이다. 날마다 뇌를 연구하다 보면 비과학적 현상이 일어나도 그다지 이상하지 않다는 생각이 든다. 여기서는 '비과학적'이라는 단어를 무시하려는 의도로 사용하지 않았다. 과학은 만능이 아니라고 말하고 싶다. 과학으로 세상만사를 모조리 해명할 수 있다는 가정은 연구자의 오만이라고 느낀다.

다시 본론으로 돌아가 초능력에 관해 이야기해보자. 초능력에는 몇 가지 종류가 있다. 그중에서도 최근 '해리' 현상은 의학적으로 특별히 주목받고 있다. 해리란 감각과 행동이 통합되지 않는 증상이다. 예를 들어 의식이 몸을 내팽개치고 외부에서 자신을 바라보는 '유체 이탈'이나, 누군가가 내 몸을 조종해서 자유롭게 움직일 수 없는 상태나, 반대로 멋대로 내 몸을 움직여 글자를 쓰게 하는 '빙의'는 모두 해리의 일종이다.

해리가 '영적' 현상인지는 논외로 치더라도, 실제로 해리와 같은 증상을 호소하는 환자가 세상에 존재하는 게 사실이다. 아니, 한발 더 나아가 세계 곳곳에서 오래전부터 보고되며 다양한 유형의 문학이나 극의 소재로도 활용되는 실정이다.

해리의 대다수 사례는 유소년기 체험이 트라우마로 나타나는 증상이라고 한다. 펜실베이니아대학교 페레스(Peres) 교수는 해리 증상 전문가 중 한 사람이다. “해리는 건강한 사람에게도 나타나지만, 정신질환의 위험 인자가 된다”고 그는 말한다.

페레스 교수 연구팀은 빙의 상태에 있는 사람의 뇌 활동을 측정하는 데 성공했다. 연구팀이 주목한 증상은 영화 〈레드 라이트〉에도 등장한 유형의 빙의로, 손이 멋대로 움직여 죽은 자의 말을 종이에 적어 나가는 현상이다.

연구팀은 ‘영력’으로 적은 문장을 언어학적으로 해석했다. 그리고 빙의 상태에서 적은 글이 문법 구조가 복잡하고 심층적인 문장이라는 뜻밖의 사실을 증명했다. 즉, 빙의는 단순한 지력 저하나 심적 이완 상태가 아니라고 말할 수 있는 현상이다.

이번 연구로 빙의 상태에 있는 뇌에서는 다양한 부위의 활동에 변화가 일어난다는 사실도 함께 밝혀졌다. 전체적으로, 우뇌와 좌뇌 활동의 균형이 크게 무너진다. 빙의는 뇌 기능 부전이 아니라 오히려 적극적으로 만들어진 뇌 현상이라고 할 수 있다. 영력이든 악령이 일으키는 원격 조종이든 빙의라는 현상이 존재한다는 사실은 뇌과학적으로 분명하다.

이번 연구 결과를 보고, 나는 문득 로버트 드니로가 〈사랑의 기적(Awakenings)〉에서 연기한 신경 질환 환자를 떠올렸다. 그리고 보니, 이 영화도 다른 관점에서 보면 ‘약물로 뇌를 조종한다'는 줄거리였다. 이미 몇 번이나 본 영화라 세세한 부분까지 내용을 기억하고 있지만, 다시 한번 보고 싶은 마음이 생겼다. 다시 보게 되면 지금까지 전혀 의식하지 못했던 전혀 새로운 메시지를 발견하게 되지 않을까.

심리실험 39

뇌는 어떻게 간지러움을 느낄까?

프라이부르크대 첼리오 교수의
'간지러움을 느끼는 순간의 뇌 반응 연구'

'간지러움'은 어떻게 생겨났을까? 뇌는 어떻게 간지러움을 느낄까? 런던대학교 블레이크모어 교수 연구팀은 독자 개발한 '간지럼 장치'를 사용하여 자신을 간지럽히는 실험을 했다. 이 장치로 자신을 간지럽히면 간지러움을 느끼지 않는다. 그런데 몇 분의 1초가량 작동을 연장하면 자신이 조작하는데도 간지러움을 느낀다. 왜 그럴까? 예측성이 줄어들기 때문이다. 프라이부르크대학교 첼리오 교수팀은 간지러움을 느끼는 순간의 뇌 반응을 측정한 연구 결과를 발표했다. 그들은 외측 시상하부와 판개부, 편도체 등 정서 동작과 관련된 부위가 활성화한다는 사실을 연구를 통해 알아냈다. 특히 외측 시상하부의 활성화는 상징적이다. 이 부위는 쾌락 뇌 부위로 잘 알려진 영역이기 때문이다. 연구 결과를 종합해서 생각하면 '예측과의 불일치는 쾌락과 관계가 있다'는 결론에 도달한다. 마치 농담이나 개그와 같다. 예상대로 이어지는 빤한 개그에는 재미가 느껴지지 않는다. 유머는 기대와 다른 전개일 때 생겨나는 감각이다.

♥

간지러움. 이것은 쾌감이라고도 불쾌감이라고도 말하기 어렵다. 참으로 묘한 감각이다. 간지러움을 느낄 때는 의도와 다른 운동근이 수축하거나, 한발 더 나아가 교감신경계까지 항진하는 극적인 신체 변화가 일어난다.

간지러움의 감각은 어떻게 생겨났을까? 뇌는 어떻게 간지러움을 느낄까? 우리 몸의 아무 부분이나 건드린다고 해서 무조건 간지러움의 감각이 생기는 것은 아니다. 아이오와대학병원 블랙(Black) 박사가 이끄는 연구팀은 우리 몸 중에서 겨드랑이, 가슴, 몸통, 발바닥이 간지러움에 극도로 민감하다고 발표했다. 그렇다고 이들 부위를 자극한다고 무조건 간지러움을 느끼는 것도 아니다. 자극의 강도나 속도 등에 따라 간지러움을 느끼기도 하고, 간지러움 대신 아픔을 느끼기도 한다.

또 누가 간지럽히는지도 중요하다. 일반적으로는 친한 사람이 간지럽히는 게 효과적이다. 우락부락하게 생긴 낯선 사내가 온 힘을 다해 간지럽혀도 조금도 간지럽지 않다. 즉, 간지러움을 느끼느냐 아니냐는 간지럽히는 쪽이 아니라 당하는 쪽의 정신 상태에 달린 셈이다. 예를 들어, 서럽게 울며 떼쓰는 아이를 엄마나 아빠가 간지럽혀도 별로 효과는 없다.

간지러움과 관련된 여러 현상 중에서 특히 주목할 만한 사실이 있다. 바로 '자기 몸을 자신이 간지럽히면 전혀 효과가 없다'는 점이다. 이 현상을 기점으로 다양한 연구가 진행되었고, 현재는 '예측 불가능성'이 간지러움의 열쇠를 쥐고 있다는 사실까지 밝혀졌다. 자신을 간지럽히는 경우, 손끝의 움직임을 스스로 예측할 수 있어 발생하는 감각은 예상 범위 안에 머문다. 즉, 자신의 예측을 벗어나지 않는 상황에서는 간지러움이 발생하지 않는다.

런던대학교 알렉스 블레이크모어(Alex Blakemore) 교수 연구팀은 독자적으로 개발한 '간지럼 장치'를 사용하여 자신을 간지럽히는 실험을 했다. 이 장치로 자신을 간지럽히면 간지러움을 느끼지 않는다. 그런데 몇 분의 1초가량 작동을 연장하면 자신이 조작하는데도 간지러움을 느낀다. 왜 그럴까? 예측성이 줄어들기 때문이다.

프라이부르크대학교 첼리오(Celio) 교수팀은 간지러움을 느끼는 순간의 뇌 반응을 측정한 연구 결과를 발표했다. 그들은 외측 시상하부와 판개부(Pars Opercularis), 편도체 등 정서 동작과 관련된 부위가 활성화한다는 사실을 연구를 통해 알아냈다. 특히 외측 시상하부의 활성화는 상징적이다. 이 부위는 쾌락 뇌 부위로 잘 알려진 영역이기 때문이다.

연구 결과를 종합해서 생각하면 '예측과의 불일치는 쾌락과 관계가 있다'는 결론에 도달한다. 마치 농담이나 개그와 같다. 예상대로 이어지는 뻔한 개그에는 재미가 느껴지지 않는다. 유머는 기대와 다른 전개일 때 생겨나는 감각이다.

간지러움이 유머감각의 원형이라는 사실을 최초로 명확하게 지적한 사람은 다윈이다. 1872년, 그의 저서『사람과 동물의 정서 표현(The Expression of the Emotion in Animals)』에는 "간지러움은 동물들이 뒹굴며 노는 유희에서 유래한 원시적 유머다"라고 기술되어 있다. 이 가설을 뒷받침하듯, 캘리포니아대학교 앨런 프리드룬드(Alan Fridlund) 교수는 간지러운 느낌을 좋아하는 사람은 일상생활에서 자주 미소 짓고 잘 웃는다는 연구 결과를 발표했다.

지구 위의 수많은 동물 중에서 '웃는 동물'은 사람뿐이다. 사람다움을 상징하는 웃음의 원천이 간지러움에 있다면, 간지러움은 꺼려야 할 대상이 아니라 오히려 다른 감각보다 한 차원 수준 높은 감각으로 인정해야 하지 않을까.

심리실험 40

뇌는 즐거워서 웃는 게 아니라 웃어서 즐거워진다?

히브리대 아비에저 교수의 '표정과 신체를 모순된 상태에 두는 실험'

'뇌는 즐거워서 웃는 게 아니라 웃어서 즐거워진다'고 한다. 이 주장을 증명하기 위해 히브리대학교 힐렐 아비에저 교수는 표정과 신체를 모순된 상태에 두는 방식으로 실험했다. 연구팀은 테니스 경기를 가정하고 얼굴은 게임에 져서 침울한 표정을, 몸은 승리해서 두 팔을 번쩍 들어 올리는 자세를 취하게 했다. 이렇게 상반된 상황에서 생겨난 감정에는 얼굴보다 자세가 반영되었다. 몸은 표정을 이긴다. 마음의 주도권을 몸이 쥐고 있다.

연구팀은 좀 더 흥미로운 실험 결과를 보여주었다. 테니스 선수가 승리해서 기쁨에 취한 표정과 패배해서 낙담한 표정이 소름 끼치게 닮았다는 사실이다. 오르가슴으로 쾌락의 절정에 오른 순간의 표정도 흡사하다. 확실히 감정은 표정보다 몸에 더 잘 드러난다. 이를 뒷받침하듯 상대방의 심리를 ① 얼굴로만 ② 몸으로만 ③ 얼굴과 몸 모두 보고 판정하게 했다. 가장 나쁜 성적을 얻은 선택지는 몇 번일까?

♥

내가 쓴 글 「웃음이라는 마법」이 2012년 일본 교육부가 채택한 중학교 1학년 국어 교과서에 실렸다. 교사와 학부모를 대상으로 교육 관련 강연을 하던 중 이 글에 대한 호평을 듣고 기뻐했던 일이 기억난다.

아무튼, 이 글을 통해 내가 사람들에게 전하고 싶었던 메시지는 '웃음은 중요하다' 한 가지다. 물론 "웃는 집에 복이 들어온다(笑門萬福來)", "웃는 얼굴에 침 못 뱉는다" 등의 속담처럼 웃음의 중요성은 오랜 옛날부터 잘 알려져 있다. 그러므로 나는 속담을 듣고 믿어온 사실이 과학적으로 실증된다는 사실에 더욱 흥분하는 마음을 감출 수 없었다.

나는 웃음의 중요성을 강조하고 싶었다. 자, '이'라는 소리를 내는 시늉을 하며 입 모양을 만들어보자. 이를 드러낸 채 활짝 웃는 얼굴로 만화를 읽으면 훨씬 재미있게 느껴진다. 말도 안 된다고 투덜대기 전에 실제로 해보기 바란다. 이 신기한 현상은 어떻게 나타나는 걸까? 이유는 단순하다. '입꼬리가 올라갔기' 때문이다. 웃는 얼굴과 비슷한 표정을 억지로 짓기만 해도 즐거운 기분이 든다. 우리 뇌는 즐거워서 웃는 게 아니라 웃어서 즐거워진다.

이 효과는 표정에만 국한되지 않는다. 자세도 중요하다. 가령 어떤 일을 결단할 때는 등을 똑바로 세우고 꼿꼿한 자세를 유지할 때가 허리를 구부정하게 숙이고 있을 때보다 더 많은 자신감이 생겨난다.

이야기를 듣는 자세도 마찬가지다. 상체를 뒤로 한껏 젖히고 의자에 기댄 채 들을 때보다 몸을 앞으로 내밀고 귀를 쫑긋 세우며 들을 때 같은 내용이라도 훨씬 재미있게 느껴진다. 이렇듯, 표정과 자세는 우리 마음에 커다란 영향을 미친다.

이런 사실을 알고 나면, 문득 새로운 궁금증이 생긴다. '표정과 자세 중 어느 쪽이 더 큰 영향을 미칠까?' 이 소박한 의문에 답하는 실험을 히브리대학교 힐렐 아비에저(Hillel Aviezer) 교수팀이 진행했다. 그리고 그 실험 결과가 《사이언스》에 실렸다.

연구팀은 표정과 신체를 모순된 상태에 두는 실험 방식을 선택했다. 그들은 실험 참여자들이 테니스 경기를 가정하고 얼굴은 게임에 져서 침울한 표정을, 몸은 승리해서 두 팔을 번쩍 들어 올리는 자세를 취하게 했다. 이렇게 상반된 상황에서 생겨난 감정에는 얼굴보다 자세가 더 많이 반영되었다. 몸은 표정을 이긴다. 우리 몸이 마음의 주도권을 쥐고 있다.

연구팀은 더욱더 흥미로운 실험 결과를 보여주었다. 테니스 선수가 승리해서 기쁨에 취한 표정과 패배해서 낙담한 표정이 소름 끼치게 닮았다는 사실이다. 그뿐 아니라 몸이 쑤시고 아플 때와 깊은 슬픔으로 괴로워할 때의 표정도 승패의 표정과 닮았다. 오르가슴으로 쾌락의 절정에 오른 순간의 표정도 흡사하다. 즉, 우리 표정은 생각만큼 다양한 변주곡을 연주하지 못한다. 확실히 감정은 표정보다 몸에 더 잘 드러난다. 이를 뒷받침하듯 상대방의 심리를 ① 얼굴로만 ② 몸으로만 ③ 얼굴과 몸 모두 보고 판정하게 했다. 가장 나쁜 성적을 얻은 선택지는 몇 번일까? ①번이다.

재미있게도, 이 판정을 하기 전 얼굴이나 몸 어딘가를 참조할 수 있다. 둘 중 어디를 보고 답할 것인지를 묻자, 압도적 수치인 80퍼센트의 참여자가 '얼굴'을 골랐다. 그런데 사실 표정만으로는 다른 사람의 감정을 정확히 읽어낼 수 없음을 우리는 알지 못한다. 아무튼, 연구팀은 이를 '착각적 얼굴 효과'라고 불렀다. 표정에 감정이 드러나면 우리는 무조건 믿는 경향이 있지만, 알고 보면 몸이야말로 영혼이 깃드는 곳이 아닐까.

심리실험 41

꿀벌이 인간과 똑같은 선택 경향성을 갖는 이유

텔아비브대 로템 교수의 '꿀벌과 사람의 선택 경향 실험'

텔아비브대학교 로템 교수 연구팀은 사람들의 '선택'과 '결정'이 어떤 방식으로 이루어지는지 알아보기 위해 실험을 했다. 연구팀은 참여자들에게 '돈을 받을 수 있는' 버튼 A와 B 중 하나를 선택하게 했다. A를 고르면 800원, B를 고르면 600원을 받는다. 그런데 A의 수입은 불확실해서 80퍼센트 확률로밖에 돈을 받지 못한다. 연구팀은 이 규칙을 참여자에게 미리 알려주지 않았다. 그러나 여러 번 같은 일을 되풀이하다 보면 누구나 차츰 규칙을 파악할 수 있게 된다. 사람들은 어떤 선택을 했을까? 대다수 참여자가 A를 선택했다. 연구팀은 꿀벌을 대상으로 비슷한 실험을 했다. 그들은 꿀벌에게 돈을 지급할 수는 없는 노릇이라 돈 대신 농도를 바꾼 '설탕물'을 사용했다. 한데 놀랍게도, 꿀벌의 선택 경향은 사람의 그것을 꼭 빼닮았다고 한다. 꿀벌과 인간이 비슷한 방식으로 무언가를 선택하고 어떻게 행동할지 결정한다는 사실이 흥미롭지 않은가.

♥

'취업할까 말까?', '결혼할까 말까?', '내 집을 마련할까 말까?' 어찌 보면 그리 큰 문제도 아니다. 식당에서 메뉴를 선택하고 빨래나 식사를 준비하는 등 우리는 매 순간 의사 결정을 하며 생활한다.

결단의 순간, 적절한 판단 여부는 우리의 일상생활, 더 나아가 인생의 항로와 방향, 그리고 삶의 질에 직접 영향을 미친다. 텔아비브대학교 로템 카할론(Rotem Kahalon) 교수 연구팀이 2008년 《네이처》에 보고한 실험을 소개할까 한다.

우선, 연구팀은 실험 참여자들에게 '돈을 받을 수 있는' 버튼 A와 B 중 하나를 선택하게 했다. A를 고르면 800원, B를 고르면 600원을 받는다. 그런데 A의 수입은 불확실해서 80퍼센트 확률로밖에 돈을 받지 못한다.

연구팀은 이 규칙을 참여자에게 미리 알려주지 않았다. 그러나 여러 번 같은 일을 되풀이하다 보면 누구나 차츰 규칙을 파악할 수 있게 된다. 사람들은 어떤 선택을 했을까? 대다수 참여자가 A를 선택했다. 약간의 리스크가 있지만, A의 기대치는 640원(=800원×0.8)이니 장기적으로 보면 B보다 수입이 높으리라 예측했기 때문이다.

그런데 여기에 적용되는 논리는 그리 간단하지 않다. 획득 확률을 4분의 1로 줄여보자. A가 20퍼센트, B가 25퍼센트 확률이다. 역시 수치상으로는 A가 고수입을 기대할 수 있지만, 이 경우 A와 B의 선택률은 같아진다.

연구팀은 조건을 다시 변경해보았다. 기존 실험에서는 획득 금액을 모니터에 '수치'로 표시했지만, 이번에는 숫자가 아닌 '점'으로 보여주었다. 연구팀은 한눈에 알 수 있는 숫자 대신 점의 개수로 표시했다. 즉, 800원이면 '80개의 점'이다. 이 경우 설령 A가 80퍼센트, B가 100퍼센트 확률이라도 B를 선택하는 사람이 많아졌다. 왜 그럴까? 점으로 보여주면 수치의 많고 적음을 정확히 판별하지 못해 리스크가 적은 쪽을 선호하기 때문이다. 그렇다면 우리의 선택 '근거'는 어디에 있을까? 이러한 의사 결정 경향은 사람만이 지닌 독특한 습성일까?

텍사스대학교 에바 호프만(Eva Hoffman) 교수팀은 어류부터 포유류까지 척수동물 88종을 대상으로 야심차게 연구를 진행했다. 그들은 각 동물의 유전자 10개가 뇌에서 어떻게 발현되는지 세밀히 비교, 분석했다. 그리고 그 결과를 논문으로 작성하여 《사이언스》에 소개했다. 이 논문을 통해 우리는 종과 상관없이 거의 모든 동물의 유전자가 놀라울 정도로 잘 보존돼 있음을 확인할 수 있다. 이는 4억 5,000만 년 전, 이미 의사 결정에 관여하는 뇌 회로가 충분히 성숙한 상태였다는 뜻이기도 하다.

아직 놀랄 일이 더 남아 있다. 앞의 실험을 주도한 로템 교수는 꿀벌을 대상으로 비슷한 실험을 했다. 그들은 꿀벌에게 돈을 지급할 수는 없는 노릇이라 돈 대신 농도를 바꾼 '설탕물'을 사용했다. 한데 놀랍게도, 꿀벌의 선택 경향성이 사람의 그것을 꼭 빼닮았다는 사실이 밝혀졌다. 즉, 의사 결정은 '고도의 지능'이라기보다는 진화 초기부터 굳건히 현실에 뿌리내리고 존재하며 작동하는 뇌의 주요한 '습성' 중 하나다. 여기서 말하는 의사 선택이란 본능적 직감, 즉 동물적 '감'에 지나지 않는다.

자연계에서는 직감적인 판단이 생명을 좌우할 때가 많다. 사자에게 쫓기는 사슴은 도망치는 방향을 순간적으로 결정한다. 일일이 이론을 따져 숙고할 시간이 없다. 순간적으로 판단을 그르치면 자칫 먹잇감으로 전락하기에 십상이기 때문이다. 야생 세계에서는 순발력과 직감이 뛰어난 동물만 살아남을 수 있기 때문이기도 하다.

길고 냉혹한 자연도태를 거쳐 세련되게 다듬어진 '직감'은 진화적으로 타당성을 보장받는다. 인간은 자신이 다른 동물들은 갖지 못한 대단한 '지성'을 가졌다고 착각하곤 한다. 그러나 인간이 스스로 대단하다고 여기고 자랑스러워하는 직감도 생물 진화의 산물로 보는 것이 타당하다. 그러므로 우리 인간은 자연과 우주 앞에 좀 더 겸손해져야 하며 감사하는 마음을 잊어서는 안 될 것이다.

심리실험 42

직관과 논리는 서로 대립할까?

브리티시 콜롬비아대 제르베 교수의 '개인의 신앙심 측정 실험'

브리티시 콜롬비아대학교 제르베 교수팀의 연구를 소개한다. 다음 질문을 읽고 천천히 대답해보자.

〈문제 1: 상품 A와 B는 총 1,100원. A는 B보다 1,000원 비싸다. B는 얼마일까?〉
〈문제 2: 제조 장치 5대를 5분간 가동하면 제품 5개가 만들어진다. 100대로 100개의 제품을 만들려면 몇 분이 걸릴까?〉
〈문제 3: 하루에 2배로 증식하는 부초가 호수 전면을 뒤덮으려면 48일이 걸린다. 호수 절반을 덮으려면 며칠이 걸릴까?〉

이 문제의 재미는 간단히 직감으로 답을 떠올리는 데 있지만, 그 답이 논리적으로는 틀렸다는 점이다. 정답은 문제 1 – '50원', 문제 2 – '5분', 문제 3 – '47일'이다. 여러분은 몇 개나 맞췄나? 연구팀에 따르면, 앞의 질문에 '100원', '100분', '24일'이라고 대답한 사람은 종교를 가지면 돈독한 신앙심을 보이는 경향이 있다고 한다. 왜 그럴까?

♥

갑작스럽지만, 다음 질문을 읽고 심사숙고한 후 대답해주기 바란다.

> 문제 1: **상품 A와 B는 총 1,100원. A는 B보다 1,000원 비싸다. B는 얼마일까?**
>
> 문제 2: **제조 장치 5대를 5분간 가동하면 제품 5개가 만들어진다. 100대로 100개의 제품을 만들려면 몇 분이 걸릴까?**
>
> 문제 3: **하루에 2배로 증식하는 부초가 호수 전면을 뒤덮으려면 48일이 걸린다. 호수 절반을 덮으려면 며칠이 걸릴까?**

이 문제의 재미는 간단히 직감으로 답을 떠올리는 데 있지만, 그 답이 논리적으로는 틀렸다는 점이다. 정답은 문제 1 – '50원', 문제 2 – '5분', 문제 3 – '47일'이다. 여러분은 몇 개나 맞췄나?

얼마 전 《사이언스》를 읽다가 이 문제를 다룬 흥미로운 기사를 발견했다. 그 기사에 따르면, 앞의 질문에 '100원', '100분', '24일'이라고 대답한 사람은 종교를 가지면 돈독한 신앙심을 보이는 경향이 있다고 한다. 이는 브리티시 콜롬비아대학교 제르베(Gervais) 교수팀의 연구다.

나는 지금 이스라엘 하이파(Haifa)라는 도시에서 이 원고를 쓰고 있다. 뇌 연구 세미나에 초빙받아 여기까지 왔다. 이스라엘은 최첨단 과학 분야에서 최신 연구를 이끄는 과학 대국이다. 뇌과학 분야도 예외는 아니어서 이스라엘의 연구자들이 전 세계적으로 단연 두각을 나타낸다.

한편 이스라엘은 종교 국가로서도 독특한 위상을 차지하고 있다. 유대교를 중심으로 뭉친 국가는 전 세계적으로 이스라엘이 유일하다. 다만 수도 예루살렘은 유대교뿐 아니라 기독교와 이슬람교의 성지이기도 하다. 작년에 예루살렘을 방문했을 때 느꼈던 독특한 긴장감과 유사한 분위기를 아직도 잊을 수가 없다.

과학과 종교. 얼핏 모순되어 보이는 두 측면이 이스라엘에서는 긴밀히 얽혀 있다. 과학에서는 '자연'의 원리를 규명하려고 애쓴다. 현대과학의 원점은 서양에 있다. 그렇다면 서양인들은 왜 자연에 대해 알고 싶어 했을까? 분명 종교적 의도와 밀접한 연관이 있을 것이다. 일신교 교리에 따르면, 이 세상을 창조한 이는 '신'이다. 그 신이 창조한 자연을 이해함으로써 조금이나마 신에게 가까워지려는 마음이 과학에 담겨 있다고 보는 것이다.

그렇다면 과학이란 본래 종교적 행위의 일환이다. 그런데

科学
宗教

코페르니쿠스와 다윈이 활약하는 시대에 들어서면 지동설과 진화론 등 성경과 부합하지 않는 발견이 줄줄이 등장한다. 그러므로 우리는 과학과 종교가 모순된 존재라고 느끼는 게 아닐까?

논리학도 같은 구도에 놓여 있다. 논리학은 인간의 사고를 모방하고 그 유형을 해석하기 위해 만들어진 학문이다. 그러나 논리적 사고를 너무 철저하게 추구하다 보면 사람의 직관과 모순되는 부분이 필연적으로 불거지게 마련이다. 이것이 직관과 논리가 대립하는 것처럼 보이는 이유다.

앞에 소개한 논문에서 제르베 교수 연구팀은 '논리적 사고는 종교 이탈을 촉진한다'고 주장한다. 나름대로 일리가 있는 주장이다. 그렇다면 논리와 종교 중 어느 쪽이 좀 더 사람다울까? 나는 이 질문에 오답을 말하기 쉬운 사람이 좀 더 자연스러운 뇌를 가진 사람이라고 생각한다. 오히려 그 부분에서 인간다운 '온기'를 느낀다. 이스라엘에 와서 저명한 과학자들이 대부분 종교에 열광한다는 사실을 접하고, 사람에게 병존하는 냉철함과 따스함을 동시에 느꼈다. 더불어 이런 생각도 했다. '과학과 종교, 직관과 논리는 절대로 서로 상반되거나 배척하는 요소가 아니다'라고.

심리실험 43

사람이 죽으면 마음은 어떻게 될까?

퀸즈대 베링 교수의 '사후 세계관 조사 실험'

'우리가 죽으면 마음은 어떻게 될까?' 캐나다 퀸즈대학교 베링 교수 연구팀은 사후 세계관에 대한 재미난 실험을 했다. 그들은 악어가 쥐를 잡아먹는 장면을 그린 그림을 미취학 아동들에게 보여주었다. 그런 다음, 쥐가 어떻게 되었을지 진지한 얼굴로 물었다. 아이들은 쥐가 신체적으로 죽었으므로 '앞으로는 살기 위해 먹을 필요가 없다'는 사실을 명확히 이해했다. 그런데도 "쥐는 아직 배가 고플까?"라고 묻자, "네"라고 대답했다.

이처럼 사람은 신체의 죽음을 인지할 수 있지만, '몸이 죽은 뒤에도 마음은 계속 살아서 이어진다'고 믿는 경향이 있다. 고등교육을 받기 전인 아동들을 유심히 관찰해보면 이러한 경향성이 드러난다. 다양한 문화와 문명에서 보편적으로 볼 수 있는 선천적 경향이라고 연구팀은 추측한다.

저자는 이러한 사고 습관이야말로 '마음과 몸은 별개'라는 심신이원론의 근원이라고 믿는다. 마음과 뇌를 동일시해야 할까, 다른 기원으로 추정해야 할까.

♥

'우리가 죽으면 마음은 어떻게 될까?' 누구나 살면서 한 번쯤 생각해보는 주제가 아닐까? 물론, 이 질문에 관한 대답에는 개인의 '종교관'이 관여한다.

인류사를 거슬러 올라가 보자. 종교는 언제 시작되었을까? 고고학자들의 연구 결과에 따르면, 유물이 남아 있는 가장 오래된 유적지로 이스라엘 카프제(Qafzeh) 동굴을 꼽을 수 있다. 자그마치 9만 5,000년 전 유적이다. 다만 이 유적은 시신을 장식해 매장했다고는 하나, 과연 실제로 '장례식'을 치렀는지는 정확히 알 길이 없다.

종교에는 특정한 추상적 상징이 있어야 한다. 이런 의미에서 프랑스와 독일 유적에서 발견되는 3만 년 전 반인반수상과 벽화는 눈여겨볼 가치가 있다. 실제로 존재하지 않는 대상을 만들어내는 상상력은 종교의 원형이 되었을 가능성이 크기 때문이다.

그러나 여기에는 주의도 필요하다.

"사람이 있는 곳에 반드시 종교가 있다"라는 말이 있지만, 종교의 보편성에 대한 부정적인 견해도 적지 않다. 프리랜서 연구자로 유명한 그레고리 S. 폴(Gregory S. Paul)은 "수렵계 민족에서 종교관은 최소한으로 나타나며, 신이나 내세를 믿지 않는 사람도 드물지 않다. 지금도 프랑스나 스웨덴, 덴마크 등에서는 일반적인 경향이다"라고 말한다.

뇌 연구계에서는 종교를 어떻게 파악할까? 신의 존재를 떠올리는 순간의 뇌 활동을 측정하면 '방사 아래전두이랑'이라는 부분이 활동한다는 사실을 알 수 있다. 방사 아래전두이랑은 '마음 이론'에 관여하는 뇌 부위로 알려져 있다.

캐나다 퀸즈대학교 제시 베링(Jesse Bering) 교수 연구팀은 사후 세계관에 대한 재미난 실험을 했다. 그들은 악어가 쥐를 잡아먹는 장면을 그린 그림을 미취학 아동들에게 보여주었다. 그런 다음, 쥐가 어떻게 되었을지 진지한 얼굴로 물었다. 아이들은 쥐가 신체적으로 죽었으므로 '앞으로는 살기 위해 먹을 필요가 없다'는 사실을 명확히 이해했다. 그런데도 "쥐는 아직 배가 고플까?"라고 묻자, "네"라고 대답했다.

이처럼 사람은 신체의 죽음을 인지할 수 있지만, '몸이 죽은 뒤에도 마음은 계속 살아서 이어진다'고 믿는 경향이 있다. 고등교육을 받기 전인 아동들을 유심히 관찰해보면 이러한 경향성이 드러난다. 다양한 문화와 문명에서 보편적으로 볼 수 있는 선천적 경향이라고 연구팀은 추측한다.

나는 이러한 사고 습관이야말로 '마음과 몸은 별개'라는 심신이원론의 근원이라고 믿는다. 마음과 뇌를 동일시해야 할까, 다른 기원으로 추정해야 할까. 이른바 '일원론 vs. 이원론' 논쟁은 오랜 옛날부터 중요한 논쟁이었으며, 아직 결론이 나지 않았다. 아니, 앞으로도 영원히 해결할 수 없을지 모른다.

애초에 '마음'에는 2가지 측면이 있고, 이를 혼동하면 논의가 순식간에 미궁으로 빠져든다. 영어로 표현하자면, '마인드(mind)'와 '소울(soul)'로 대응하는 2가지 측면이다. '마인드'는 학습과 경험으로 변화하는 부분이다. 반면 '소울'은 변하지 않는 그 무언가다. '영혼'이라고 불러도 좋다.

종교적 감성의 산물이 '소울'이 아닐까. 한편 '마인드'는 타인을 의인화하는 과정에서 싹튼 마음의 다른 모습일 수 있다. 마인드는 죽음과 더불어 사라지지만 소울은 남는다. 이렇게 생각하면, 첫머리에 나왔던 "우리가 죽으면 마음은 어떻게 될까?"라는 질문도 '심신이원론'적으로 물을 것이 아니라 '심혼신삼원론(心魂身三元論)'으로 바라보아야 타당하지 않을까.

내가 죽은 이후에도 나의 '소울'이 지구 위에 남아서 내가 좋아하고 사랑하는 이들과 함께 살아간다고 생각하니 묘한 기분이 든다.

심리실험 44

'의지'는 뇌가 행동을 결정한 일에 대한 단순한 '추인'이다?

독일 율리히 연구소 호프스태터 박사의 "무엇'과 '언제'의 뇌 활동 연구 결과'

독일 율리히 연구소 호프스태터 박사 연구팀은 오랜 실험과 심층 연구를 통해 몸을 움직이기 전 보조운동 영역이 활동을 시작한다는 사실을 발견했다. 이른바 '준비 활동'이다. 이후 1983년에 이 준비 활동이 행동을 시작하기 전뿐 아니라 '시작하자'고 느끼기 전에 생긴다는 사실을 보고했다. 이러한 연구로 '의지'는 이미 뇌가 행동을 결정한 일에 대한 단순한 '추인'이며, 진정한 의미에서의 '자유 의지'가 아니라는 사실이 밝혀졌다.

사람들은 '자유는 미래를 향해 열려 있다'고 생각하는 경향이 있다. 자유는 늘 '후기'처럼 우리 뒤에 따라붙는다는 사실을 알 수 있다. 행동한 결과가 자신의 '의도'와 일치해야만 비로소 되돌아보며 '생각대로 풀렸다'고 자유를 확인할 수 있다. 행동하지 않는 한 자유로운지 아닌지 정확히 알 방법이 없다. 결국, 자유는 미래 지향적인 의지가 아니라 한없이 과거 지향적인 현상이다.

♥

인간 사회는 '자유'를 전제로 성립한다. 자유롭게 발언하거나, 자유롭게 상품을 구매하거나, 자유롭게 여행한다. 자유롭게 식당에서 자신이 좋아하는 음식을 주문하고, 쉬고 싶을 때는 자유롭게 회사에 휴가를 신청한다. 물론 자유와 책임은 떼려야 뗄 수 없는 불가분의 관계다. 현실에서는 다소 제약이 따르지만, 우리의 자유는 본질적으로 보장된다.

가장 흔한 사례를 들자면, 누군가가 "손을 들어주세요"라고 요청할 때 오른손을 들건 왼손을 들건 그것은 완전한 개인의 자유다. 그뿐만이 아니다. 오른손 왼손 어느 쪽도 아닌, 일부러 손을 들지 않는 선택지도 가능하다.

런던대학교 패트릭 해가드(Patrick Haggard) 교수는 이와 같은 '의지'는 본질적으로 다원적이며, 적어도 3가지 요소가 관여한다고 지적한다. 첫째, '무엇(what)'이다. 앞에서 소개한 손을 드는 예로 말한다면, 오른손이냐 왼손이냐다. 둘째, '언제(when)'다. 손을 드는 시기를 자신이 결정할 수 있다. 셋째, '그러든가 말든가(whatever)'다. 손을 들거나 들지 않거나 아무 상관없다는 얘기다.

이 중에서는 '그러든가 말든가'가 가장 이질적이다. 타인을 온전히 관찰할 수도, 정확히 파악할 수도 없기 때문이다. 손을 들지 않는다면 '손을 들자'라는 의지가 생기지 않아서라거나 '들지 않겠다'는 의지가 있어서라고 자기 자신에게 물어보기 전에는 알 수 없다. 그러므로 의사 결정 연구자들은 대체로 좀 더 간단한 문제인 '무엇'과 '언제'라는 2가지 요소에 집중해 자유 실험을 진행한다.

독일 율리히 연구소(Forschungszentrum Jülich) 호프스태터(Hoffstaedter) 박사 연구팀은 《대뇌피질(Cerebral Cortex)》이라는 학술지에 '무엇'과 '언제'의 뇌 활동 연구 결과를 발표했다. 이 연구에서 '무엇'을 결정할 때는 보조운동 영역(Supplementary Motor Area)과 전운동 영역(Premotor Area)이, '언제'를 결정할 때는 보조운동 영역과 함께 섬 피질(Insular Cortex)과 기저핵이 활동한다는 사실이 밝혀졌다. 두 요소에서 공통으로 활동이 관찰되는 보조운동 영역이 '자유'의 열쇠를 쥐고 있다고 추정된다.

보조운동 영역에는 예전부터 알려진 유명한 현상이 있다. 1965년, 호프스태터 박사는 몸을 움직이기 전 보조운동 영역이 활동을 시작한다는 사실을 발견했다. 이른바 '준비 활동'이다. 이후 1983년에 이 준비 활동이 행동을 시작하기 전뿐 아니라 '시작하자'고 느끼기 전에 생긴다는 사실을 보고했다. 이러한 연구로 '의지'는 이미 뇌가 행동을 결정한 일에 대한 단순한 '추인(追認)'이며, 진정한 의미에서의 '자유 의지'가 아니라는 사실이 밝혀졌다.

그렇다면 무의식의 준비 활동은 어떻게 시작될까? 프랑스 국립위생 의학연구소의 슈거(A. Schurger) 박사는 《미국 과학원 회보》에 발표한 논문에서 "준비 활동은 단순한 뇌의 흔들림이다"라고 주장했다. 이것을 풀어서 설명하면, 자유란 '자신의 의사로 행동했다'고 희열을 느낄 뿐인 일종의 환각이라고 주장한다.

사람들은 '자유는 미래를 향해 열려 있다'고 생각하는 경향이 있다. 그러나 곰곰이 따져보면, 자유는 늘 '후기'처럼 우리 뒤에 따라붙는다는 사실을 알 수 있다. 행동한 결과가 자신의 '의도'와 일치해야만 비로소 되돌아보며 '생각대로 풀렸다'고 자유를 확인할 수 있다. 반대로, 의도와 일치하지 않으면 자유롭지 않았음을 알 수 있다. 즉, 행동하지 않는 한 자유로운지 아닌지 정확히 알 방법이 없다. 결국, 자유는 미래 지향적인 의지가 아니라 한없이 과거 지향적인 현상이다.

자유 의지의 정체를 알고 나니, 이 책을 끝까지 '읽겠다'고 마음먹은 독자 여러분의 '자유 의지'에 무한히 감사하는 마음이 샘솟는다. 설령 내 감사 '의도'가 뇌 활동의 단순한 추인에 지나지 않을지라도 말이다.

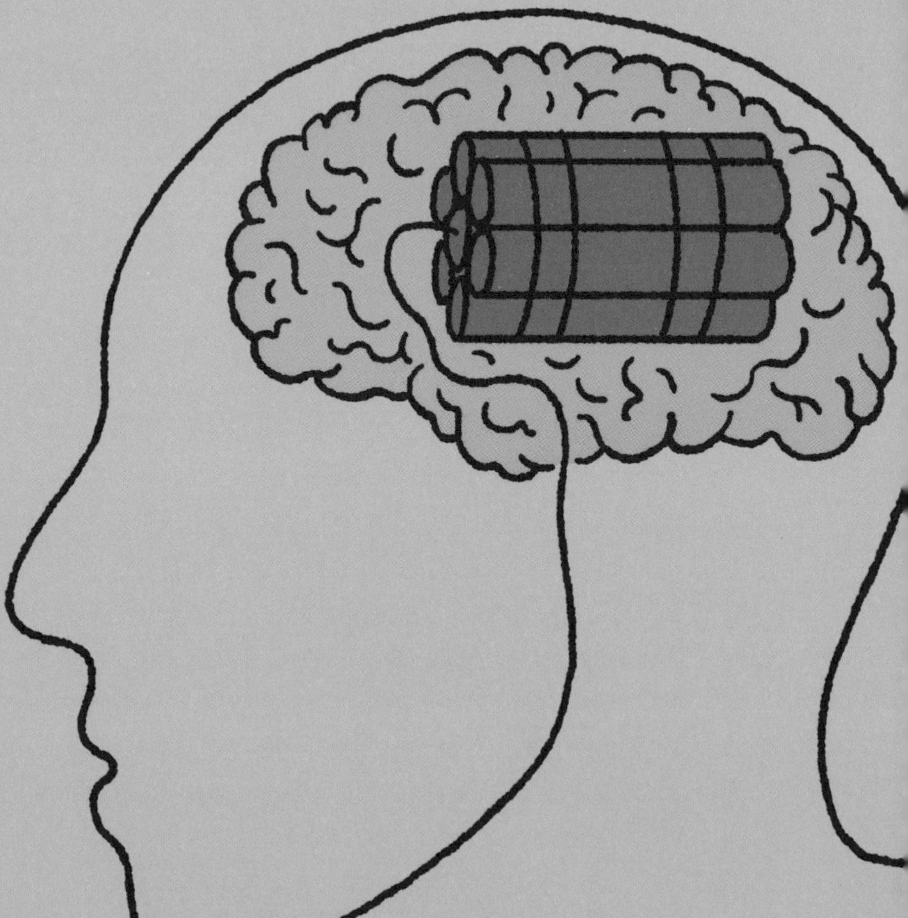

CHAPTER

4

인간이 지금보다 더 똑똑해질 수 없는 이유

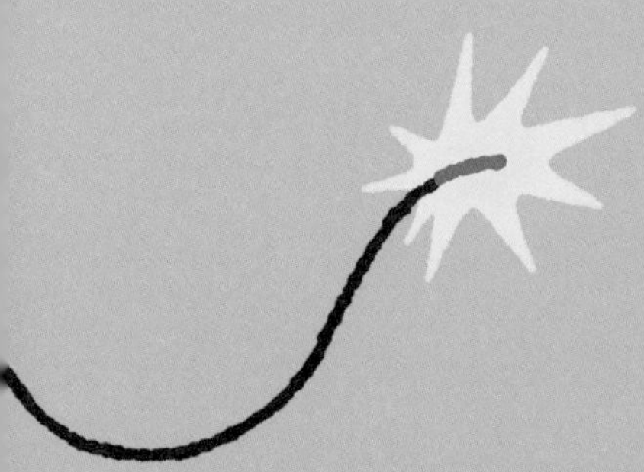

심리실험 45

언어 능력이 발달하면 예술 재능이 사라진다고?

플린더스대 영 교수의 '전두측두엽 마비 실험'

과학자들은 자폐증을 가진 사람이 뛰어난 능력을 발휘하는 순간의 뇌 활동을 측정했다. 그 결과, 정상적인 사람과는 확연히 다른 뇌 영역이 활동한다는 사실을 밝혀냈다. 뇌의 어느 부위에 이런 재능이 숨어 있을까? 시각 연구자 슈나이더 박사는 전두측두엽이 언어와 개념을 관장하는 뇌 영역에 속해 있다는 사실에 주목했다. 그 연장선에서 그는 '언어가 초인적 능력을 발휘하지 못하도록 억제하는 역할을 할 가능성이 있다'고 추정했다.

플린더스대학교 영 교수팀은 이 가설을 검증했는데, 무모하게도 건강한 사람 뇌로 실험했다. 연구팀은 강력한 자기 자극 장치로 피실험자의 전두측두엽을 마비시켰고, 당연하게도 언어 능력을 상실했다. 놀랍게도 이후 기억력과 그림을 그리는 능력, 계산 능력이 모두 눈에 띄게 향상했다. 그러나 흥미롭게도, 이 능력은 반짝하고 나타났다가 언어 마비가 회복되자마자 평범한 수준으로 돌아갔다. 이유가 뭘까?

♥

서번트 증후군(Savant Syndrome)이라는 말을 누구나 한 번쯤 들어본 적 있을 것이다. 지적 장애, 특히 자폐증 환자가 이따금 천재적 능력을 발휘하는 증상을 의미하는 용어다. 서번트 증후군은 나디아라는 천재 소녀 화가의 사례로 유명해졌다.

유아기에 나디아는 평범한 여자아이처럼 보였다. 부모가 나디아의 이상 증상을 알아차리고 그녀가 평범하지 않다고 확신한 시기는 두 돌 무렵이었다. 나디아는 다른 사람과 눈을 마주치지 못했다. 부모가 활짝 웃는 얼굴로 말을 걸어도 반응을 보이지 않았다. 언제나 동작이 어딘가 굼떴다. 온종일 같은 놀이를 질리지도 않고 하고 또 했다. 종이를 찢는 단순한 행동을 몇 시간씩 반복하기도 했다.

나디아가 3~4세 되었을 무렵의 일이었다. 누가 가르치지 않았는데, 나디아는 펜을 잡더니 신들린 듯 그림을 그리기 시작했다. 놀랍게도, 그녀의 그림 실력은 평범한 또래 아이들의 수준을 훨씬 넘어섰다. 지금 내 앞에 나디아가 그린 말 그림이 있다. 과연 그림을 정식으로 배운 어른이 그렸다고 해도 누구나 고개를 끄덕일 정도로 정밀하고 완벽에 가까운 묘사다.

나디아의 그림 그리기 스타일은 일반적인 화가들과는 사뭇 달랐다. 보통은 윤곽부터 그린 다음 세부를 채워 나가는 방식으로 그리는 데 반해, 나디아는 다리와 말갈기, 마구 등의 세부 요소를 따로따로 그린 다음 마지막에 선을 그리고 서로 잇는 방식으로 그렸다. 약동감 넘치는 말 그림의 모든 세부 작업을 나디아는 눈으로 보지 않고 오로지 기억에 의지해 완성했다.

안타깝게도, 대단한 예술적 재능을 발휘했던 나디아는 실생활에서는 말 한마디 제대로 하지 못하고 다른 사람과 기본적으로 소통하는 일도 어려워했다. 이와 비슷한 사례는 우리 주위에 차고 넘친다. 영화 〈레인맨〉에서 더스틴 호프만이 연기한 레이먼드도 실제 인물을 모델로 만들어진 인물이다. 조셉은 경이로운 계산 능력을 발휘했다. 그의 형이 피아노 연습하는 소리를 듣고 그 자리에서 형보다 뛰어난 피아노 연주를 선보인 일도 있다. 그때까지 단 한 번도 피아노 건반을 두드려본 적 없는데 말이다. "2062년 3월 19일은 무슨 요일일까?"라는 갑작스러운 질문을 받고 순식간에 계산해 대답하기도 했다.

참고로, 자폐증이나 지적 장애라고 해서 누구나 천재적 능력을 발휘하는 건 아니다. 사실, 특수한 재능을 발휘하는 사례는 자폐증을 가진 열 사람 중 한 명 정도 비율로 희귀하게 나타난다.

과학자들은 자폐증을 가진 사람이 뛰어난 능력을 발휘하는 순간의 뇌 활동을 측정해보았다. 그 결과, 정상적인 사람과는 확연히 다른 뇌 영역이 활동한다는 사실을 밝혀냈다. 동시에 전두측두엽(Frontotemporal Lobar) 활동은 저하된다. 전문가들은 이 전두측두엽이 열쇠를 쥐고 있는 것으로 추정한다. 실제로, 이 뇌 부위에 장애가 생기면 번개를 맞은 듯 그림이나 음악 재능에 갑자기 눈 뜨는 사람이 있다. 머리에 야구공을 맞은 뒤부터 경이로운 기억력을 보여준 10세 소녀의 사례도 소개된다. 즉, 자폐증 환자가 아닌 평범한 사람도 모종의 계기로 상식을 초월한 능력을 드러내 보일 가능성이 있다.

그렇다면 뇌의 어느 부위에 이런 재능이 숨어 있을까? 시각 연구자 슈나이더 박사는 전두측두엽이 언어와 개념을 관장하는 뇌 영역에 속해 있다는 사실에 주목했다. 그 연장선에서 그는 '언어가 초인적 능력을 발휘하지 못하도록 억제하는 역할을 할 가능성이 있다'고 추정했다. 나디아는 어눌하지만, 다른 사람과 어느 정도 소통이 가능한 수준의 언어 능력은 가지고 있었다고 한다. 이는 성장 과정에 특수교육을 받은 덕분이었다. 한데, 놀랍게도 언어 능력이 발달함과 동시에 그림 재능이 거짓말처럼 사라져버렸다.

슈나이더 박사의 가설은 기발해 보인다. 오스트레일리아

의 남부 도시 애들레이드에 있는 플린더스대학교(Flinders University) 개빈 영(Gavin Young) 교수팀이 이 가설을 검증했다. 연구팀은 건강한 사람의 뇌로 실험했다. 건강한 사람의 뇌로 실험을 하다니, 무모한 도전이 아닐 수 없었다. 연구팀은 강력한 자기 자극 장치로 피실험자의 전두측두엽을 마비시켰다. 사람은 마비 상태에서 말을 하지 못한다. 아무튼, 놀랍게도 이후 기억력과 그림을 그리는 능력, 계산 능력이 모두 눈에 띄게 향상했다. 비록 17명 중 5명이라는 비교적 낮은 확률이기는 하지만 말이다. 흥미롭게도, 이 능력은 반짝하고 나타났다가 언어 마비가 회복되자마자 평범한 수준으로 돌아갔다.

언어가 잠재력을 봉인하고 있다는 얄궂은 인과관계를 알고 나니 묘한 기분이 든다. 그럼에도 불구하고 내 뇌에도 천재적인 재능이 잠들어 있을지 모른다고 상상하니, 유쾌한 기분이 샘솟는 것 같기도 하다.

심리실험 46

잠자는 동안 뇌 활동을 관찰하여 어떤 꿈을 꾸는지 알아맞힐 수 있다고?

ATR 뇌 정보 연구소 유키야스 박사의 '뇌 활동과 꿈 관계 연구'

ATR 뇌 정보 연구소의 가미타니 유키야스 박사 연구팀은 뇌가 다양한 영상에 어떻게 반응하는지 측정해 잠자는 동안 뇌 활동으로 어떤 꿈을 꾸는지 알아맞힐 수 있다는 가설을 세웠다. 연구팀은 정교하게 고안한 판별 함수를 예측 알고리즘으로 활용했다. 그들은 잠자는 사람을 깨워 무슨 꿈을 꾸었는지 얘기하도록 했다. 연구팀은 정밀한 어휘 분류법을 사용해 체계적으로 내용을 해석했다. 곤히 자다가 깨어난 실험 참여자가 몽롱한 상태에서 잠꼬대하듯 내뱉은 두서없는 소리가 군데군데 섞여 있었기 때문이다.

현시점에서는 꿈을 알아맞힐 수 있는 범위가 20여 종류밖에 되지 않는다. 그것을 특수한 범위로 한정해도 예측률은 최대 70퍼센트 정도다. 그러나 성경의 예언자가 했던 '해몽'이 오늘날 과학의 힘으로 점차 가능해지고 있다는 사실에 묘한 희열을 느낀다.

♥

'사람은 왜 꿈을 꿀까?', 그리고 '우리가 꾸는 꿈에는 어떤 의미가 있을까?' 신경분석을 과학적으로 도입해 정신의학의 기초를 닦은 지그문트 프로이트는 100여 년 전 『꿈의 해석』이라는 책을 통해 이 문제에 정면으로 도전했다.

프로이트는 '꿈'을 정신분석 도구로 활용했다. 그는 "꿈은 심층 심리가 의식으로 드러나는 현상으로, 내용을 분석하면 욕망과 동기 등의 본성을 알 수 있다"고 말했다. 그의 '꿈 이론'은 당대에 엄청난 반향을 불러일으켰다. 그러나 안타깝게도 오늘날에 이르러서는 온전히 지지받지 못하고 있다.

프로이트 하면 조건반사적으로 '꿈'이라는 단어가 떠오른다. 그러나 그가 역사상 최초로 꿈을 분석한 주인공은 아니다. '꿈을 통한 정신분석'의 원류를 살피려면 훨씬 먼 옛날로 거슬러 올라가야 한다.

그 원류 중 하나로, 고대 그리스의 음유시인이었던 호메로스를 꼽을 수 있다. 호메로스는 하나의 영원한 고전이 되어버린 책 『오디세이아』에 "꿈은 본 대로 이루어지는 신기한 작용을 한다"라고 기술했다. 『구약성경』도 '꿈을 통한 정신분석'의 원류가 되는 물줄기로 빼곡하다. 일테면, 『구약성경』에는 꿈속에서 신에게 계시를 받아 개인과 민족의 운명을 결정짓는 중요한 일을 예언하는 내용이 자주 등장한다. 「창세기」에 나오는 요셉은 특히 꿈과 관련이 깊은 인물이다. 실제로 그는 '꿈쟁이 요셉'이라는 별명으로 불릴 정도로 꿈과 떼어놓고 생각하기 어려운 사람이다. 그런 탓에, '해몽의 달인'으로 그려져 프로이트 꿈 해석의 원형으로 여겨지기도 한다.

갑자기 머릿속에 떠오르는 궁금증 하나. '인간 이외의 다른 동물들도 꿈을 꿀까?' 수면 중인 반려동물을 관찰해보자. 개나 고양이 같은 동물들이 잠을 자는 동안 뭔가에 반응하는 듯한 모습을 보일 때가 종종 있다. 동물도 사람처럼 꿈을 꾼다는 방증 아닐까. 나도 집에서 강아지를 한 마리 키우는데, 이 녀석이 이따금 잘 자다가 한 번씩 뜬금없이 짖어대는 바람에 식구들을 모두 깨울 때가 있다. 무서운 꿈이라도 꿨을까? 말이 통하지 않으니 무슨 꿈을 꿨는지 물어볼 수도 없어 답답하다.

나와 비슷한 궁금증을 가진 학자가 쥐의 뇌를 관찰하고 분석하여 동물의 꿈에 관한 한 가지 중요한 실마리를 찾아냈다. 그는 심층 연구를 통해 '쥐도 일종의 꿈을 꾼다'라는 결론을 내렸다. 말하자면, 깨어 있는 동안 경험한 일이 잠에 빠진 상태에서 뇌 활동으로 재생된다는 주장이다. 이 '수면 재생'이 인간의 꿈과 정확히 일치하는지는 알 수 없지만, 사람의 꿈과 유사한 것만은 틀림없어 보인다. 사실 따지고 보면, 사람의 꿈이라는 것도 '과거 기억'의 재생과 다름없기 때문이다.

꿈은 (인간, 혹은 동물의) 뇌 속에서 일어나는 현상이며, 현실에서 보고, 듣고, 냄새 맡고, 만지고, 체험한 다양한 경험이 재료가 된다. 즉, 깨어 있는 동안 경험한 여러 가지 일들이 이리저리 짜깁기되어 꿈으로 나타난다는 거다.

여러분 중에서 혹시 평소 라틴어를 유창하게 말하는 꿈을 꾸어본 사람이 있나? 단언하건대, 매우 드물 것이다. 왜냐하면, 우리 중에 라틴어 학습 자체를 경험한 사람이 많지 않기 때문이다. 꿈이 얼토당토않은 장면을 연속해서 보여주는, 조금 터무니없는 활동인 것처럼 생각될 수도 있지만, 뇌 속에 그 재료가 되는 기본 정보가 없으면 보여줄 수 있는 장면에는 한계가 있을 수밖에 없다. 마찬가지 이유로, 높은 하늘을 자유롭게 훨훨 날아다니는 꿈은 '비상'과 관련된 특수한 경험을 가진 사람이 아닌 한 여간해서 꾸지 않는다.

그렇다. 이 대목이 중요하다. 이 사실을 뒤집어 생각해보면 꿈을 꾸는 사람의 뇌 활동을 정밀 분석하고 역추적하여 그가 어떤 꿈을 꾸는지 알아낼 가능성이 그만큼 커진다는 것을 의미한다.

얼마 전, 이런 방식의 꿈 해독에 성공한 연구가 발표되었다. ATR 뇌 정보 연구소의 가미타니 유키야스(神谷之康) 박사

클리셰 범벅이구만...
감독이 대체 누구야?

연구팀이 《사이언스》에 발표한 논문이 그것이다. 연구팀은 본격 실험에 들어가기 전, 한 가지 가설을 세웠다. 뇌가 다양한 영상에 어떻게 반응하는지 측정해 잠자는 동안 뇌 활동으로 어떤 꿈을 꾸는지 알아맞힐 수 있다는 가설이었다.

연구팀은 정교하게 고안한 판별 함수를 예측 알고리즘으로 활용했다. 그들은 잠자는 사람을 깨워 무슨 꿈을 꾸었는지 내용을 자세히 보고하도록 했다. 연구팀은 정밀한 어휘 분류법을 사용해 체계적으로 내용을 해석했다. 한참 곤히 자다가 깨어난 실험 참여자가 몽롱한 상태에서 잠꼬대하듯 내뱉은 두서없는 소리가 군데군데 섞여 있었기 때문이다.

큰 노력과 최신 기술을 동원해도 현시점에서는 알아맞힐 수 있는 범위가 20여 종류밖에 되지 않는다. 그것을 다시 특수한 범위로 한정해도 예측률은 최대 70퍼센트 정도였다. 정확도를 따지기에는 아직 조금 이른 단계다. 그러나 나는 이번 연구 결과를 접하며, 성경의 예언자가 했던 '해몽'이 오늘날 과학의 힘으로 가능해지고 있다는 사실에 묘한 희열을 느꼈다.

오늘밤, 내가 원하는 대로 꿈을 꿀 수 있다면 '쥐 꿈'을 꾸고 싶다. 꿈속에서 녀석을 만나 이렇게 묻고 싶다.

"너, 어젯밤에 무슨 꿈 꿨니?"

심리실험
47

베토벤이 청력을 상실한 상태에서 '소리'를 자유자재로 다룰 수 있었던 비결

터프츠대 카모디 교수의 '베토벤 난청 원인 조사'

모차르트, 바흐와 함께 세계 음악사를 통틀어 가장 위대한 작곡가 중 한 사람인 베토벤. 잘 알려져 있다시피, 그는 음악가에게는 가장 치명적인 지독한 난청으로 고생했다. 베토벤의 귀 질환을 유발한 인자로는 여러 가지 설이 있다. 그중에서도 터프츠대학교 카모디 교수 연구팀이 세운 가설이 가장 신뢰를 얻고 있다. 연구팀은 염증성 장 질환에서 촉발된 면역 질환이 베토벤의 난청 원인으로 추정된다고 발표했다.

아무튼 놀랍게도, 난청이 진행될수록 베토벤이 작곡한 음악에 고음이 차츰 줄어들다가 거의 완전히 청력을 상실한 후기에 들어서면 오히려 고음 사용 능력이 회복되는 흥미로운 현상을 관찰할 수 있다. 실제 세계의 소리에서 차단된 베토벤은 현실 세계로부터 자유로워질 수 있었고, 그야말로 순수한 '마음의 귀'에 의지해 곡을 써 내려갔던 게 분명하다.

♥

나는 모차르트를 사랑한다. 아무리 들어도 질리지 않아 그의 음악을 틈만 나면 듣고 또 듣는다. 누가 내게 "무인도에 단 한 명 작곡가의 음반만 가지고 갈 수 있다면 누구를 선택하겠는가?"라고 묻는다면 모차르트와 바흐, 베토벤을 두고 잠시 고민하다가 역시 모차르트를 선택할 것 같다.

나는 지금 오스트리아의 도시 잘츠부르크에서 원고를 쓰고 있다. 잘츠부르크는 모차르트가 태어난 도시다. 구시가지는 세계유산으로도 지정된 차분한 분위기의 거리다. 남다른 재능의 소유자인 모차르트에게 한적한 지방 도시에 지나지 않았던 잘츠부르크는 성에 차지 않았을 것이다. 그래서인지 모차르트는 25세의 나이에 음악의 수도 빈으로 보금자리를 옮겼다. 그리고 그곳에서 재능을 활짝 꽃피워 수많은 걸작을 줄줄이 세상에 내놓았다.

위대한 예술을 탄생시키려면 비범한 재능이 필요하다. 이는 누구나 아는 상식이다. 그러나 그 재능을 발휘할 수 있을지 없을지는 어디까지나 환경에 달려 있다. 환경은 사람 안에서 예술적 재능이 꽃피우도록 자극하는 호르몬 같은 것이라고 할 수 있다. 모차르트에게 빈이라는 도시 환경뿐 아니라 어머니의 죽음, 결혼과 가난 등의 인생사도 중요한 자극 인자로 작용했으리라 짐작된다. 실제로 인생에서 굵직한 사건이 벌어질 때마다 그는 음악적 완성도를 눈부시게 끌어올렸고, 만년에 이르러서는 더는 오를 수 없는 절정의 경지에 이르렀다.

이 점에서는 베토벤도 마찬가지다. 그 또한 자신을 둘러싼 환경의 영향을 강하게 받은 작곡가로 꼽을 수 있다. 독일 도시 본에서 태어난 베토벤도 21세의 나이에 빈으로 삶의 터전을 옮겨 재능을 꽃피웠다. 그러던 어느 날, 작곡가로서 이례적인 환경 변화가 그에게 일어났다. 마른하늘에 날벼락처럼 난청이 찾아온 것이다. 불과 20대 후반의 일이었다.

베토벤의 귀 질환을 유발한 인자로는 여러 가지 설이 있다. 그중에서도 터프츠대학교(Tufts University) 카모디(Karmody) 교수 연구팀이 세운 가설이 가장 신뢰를 얻고 있다. 연구팀은 염증성 장 질환에서 촉발된 면역 질환이 베토벤의 난청 원인으로 추정된다고 발표했다.

베토벤은 30세의 나이에 의사 프란츠 베겔러(Franz Wegeler)에게 보낸 편지에서 "악기와 가수의 고음부가 들리지 않는다"라고 귀 이상을 호소했다. 그리고 이듬해에는 유서를 작성해야 할 정도로 상태가 나빠졌다.

누구나 짐작하듯, 귀 질환으로 고생하던 베토벤의 작품 특성에 큰 변화가 나타났다. 이 점에 대해 네덜란드 암스테르담 대학교 사센티(Saccenti) 교수팀이 흥미로운 해석을 내놓았다. 베토벤의 작품 특성은 크게 초기, 중기, 후기의 3기로 나누어진다. 연구팀은 이 변화가 귀 질환 진행과 절묘하게 일치한다고 주장한다. 그들은 베토벤이 작곡한 수많은 곡 중에서 16곡으로 이루어진 현악사중주 곡을 해석했다. 베토벤은 일생을 쏟아부어 현악사중주 곡을 작곡했다. 그러므로 현악사중주 곡들은 그의 작품 특성 변화를 추적할 수 있는 최상의 재료로 여겨진다.

연구팀은 베토벤이 높은음을 어느 정도 사용했는지 조사했다. 초기만 해도 난청이 막 시작되던 시기라 아직 고음을 빈번히 사용했다. 악보에서 평균 8퍼센트를 고음이 차지하는 것으로 확인되었다. 그런데 난청이 상당히 많이 진행된 중기에 접어들면 고음이 현격히 감소한다. 2퍼센트 이하로만 나타나는 곡이 있을 정도다. 아마 이 시기 베토벤에게는 고음이 들리지 않았던 게 아닐까.

놀랍게도, 베토벤이 거의 완전히 청력을 상실한 후기에 들어서면 오히려 고음 사용 능력이 회복되는 흥미로운 현상을 관찰할 수 있다. 실제 세계의 소리에서 차단된 베토벤은 현실 세계로부터 자유로워질 수 있었고, 그야말로 순수한 '마음의 귀'에 의지해 곡을 써 내려갔던 게 분명하다.

화가 중에서 고흐나 터너는 붉은색을 인식하지 못하는 색약으로 알려져 있다. 그들의 그림에서 붉은색이 거의 사용되지 않은 것도 그런 이유에서다. 그러나 그들도 일단 붉은색을 그림에 사용할 때는 누구 못지않게 능수능란하게 다루었다. 그 덕분에 오늘날 우리는 세기의 걸작을 감상할 수 있는 복을 누리는 것이다.

예술가는 장애를 원동력으로 삼아 위대한 예술 작품을 세상에 내놓는다. 아마도 그들 안에 내재한 '동경'과 '갈망'이 예술을 꽃피우는 근원적 힘이 되는 게 아닐까 생각하며 오늘도 나는 모차르트의 음악에 심취한다.

심리실험 48

게임에 빠진 사람이 게임을 안 하는 사람보다 인지력·집중력이 더 뛰어나다?

제네바대 바벨리어 교수의
'비디오게임이 뇌에 미치는 영향 조사'

제네바대학교 다프네 바벨리어 교수는 자주 게임을 하는 사람과 그렇지 않은 사람의 다양한 능력을 비교했다. 그 결과, 흥미롭게도 일반적인 예상과 달리 게임을 하는 사람이 다양한 방면에서 좋은 성적을 얻었다. 예를 들어 대비가 불명료한 줄무늬를 0.5초간 보여주고 줄무늬 방향을 알아맞히는 실험을 했는데, 평소 게임을 즐긴 사람의 정답률이 30퍼센트 정도 더 높았다. 특히, 액션 게임을 즐기는 사람에게 이러한 경향이 좀 더 뚜렷이 나타났다고 한다.
바벨리어 교수는 추가 실험을 했는데, 그 결과 액션 게임의 효과가 비록 제한적이지만 몇 가지 영역에서 확실한 향상이 이루어졌다. 예를 들면, 여러 가지 임무를 동시에 수행하는 '다중작업 능력', 머릿속으로 입체 도형을 적절히 회전시키는 '공간 처리 능력', '수학 능력' 등이다.

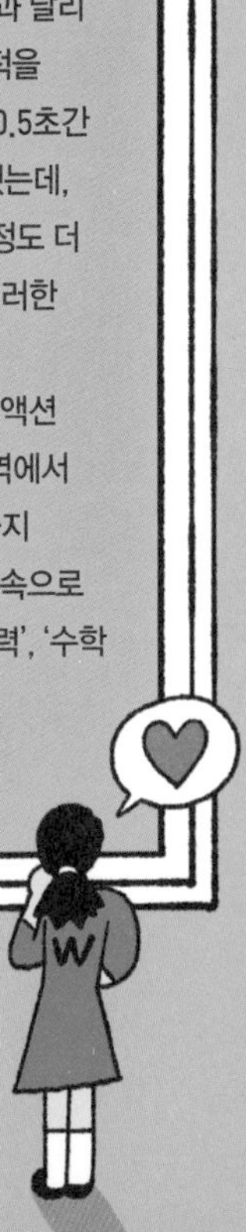

♥

스페인의 도시 바르셀로나에 왔다. 유럽 신경과학회에 참가하기 위해서다. 2년에 한 번 개최되는 대회로, 전 세계 뇌과학자들이 최신 연구 결과를 발표하고 정보를 공유한다. 이번 학회에서 특히 주목할 만한 행사는 스위스 제네바대학교 다프네 바벨리어(Daphne Bavelier) 교수의 특별 강연이다. 바벨리어 교수는 비디오게임과 뇌과학 연구를 접목한 연구자로 유명하다. 그는 재치 넘치는 프레젠테이션에서 흥미로운 자료를 발표했다. 그중 일부를 여기에 소개한다.

오늘날 게임 보급률을 고려하면 비디오게임이 뇌에 미치는 영향을 조사하는 연구는 매우 중요하다. 유럽 선진국에서는 학교에 다니는 아동의 90퍼센트가 일상적으로 비디오게임을 즐긴다는 조사 결과도 나와 있다. 게임은 아이들의 전유물이 아니다. 실제로, 성인을 대상으로 한 설문조사에서 무려 70퍼센트(평균 연령 33세)가 게임에 관심 있다고 답했다.

바벨리어 교수는 자주 게임을 하는 사람과 그렇지 않은 사람의 다양한 능력을 비교했다. 어떤 결과가 나왔을까? 흥미롭게도, 일반적인 예상과 달리 게임을 하는 사람이 다양한 방면에서 좋은 성적을 얻었다. 예를 들어 대비가 불명료한 줄무늬를 0.5초간 보여주고 줄무늬 방향을 알아맞히는 실험을 했는데, 평소 게임을 즐긴 사람의 정답률이 30퍼센트 정도 더 높았다. 특히, 액션 게임을 즐기는 사람에게 이러한 경향이 좀 더 뚜렷이 나타났다고 한다. 다만 이 실험만으로는 게임을 한 덕분에 영상 판별 능력이 향상된 것인지, 아니면 원래 영상 판별 능력이 뛰어난 사람이 게임을 잘해서 거기에 빠지기 쉬운 건지 인과관계는 분명하지 않다.

바벨리어 교수는 먼저 실험에 참여한 젊은이들을 무작위로 두 개의 그룹으로 나누었다. 그런 다음 한쪽 그룹에는 액션 게임을, 다른 한쪽 그룹에는 테트리스나 성장형 게임 같은 일반적인 게임을 하게 했다. 그는 실험 참여자들에게 매일 한 시간씩, 총 50일 동안 게임을 하는 과제를 내주었다. 50일 후 어떤 결과가 나왔을까? 예상대로, 액션 게임 그룹의 동체 시력과 시각 판단력이 월등히 높아졌다. 게다가 놀랍게도 그 효과가 훈련 후 1년 넘게 유지되었다. 이쯤 되면 '게임은 무조건 해롭다'라는 본능에 가까운 통념이 와장창 깨질 만하지 않은가! 우리 주위에는 '게임을 하면 눈이 나빠진다'고 걱정하는 사람이 많지만, 알고 보면 오히려 정반대였던 셈이다.

그러고 보니, '어두운 방에서 글자를 읽으면 근시가 된다'는 근거 없는 주장이 나돌던 시절도 있었다. 물론 지금은 받아들여지지 않는 낭설에 지나지 않는 주장이다(그 주장이 사실이라면 영화관은 눈 건강을 위해서라면 발도 들이지 말아야 할 최악의 공간이다!). 아무튼, 눈 피로와 시력은 직접적인 관계가 없다.

그렇다면 시력에 가장 큰 영향을 미치는 인자는 무엇일까? 부모가 지닌 특성이 자식에게 전해지는 현상, 즉 '유전'이다. 안경 착용이나 시력 교정을 위한 각종 레이저 수술은 눈에 들어가는 빛의 경로를 교정하는 방법의 하나다. 게임은 대뇌피질을 교정하는 효과가 있는데, 그 효과를 정확히 측정할 수는 없다.

액션 게임의 효과가 비록 제한적이지만, 테스트한 결과 몇 가지 영역에서 확실한 향상이 이루어졌다. 예를 들면, 여러 가지 임무를 동시에 수행하는 '다중작업(multitasking) 능력', 머릿속으로 입체 도형을 적절히 회전시키는 '공간 처리 능력', '수학 능력' 등이다.

바벨리어 교수는 2가지 효과를 특히 눈여겨보아야 한다고 강조한다. 첫째, '학습 속도'다. 가령 앞에 소개한 시험에서 게이머는 단순히 좋은 점수를 받은 게 아니라 이해력이 높아졌고, 습득 속도와 결단도 빨라졌다. 둘째, '주의 억제력'이다. 뇌 활동을 자세히 관찰하면 이 점을 좀 더 명확히 알 수 있다. 연구팀은 집중력이 흐트러지는 상황을 일부러 연출해 뇌 활동의 안정성을 세밀히 측정했다. 그 결과, 평소 게임을 하지 않는 사람은 뇌의 여러 부위가 동시에 활동했다. 반면,

게임을 즐기는 사람은 두정엽 등의 특정 부위만 원활하게 활동하므로 주위 소음에 휩쓸리지 않았다.

이처럼 게임에는 폭넓은 효과가 있다. 바벨리어 교수는 '약시 재활 훈련, 파일럿과 군대 및 외과 전문의 훈련, 노화 방지, 초등교육에 응용하고 싶다'는 포부를 밝혔다. 신나게 즐기며 능력을 개발할 수 있는 학습이라면 언제든 두 팔 벌려 환영할 일이다.

제네바대학교 바벨리어 교수의 '비디오게임이 뇌에 미치는 영향'에 관한 연구가 자칫 게임 만능주의라는 과도한 일반화로 나아가지 않기를 바란다. 모든 일이 그러하듯, 게임 역시 그 특성을 제대로 이해하고 부작용을 최소화해가며 지혜롭게 활용할 때 우리 삶에 도움이 된다는 사실을 잊지 말아야 할 것이다.

심리실험 49

반려견과 대화할 수 있는 날은 과연 올까?

바르셀로나대 슬레이터 교수의 '가상현실을 응용한 가상공간 안에서의 사람과 쥐의 교류 실험'

바르셀로나대학교 슬레이터 교수팀은 '가상현실'을 응용해 가상공간 안에서 사람과 쥐가 교류한다는 설정으로 실험했다. 연구팀은 가정용 게임보다 진화한 VR 장치를 사용했다. 이 가상공간 안에서 아바타(자신의 분신이 되는 캐릭터)를 조종하고 자유자재로 행동할 수 있다. 방 안에는 또 한 명의 아바타가 살고 있다. 그 아바타 역시 자유롭게 움직이며 돌아다닌다. 사람의 형상을 하고 있지만, 사실 쥐가 조종하는 캐릭터다. 다른 실험실에서 사육 중인 쥐를 원격으로 모니터해 그 쥐의 움직임에 맞추어 아바타를 움직이는 원리다. 실물 쥐를 사육하는 우리에는 쥐와 거의 같은 크기의 로봇이 놓여 있다. 이 로봇은 반대로 앞에서 소개한 가상공간 안에 있는 인물의 움직임과 연동한다. 연구팀은 이러한 설정을 실험 참여자에게 알려주지 않는다. 이 실험에서 사람과 쥐는 과연 제대로 소통할 수 있었을까?

♥

"멍멍이랑 대화하고 싶어요. 멍멍이들의 언어를 번역해서 대화를 나눌 수 없을까요?"

뇌과학을 주제로 한 일반 공개 세미나에서 나온 초등학교 2학년 여학생의 질문이다. 이 얼마나 깜찍한 질문인가!

사실, 나는 어린 시절부터 무엇이든 살아서 움직이는 생물을 좋아했다. 개나 고양이 같은 동물, 혹은 심지어 곤충과도 대화하고 싶어서 실제로 그런 꿈을 자주 꾸기도 했다. '다른 생물들은 무슨 생각을 하며 살아갈까? 모든 생물과 말이 통한다면 우리 앞에 완전히 새로운 세상이 펼쳐지지 않을까?' 그 시절, 이런 생각을 하며 상상의 날개를 맘껏 펼치곤 했다.

자, 다시 깜찍한 소녀의 질문으로 돌아가자. 내 옆자리에 앉아 있던 뇌 연구자가 말했다.

"정말로 개랑 대화하고 싶어? 무슨 이야기를 하고 싶은데? 멍멍이가 하는 말이라고 해봤자 먹이를 달라거나 산책하러 가고 싶다고 조르는 게 다일 텐데. 자기가 하고 싶은 말만 조잘조잘 떠들고, 이것저것 요구만 많아지겠지. 대화다운 대화가 안 될 거야. 괜히 기분만 나빠지고 하나도 즐겁지 않을 거라고."

있잖아, 어제 저녁에 너 퇴근할 때 달려가서 막 뽀뽀하니까 엄청 좋아하더라? 근데 실은 어제 옆집 복순이랑 점심으로 똥을 먹었거든? 몰랐어? 몰랐어? 정말? 정말? 나 똥 먹었지롱~ 똥 먹었지롱~
싸면서 말하지 마…
차라리 대화가 안 되던 때가 나았을지도……

아이에게 하는 대답치고는 너무 직설적이고 진지해서 엉겁결에 큰소리로 웃고 말았다. 어쨌든 그 말이 현실을 정확히 반영한 판단일 수는 있다.

인간이 아닌 다른 종족과 소통하고 싶다는 소망은 우리 안에 자리한 뿌리 깊은 욕구다. 애니메이션이나 만화에서 동물 캐릭터가 말을 하는 장면도 이러한 소망의 표현이다. 고전 작품『이솝 우화』나『서유기』같은 책에도 의인화된 동물이 주로 등장한다. 일본에서는 교토에 있는 고잔지(高山寺)라는 사찰에 두루마기 형태로 전해 내려오는 작품으로「조수인물희화(鳥獣人物戯画)」라는 이야기를 빼놓을 수 없다. 모두 서로 다른 종족 간 대화에 대한 간절한 소망이 반영된 작품들이라고 할 수 있다.

최근 그런 근원적인 열망을 현실에서 이루기 위한 연구가 진행되었다. 스페인 바르셀로나대학교 멜 슬레이터(Mel Slater) 교수팀이《플러스원》에 발표한 실험이다. '가상현실(VR)'을 응용해 가상공간 안에서 사람과 쥐가 교류한다는 설정이다.

비디오게임을 좋아하는 사람이라면 'VR'이라는 단어가 친숙하게 느껴질 수 있다. 모니터에 투사되는 3차원 공간 안을 탐색하다 보면, 마치 그 공간에 실제로 들어가 있는 것 같은 착각이 든다. 이번 실험에서 연구팀은 가정용 게임보다 진화한 VR 장치를 사용했다. 머리에 푹 뒤집어쓰고 시각과 청각을 완전히 제어해 가상공간에 투사된 방이 현실과 구별할 수 없을 정도로 생생하게 느껴지는 장치다. 이 가상공간 안에서 아바타(자신의 분신이 되는 캐릭터)를 조종하고 자유자재로 행동할 수 있다.

방 안에는 또 한 명의 아바타가 살고 있다. 그 아바타 역시 자유롭게 움직이며 돌아다닌다. 사람의 형상을 하고 있지만, 사실 쥐가 조종하는 캐릭터다. 다른 실험실에서 사육 중인 쥐를 원격으로 모니터해 그 쥐의 움직임에 맞추어 아바타를 움직이는 원리다.

실물 쥐를 사육하는 우리에는 쥐와 거의 같은 크기의 로봇이 놓여 있다. 이 로봇은 반대로 앞에서 소개한 가상공간 안에 있는 인물의 움직임과 연동한다. 연구팀은 이러한 설정을 실험 참여자에게 알려주지 않는다. 물론 쥐도 설마 눈앞의 로봇이 옆방에 있는 사람 머릿속에서 나온 가상의 아바타와 연동한다는 사실을 알 턱이 없다. 즉 서로 각자의 방에서 한쪽은 아바타를 상대로, 다른 한쪽은 소형 로봇을 상대로 마주하는 셈이다.

재미있게도, 방 안에 함께 있는 상태에 익숙해지면 작업 게임을 할 수 있다. 말하자면, 사람과 쥐의 완벽한 공동작업인 셈이다.

현재 내 연구실에서도 사람과 쥐의 뇌를 컴퓨터 매개로 연결해 뇌 속에서 대화를 나누는 실험을 계획하고 있다. 대화에 필요한 언어 장벽이, 생물계의 '종'이라는 장벽이 (일정 조건하에서 부분적이나마) 무너지는 날이 그리 멀지 않았는지 모른다. 그런 꿈 같은 날이 찾아오면 우리 집 '견공'과 마음이 통하는 대화를 나누어보고 싶다.

심리실험 50

인간이 지금보다 더 똑똑해질 수 없는 이유

바젤대 헤르트비히 교수의 '진화의 원리를 밝혀주는 트레이드 오프 이론'

스위스 바젤대학교 헤르트비히 교수 연구팀은 「우리는 왜 지금보다 더 똑똑해질 수 없을까?」라는 제목의 논문을 발표했다. 연구팀은 이 논지의 근거를 '트레이드 오프'에서 찾는다. '트레이드 오프'란 무언가를 얻으려면 반드시 무언가를 잃어야 한다는 개념으로, 진화 과정에서 보편적으로 발견되는 원리다. 예를 들어 사람 키가 3미터쯤 되면 좋을 것 같지만, 심장은 3미터 높이까지 혈액을 밀어 올리지 못할 뿐 아니라 혈액 순환 펌프에 가해지는 힘도 덩달아 높아져 엄청난 수치의 고혈압 환자가 될 것이다.
트레이드 오프 이론은 '기억력'에도 적용된다. 실제로 기억력이 병적으로 뛰어난 환자는 현실과 뇌가 만들어낸 세계를 구별하지 못해 일상생활을 영위하기가 어렵다. 본래 인간은 기억력보다 '망각력'이 뛰어난 종이다. 한데, 기억력만 중시하고 망각력은 경시하거나 달가워하지 않는 경향이 있다. 그러나 두뇌의 작동 메커니즘과 존재 의미를 이해하면 망각력이 기억력 못지않게 중요한 능력이라는 사실을 깨닫게 된다.

♥

머리가 좋아지는 약. 한 알 먹으면 마법처럼 머리가 좋아지는 약이 있다고 상상해보자. 누구나 한번 먹어보고 싶지 않을까. 고대 문서를 뒤져보면 불로장생을 가능하게 해주는 약과 함께 두뇌를 명석하게 만들어주는 약에 관한 기술을 심심치 않게 발견할 수 있다.

최근, 이 뜨거운 열망에 의문을 제기하는 학설이 발표되었다. 스위스 바젤대학교(Universität Basel) 랠프 헤르트비히(Ralph Hertwig) 교수 연구팀이 공동 집필한 논문이다. 「우리는 왜 지금보다 더 똑똑해질 수 없을까?」라는 약간 회의적인 뉘앙스를 담은 제목의 논문이다. 이 논문은 주제의 실마리가 트레이드 오프(Trade Off)에 있다고 주장한다.

무언가를 얻으려면 반드시 무언가를 잃어야 한다는 개념인 '트레이드 오프'는 진화 과정에서 보편적으로 발견되는 원리다. 예를 들어, 키가 작은 나는 키가 3미터쯤 되면 세상이 얼마나 달라 보일지, 높은 곳에서 내려다보는 풍경은 얼마나 멋질지 이따금 상상해본다. 하지만 실제로 인간 심장은 장대 같은 키를 감당하도록 만들어지지 않았다. 우리 심장은 3미터 높이까지 혈액을 밀어 올리지 못한다. 그 정도까지 키가 커지면 혈액 순환 펌프에 가해지는 힘도 덩달아 높아져 엄청난 수치의 고혈압 환자가 될 것이다.

뇌 크기도 마찬가지다. 얼핏 생각하면, 머리가 클수록 좋을 것 같고 머리도 좋아질 것 같지만 사실은 그렇지 않다. 실제로는 아기가 어머니의 산도를 통과할 수 있는 상한이 정해져 있어 지나치게 큰 뇌는 사산으로 이어질 위험성이 크다. 또 어머니의 태반이 커지면 서거나 앉는 자세가 불편해진다.

태아와 어머니에게 두루두루 '적합한 수준'에서 타협하는 게 생물로서 바람직한 선택이다. 이와 같은 '트레이드 오프'가 사람의 지능 수준에도 존재한다는 내용이 위 논문의 요지다. 연구팀은 "기억은 양날의 검과 같다"고 주장한다.

실제로 기억력이 병적으로 뛰어난 환자는 현실과 뇌가 만들어낸 세계를 구별하지 못해 일상생활을 영위하기가 녹록지 않다. 병이 될 정도의 극단적인 사례를 들지 않아도 일반적으로 '기억력과 상상력은 반비례한다'고 추정한다.

본래 우리 인간은 기억력보다 '망각력'이 뛰어난 종이다. 한데, 기억력만 중시하고 망각력은 경시하거나 좋아하지 않는 경향이 있다. 그러나 두뇌의 작동 메커니즘과 존재 의미를 이해하면 망각력이 기억력 못지않게 중요한 능력이라는 사실을 깨닫게 된다. 그렇다. 망각은 가장 중요한 두뇌 작업 중 하나다. 망각 기능이 원활히 작동하지 않으면 트라우마나

PTSD(외상 후 스트레스 장애) 등의 질환으로 이어져 개인의 삶이 파괴될 우려가 있기 때문이다.

따라서 기억력을 일정 수준으로 낮게 유지하는 능력이 중요하다. 이것을 원숭이에게 시험해보면 명확히 알 수 있다. 원숭이는 제대로 훈련받으면 웬만한 사람보다 뛰어난 기억력(특히 단기 기억)을 발휘한다. 또 사진을 보여주고 사진에 찍힌 대상이 생물인지 무생물인지 판단하는 시험을 하면 사람보다 몇 배 더 빨리 판정할 수 있다. 어떤 면에서 각각의 능력과 순발력은 원숭이가 오히려 사람보다 더 뛰어나다고 해도 그리 틀린 말은 아니다. 그러나 아무리 영리한 침팬지라도 종합적 지능 수준은 사람과 비교조차 되지 않는다. 역설적으로, 사람은 정확한 기억력과 판단력을 상실함으로써 고도의 지능을 진화시켰다고 할 수 있다.

임상에서 사용되는 리탈린이나 암페타민 등의 약물은 주의력을 높이는 작용을 하므로 일부 사람들 사이에서 나름대로 큰 인기를 끌고 있다. 실제로 이 방법은 주의력이 병적으로 낮은 사람에게는 일정한 효과가 있다. 그러나 건강한 사람이 이런 약물을 사용하면 오히려 업무 효율이 떨어지는 부작용이 발생할 위험성도 있다.

이런 사실로 미루어 볼 때, 우리 지능은 이미 적당한 수준으로 조정되어 있다고 할 수 있다. 함부로 특정 능력을 높이면 장기적으로는 지능 전체의 균형이 무너질 위험이 있음을 똑똑히 알아야 할 것이다.

문득, 『논어』에 소개된 공자의 말 "과유불급"이 떠오른다. '정도를 지나침은 미치지 못함과 같다'는 의미다. 그렇다. 무엇이든 지나친 것은 모자란 것보다 나을 것이 없는 법이다. '과유불급'이라는 사자성어를 다시 한번 금과옥조로 삼아야 할 때가 아닌가 싶다.

심리실험
51

'못난 유전자'가 인구 증가 원인이라고?

워싱턴대 아베카시스 교수의
'유전자 변이와 핫스폿 연구'

워싱턴대학교 아베카시스 교수팀은 유럽계 미국인과 아프리카계 미국인 6,515명을 모집해 유전자 차이를 분석했다. 사람에 따라 유전자의 DNA 배열이 확연히 다르다. 차이가 나는 부분은 게놈에서 위치가 정해져 있다. 변이가 생기기 쉬운 '핫스폿'이 존재한다. 연구팀은 100만 명 이상의 핫스폿을 비교했다. 연구팀은 각 변이가 얼마나 오래전에 일어났는지를 수리 모델로 추측했다. 분석 결과, 변이의 73퍼센트가 과거 5,000년 이내에 일어났고, 아무리 오래된 변이라도 1만 년 이내에 일어난 것이라는 결론을 얻었다.

현생 인류는 약 20만 년 전에 탄생했다. 이번 발견은 '인류의 과거 유전자가 초기에는 균일했고, 5,000여 년 전부터 유전자 다양성 면에서 급격히 풍부해졌다'고 지적하는 셈이다. 놀라운 발견이 아닐 수 없다. 5,000여 년 전은 본격적으로 인구가 증가하기 시작한 시기이기도 하다. 연구팀은 '만약 인구 폭발이 없었더라면 현재의 유전자 다양성은 5분의 1 수준에 머물렀을 가능성이 크다'고 추정했다.

♥

초등학생 시절, 수업 시간에 '세계 인구는 45억 명'이라고 배웠다. 그로부터 30년 넘는 긴 시간이 지났다. 인구는 꾸준히 늘어나 2011년에 드디어 70억 명을 돌파했다. 얼마 전, 2100년에는 100억 명에 달할 것이라는 예측도 나왔다. 이른바 '인구 폭발'이 현실로 다가오고 있다. 억 단위 인구 증가는 과거 100년에서 200년 사이의 일이지만, 사실 세계 인구 자체는 5,000여 년 전부터 꾸준히 증가해왔다. 어림잡아 한 세대(30년)당 약 2퍼센트 속도로 증가한 셈이다.

냉엄한 자연계에서는 멸종하는 생물 종도 적지 않다. 개체수가 증가하기는커녕 멸종하지 않고 현상 유지하기에도 벅차다. 그러므로 관점을 달리해서 보면, 꾸준히 증가 추세에 있는 인간이라는 생물 종은 그 자체로 매우 우수하다고 말할 수 있다.

그런데 이런 낙관적인 관점에 의문을 제기하는 연구 결과가 나왔다. 워싱턴대학교 아베카시스(Gonçalo Rocha Abecasis) 교수팀이 《네이처》에 발표한 논문이다. 연구팀은 유럽계 미국인과 아프리카계 미국인 6,515명을 모집해 유전자 차이를 분석했다. 사람에 따라 유전자의 DNA 배열이 확연히 다르다. 차이가 나는 부분은 게놈에서 위치가 대체로 정해져 있다. 변이가 생기기 쉬운 '핫스폿'이 존재한다. 연구팀은 100만 명 이상의 핫스폿을 철저하게 비교했다.

변이는 물론 진화 과정에서 발생한다. 연구팀은 각 변이가 얼마나 오래전에 일어났는지를 수리 모델로 추측했다. 분석 결과, 변이의 73퍼센트가 과거 5,000년 이내에 일어났고, 아무리 오래된 변이라도 1만 년 이내에 일어난 것으로 추정된다는 결론을 얻었다.

우리 현생 인류는 약 20만 년 전에 탄생했다. 이번 발견은 '인류의 과거 유전자가 초기에는 균일했고, 5,000여 년 전부터 유전자 다양성 면에서 급격히 풍부해졌다'고 지적하는 셈이다. 놀라운 발견이 아닐 수 없다. 5,000여 년 전은 본격적으로 인구가 증가하기 시작한 시기이기도 하다. 연구팀은 '만약 인구 폭발이 없었더라면 현재의 유전자 다양성은 5분의 1 수준에 머물렀을 가능성이 크다'고 추정했다.

이 말은 무슨 의미일까? 인구가 증가했다는 사실은 과거와 비교해 살아남기 쉬워졌다는 뜻으로 해석할 수 있다. 위험한 수렵과 어로 생활로 삶을 꾸리던 구석기시대가 막을 내리고 농경이 정착한 시기가 5,000년 전부터 1만 년 전 무렵이다. 이 시기에 정착 생활로 문명이 발달했으며, 각종 의료와 기술이 발전하기 시작했다. 그리고 이 모든 것이 인구 증가의 원동력으로 작용했다.

수렵시대였다면 죽어서 도태했을 가능성이 큰 약한 개체들이 인공적인 보호를 받으며 목숨을 부지할 수 있게 되었다. 유전적으로 불리한 개체도 도태하지 않고 살아남았다. 예를 들자면, 나는 근시다. 만약 야생동물이었다면 멀쩡히 살아 있기 힘든 치명적 신체 약점이다. 그런데 안경이라는 문명의 이기 덕분에 이 불리한 유전자가 도태하기는커녕 지금 이렇게 원고를 쓸 기회까지 얻게 된 것이다.

연구팀의 자료에 따르면, 질병 위험 유전자로 추정되는 변이로 범위를 좁힐 때 과거 5,000년 동안 생긴 변이가 73퍼센트에서 86퍼센트까지 증가했다고 한다. 즉, 문명 발달과 더불어 인류는 불합리한 유전자를 배제하지 않고 오히려 차곡차곡 갈무리해온 셈이다. 비교적 합리적인 과학을 발달시킨 유럽계 미국인이 아프리카계 미국인보다 40퍼센트 정도 유전자 변이가 많다는 사실이 이 추측에 진실성을 부여한다.

본래 자연계에서 배제되었던 '못난 유전자'를 문명이라는 대의명분하에서 온전히 지켜온 종이 우리 인류다. '자연스러운 도태'라는 진화의 대원칙에 대항하며 인류는 여태까지 자연계에 없었던 새로운 진화(?) 방법을 고안해냈다고 말할 수 있다. 그렇다면 우리는 대체 어디로 가고 있는 걸까.

워싱턴대학교 아베카시스 교수팀의 유전자 변이와 핫스

폿 연구에 관한 논문을 읽다가 문득 『장자』의 「인간세(人間世)」편에 나오는 "무용지용(無用之用)"이라는 말이 떠올랐다. 어느 날, 한 식자(識者)가 장자를 찾아와 그를 '거대하나 구부러지고 울퉁불퉁하여 쓰지 못하는 나무'에 빗대며 비난한다. 이 말에 장자는 "구부러지고 울퉁불퉁하여 목수에게 베임을 당하지 않은 나무가 거목으로 자라 산을 지킨다"라는 말로 멋지게 응수한다.

그렇다. 무릇 못 생긴 나무가 산을 지키고, 못난 유전자가 인류를 유지하고 지탱하는 것이 자연의 법칙이자 우주의 이치가 아닐까.

심리실험 52

태어날 때부터 털이 없던 '누드 마우스', 털북숭이로 다시 태어나다

도쿄요리대 다카시 교수의 '누드 마우스 털 이식 실험'

2012년, 도쿄요리대학교 쓰지 다카시 교수팀은 실험용 쥐에게 머리카락을 이식하는 실험에 성공했다. 연구팀은 태어날 때부터 털이 없는 '누드 마우스'에게 평범한 다른 쥐의 모근 세포를 정교한 방법으로 이식했다. 그 결과, 얼마 후 누드 마우스의 몸에 털이 나기 시작했다. 놀라운 것은, 단순히 이식한 털이 자라는 수준이 아니었다. 그 이식한 털이 모두 빠진 뒤에도 새로운 털이 자연스럽게 자라난 것이다.
다카시 교수팀의 연구를 보고 학계 전체가 세속적 관점에서 달아올랐다. 한창 달아오른 분위기에서 어느 의식 있는 지식인이 핵심을 찌르는 비판을 내놓았다. 대머리는 '모종의 이유'로 털을 '상실한' 사람들입니다. 따라서 원인을 제거하지 않으면 다른 털을 이식해도 다시 탈모가 일어날 수밖에 없습니다." 실제로 이 말을 뒷받침하듯, 이후 대머리 원인 유전자가 발견되었다.

♥

2012년, 도쿄요리대학교 쓰지 다카시(辻孝) 교수팀이 실험용 쥐에게 머리카락을 이식하는 실험에 성공했다는 뉴스가 보도되었다. 이 뉴스는 연일 언론을 뜨겁게 달구고 인터넷을 떠들썩하게 만들며 화제가 되었다.

잠깐, 실험 내용을 살펴보자. 연구팀은 태어날 때부터 털이 없는 '누드 마우스(Nude Mouse)'에게 평범한 다른 쥐의 모근 세포를 정교한 방법으로 이식했다. 그 결과, 얼마 후 누드 마우스의 몸에 털이 나기 시작했다고 한다. 놀라운 것은, 단순히 이식한 털이 자라는 수준이 아니었다. 그 이식한 털이 모두 빠진 뒤에도 새로운 털이 자연스럽게 자라난 것이다.

상당히 흥미진진한 실험 결과가 아닐 수 없다. 이 실험은 왜 그토록 뜨거운 화제가 되었을까? 안타깝게도, 기초 과학 발전에 관한 관심과 흥미보다는 '탈모 치료'에 대한 부푼 기대에서 비롯된 반응이었다. 다시 말하자면, 우리 주위에는 그만큼 탈모로 고통받는 사람이 많다는 뜻이기도 하다. 실제로 탈모 관련 용품은 현재 전 세계에서 40조 원이 넘는 거대 시장으로 성장했다.

눈치 빠른 독자라면 짐작했겠지만, 나는 앞에서 굳이 '탈모

치료'라는 용어를 사용했다. 자, 다시 생각해보자. 탈모는 '치료'해야 하는 질병일까? 미녹시딜(Minoxidil)이라는 이름의 발모제는 1999년 허가가 떨어졌다. 당시 사람들의 반응은 표면적인 흥미에 그쳤다. 그런데 의료업 관계자들에게 발모제 승인은 다른 의미에서 충격으로 다가왔다.

본래 약은 질병을 치료하거나 예방하기 위한 목적으로 사용한다. 어디까지나 '질병'이 대상이다. 그렇다면 탈모는 질병일까? 생물학적 관점으로 볼 때 두피 탈모는 자연스러운 노화 현상이다. 그러므로 정상적 노화 현상을 약물을 사용하여 궤도를 수정하면서까지 막으려는 시도는 선수들의 '도핑'과 별반 다르지 않다고 볼 수도 있다. 제약업계는 발모제가 정식으로 승인받은 직후 '생활 개선 의약품'이라는 새로운 분야의 시장 개척에 나섰다.

자, 다시 실험 이야기로 돌아가자. 다카시 교수팀의 연구결과가 발표된 후 학계 전체가 세속적 관점에서 달아올랐다. 한창 달아오른 분위기에서 어느 의식 있는 지식인이 핵심을 찌르는 비판을 내놓았다.

"대머리는 '모종의 이유'로 털을 '상실한' 사람들입니다. 따라서 원인을 제거하지 않으면 다른 털을 이식해도 다시 탈모가 일어날 수밖에 없습니다."

실제로 이 말을 뒷받침하듯, 대머리 원인 유전자가 발견되

었다.

대머리가 유전이라는 사실은 잘 알려져 있다. 일반인 사이에서는 할아버지에서 손자로 격세 유전된다는 설이 퍼져 있는 모양이다. 격세 유전은 X염색체에 원인이 있다. 남성은 성염색체인 Y와 X를 하나씩 가지고 있다. 남성은 X염색체를 반드시 어머니에게서 물려받는다. 즉, 그 X염색체는 50퍼센트 확률로 외할아버지에게서 온다. X염색체에 열성 유전자(이를 반성 열성 유전자라 부른다)가 있으면, 얼핏 격세 유전되는 것처럼 보이는 것도 그런 이유에서다.

2005년, 본대학교 마르쿠스 노텐(Markus M. Nöthen) 교수팀이 대머리 원인 유전자를 찾아냈다. 예상대로, 남성 호르몬의 수용체 유전자로 X염색체에 존재했다. 다만, 이야기는 그리 단순하지 않다. 대머리 유전자는 여러 개 존재하기 때문이다. 예를 들어, 2008년 2개의 다른 연구팀이 상염색체 위에 있는 원인 유전자를 보고했다. 격세 유전뿐 아니라 직접 부모에게서 유전되는 영향도 배제할 수 없게 되었다.

또 한 가지 중요한 내용이 있다. 과거 아시아권에서는 대머리 비율이 상대적으로 낮았다. 그런데 최근 서구식 식생활을 받아들이며 대머리 비율이 서구권 수준으로 늘어났다. 즉, 유전자뿐 아니라 식생활 등의 환경도 영향을 미친다는 뜻이다.

그건 그렇고, 나도 어느덧 마흔 고개를 넘어섰다. 유전자

검사를 받았더니, 대머리 유전자를 적어도 한 개 이상 가지고 있단다. 그 이야기를 듣고, 실험용 쥐 발모 실험에 기대를 걸어야 할지 말지 갈등하는 자신이 안쓰럽고 착잡한 심정이다.

심리실험
53

뇌에 전기 자극을 가하면 '수포자'도 '수학 천재'가 된다?

옥스퍼드대 카도시 교수의
'뇌에 전기 자극을 주어 수학 능력을 높이는 실험'

'뇌를 자극해서 수학을 잘하는 머리를 만들 수 있을까?' 실제로 옥스퍼드대학교 로이 코헨 카도시 교수 연구팀은 뇌에 전기 자극을 주어 수학 능력을 높이는 데 성공했다.
연구팀은 이 실험에서 우뇌의 후부 두정엽을 자극해 활성화했다. 실험은 단순하다. 가공의 숫자를 수치선 상에서 순서대로 늘어놓거나, 수의 대소를 대답하는 시험이다. 다만 "2와 4중 어느 숫자가 큰가?"라는 질문에서도 2라는 숫자의 글자 크기를 4보다 약간 크게 표시해 혼란을 불러일으키는 장치가 마련되어 있었다.
실험 결과 전기 자극을 준 참여자는 성적이 올랐고, 반대로 전류를 역방향으로 흘려보내 해당 부위를 억제한 참여자는 성적이 떨어진다는 사실을 발견했다.
무엇보다 일시적인 효과가 아니라는 점에 주목해야 한다. 6개월 후 재시험을 쳐도 효과는 유지되었다.
조금 과장하면, 뇌 전기 자극이라는 간단한 조치로 '수포자'에 가까운 머리를 '수학 천재'에 가까운 머리로 변화시킨 것이다.

♥

누구에게나 잘하는 일과 잘하지 못하는 일이 있다. 나는 학창 시절 수학과 물리 등의 이과 과목은 잘했지만, 국어나 영어 등의 문과 과목은 잘하지 못했다. 실력을 키워보려고 아무리 노력해도 좀처럼 오르지 않는 성적 때문에 고민하는 날이 많았다. 그때마다 눈물깨나 쏟아야 했다.

그랬지만 수학은 너무 쉬워서 따로 공부를 많이 하지 않아도 좋은 성적을 받곤 했다. "너는 왜 수학을 잘하니?"라고 누가 물으면 비결을 몰라 딱히 해줄 말이 없었다. 그래서 "그냥 시험을 치면 괜찮은 점수가 나오더라"고 곧이곧대로 답했다. 그러자 한 친구가 이렇게 말했다.

"분명히 뇌 구조가 다를 거야. 나도 뇌를 자극해서 수학을 잘하는 머리가 되고 싶다."

나는 친구의 그 대답을 떠올리며 무척 흥미롭다고 생각했다. 왜 흥미롭다고 생각했느냐고? 친구 녀석의 대답은 뇌 연구의 미래상을 족집게처럼 짚어낸 정확한 예언이었기 때문이다. 내 친구가 본의 아니게 통찰력 있는 발언을 한 뒤 26년이 지난 해인 2010년, 옥스퍼드대학교 로이 코헨 카도시(Roi Cohen Kadosh) 교수 연구팀이 뇌에 전기 자극을 주어 수학 능력을 높이는 데 성공했다.

통계에 따르면, 전체 인구의 15~20퍼센트 정도의 사람이 계산력 장애를 앓고 있다고 한다. 이는 단순한 노력 부족으로 인한 문제가 아니다. 타고난 계산 능력에 문제가 있는 사람들이다. 유전적 요인도 무시할 수 없다. 런던대학교 버터워스(Butterworth) 교수는 "계산 장애는 (대뇌 피질의) 발달 장애의 일종"이라고 말한다.

수학 좀 못 한다고 환자 취급을 하는 건 해도 너무한다고 생각할지 모르겠다. 그러나 실제로 수학을 잘하지 못하는 사람 뇌에서는 계산 등 숫자 조작에 중요한 뇌 부위(우뇌의 후부 두정엽)에서 회로 변성이 발견된다. 계산 능력이 떨어진다고 에둘러 말할 수 있겠지만, 넓은 의미에서는 '뇌의 발달 장애'로 볼 수 있다.

앞에서 이야기한 코헨 카도시 교수팀은 실험에서 바로 이 우뇌의 후부 두정엽을 자극해 활성화했다. 실험은 단순하다. 가공의 숫자를 수치선 상에서 순서대로 늘어놓거나, 수의 대소를 대답하는 시험이다. 다만 "2와 4중 어느 숫자가 큰가?"라는 질문에서도 2라는 숫자의 글자 크기를 4보다 약간 크게 표시해 혼란을 불러일으키는 장치가 마련되어 있었다.

실험 결과 전기 자극을 준 참여자는 성적이 올랐고, 반대로 전류를 역방향으로 흘려보내 해당 부위를 억제한 참여자는 성적이 떨어진다는 사실을 발견했다. 무엇보다 일시적인 효과가 아니라는 점에 주목해야 한다. 6개월 후 재시험을 쳐도 효과는 유지되었다.

실험에서 사용한 뇌 자극은 경두개 직류 자극법(tDCS, transcranial Direct Current Stimulation)이라고 부르는 요법으로 수술이 필요 없고, 머리에 전극을 붙여 전류를 흘리기만 하면 되는 단순한 장치다. 이 정도 간단한 방법이라면 누구나 손쉽게 수학 두뇌를 얻을 수 있으리라 판단된다(전류의 플러스극과 마이너스극을 착각하면 역효과가 발생하므로 각별한 주의가 필요하다). 그런데 이러한 안이한 발상에 찬물을 뿌리는 것도 역시 코헨 카도시 교수팀의 실험이다.

수학적 능력에는 '후부 두정엽'이 중요하다. 사실 습득한 수학적 지식을 제대로 활용하려면 배외측 전전두피질(Dorsolateral Prefrontal Cortex)이라는 중요한 역할을 담당하는 다른 부위의 역할도 필요하다. 연구팀은 다시 전기 자극을 활용해보았다. 그러자 확실히 배운 내용을 적절히 활용해 응용문제를 풀 수 있게 되었다고 한다. 다만 습득 능력 자체는 저하되었다. 반대로, 후부 두정엽을 자극했을 때 습득력은 촉진되었으나 응용력이 떨어졌다. 한쪽을 늘리면 다른 한쪽이 떨어지니 결국 말짱 도루묵인 셈이다.

연구팀은 "일정 능력을 높이는 시도는 다른 능력의 희생 위에서 성립한다"고 설명한다. 아이고, 그렇다면 수학을 잘하는 내 뇌는 사람이 갖춰야 할 중요한 무언가를 상실하는 대가로 얻은 게 아닐까? 그게 무엇인지 정확히 알 수는 없지만, 순간적으로 내 머릿속을 스치고 지나가는 몇 가지가 있다. 그게 뭐냐고? 말할 수 없다. 비밀이거든.

심리실험 54

DNA 변이 원인은 아버지의 정자에 있다는데?

디코드 지네틱스 사 콩 박사의 '78개 가족의 DNA 차이 연구'

'부모에게서 자식으로 DNA가 복제될 때 어느 정도 빈도로 복사 오류가 일어날까?' 아이슬란드 디코드 지네틱스 사의 콩 박사팀은 이 문제를 집중적으로 연구했다. 그들은 아버지, 어머니, 자녀 3명으로 이루어진 가족 조합으로 총 78개 가족의 DNA 차이를 검사했다. 연구팀은 부모에게서 자녀에게로 전달될 때 12억 분의 1의 확률로 복사 오류가 일어난다는 사실을 밝혀냈다.

연구팀은 더욱더 철저하게 배열을 비교해 DNA 변이 원인이 대부분 아버지의 정자에 있다는 사실도 규명했다. 게다가 아버지의 나이에 열쇠가 있다는 중요한 사실까지 밝혀냈다. 이번 조사 대상에서 아버지의 평균 연령은 29.7세로, 나이가 많을수록 변이 수도 많아졌다고 한다. 한 살이 늘어날 때마다 DNA 변이가 평균 2개씩 증가했다. 즉, 고령인 남성일수록 자신의 유전자를 더욱 부정확하게 자손에게 물려주게 된다는 의미다.

진화……. 우리 인류는 진화의 최종 산물이 아니다. 끝없이 이어질 생물 종의 진화 과정에서 우연히 생겨난 중간 산물일 뿐이다. 다시 말해, 우리 유전자는 미완성에 지나지 않는다. 또한, 기존 생물 종에서 새로운 생물 종이 탄생하는 까닭은 DNA가 변화하기 때문이다.

약 38억 년 전, 최초의 생물이 탄생한 이후 서서히 DNA 배열에 변화가 일어났고 생태계를 발달시켰다. 부모가 자식에게 DNA를 물려줄 때 완벽한 복제는 일어나지 않는다. 아주 작은 '복사 오류'가 일어날 따름이다. 한데, 이 돌연변이가 종의 진화 원동력이 된다. 물론 사람도 예외는 아니다. 그렇다면 어느 정도의 확률로 복사 오류가 일어날까? 이 점을 파악하려면 부모와 자식의 DNA 배열을 일일이 조사해서 비교해보아야 한다.

인류는 전 세계 우수한 학자들이 개발한 최첨단 과학기술을 총동원해 13년간의 연구를 거쳐서 인간이 지닌 모든 DNA 배열을 해독하는 위대한 프로젝트를 마침내 성공시켰다. 과학사에 길이 남을 장대한 이 계획의 이름은 바로 '인간 게놈 프로젝트'다.

'인간 게놈 프로젝트'로 전체 유전자 해독이 완료되었다. 2003년의 일이었다. 이후 10년 넘는 긴 시간이 지났다. 그동안 DNA 해독 기술은 비약적으로 발전해왔다. 지금은 사람의 DNA 총 30억 염기 서열을 속속들이 읽어낼 수 있을 정도까지 발전했다.

부모에게서 자식으로 DNA가 복제될 때 어느 정도 빈도로 복사 오류가 일어날까? 아이슬란드 디코드 지네틱스(deCODE Genetics) 사의 콩(Kong) 박사팀은 이 문제를 집중적으로 연구했다. 그들은 아버지, 어머니, 자녀 3명으로 이루어진 가족 조합으로 총 78개 가족의 DNA 차이를 검사했다. 그리고 그 연구 결과를 《네이처》에 실었다. 연구팀은 부모에게서 자녀에게로 전달될 때 12억 분의 1의 확률로 복사 오류가 일어난다는 사실을 밝혀냈다. 게놈 속 총 DNA는 약 60억 개이니 기타 원인까지 포함하면 부모의 DNA 중 약 70개가 한 세대 후 자녀에게서 다른 유전자로 대체된다는 계산이 나온다.

연구팀은 더욱더 철저하게 배열을 비교해 DNA 변이 원인이 대부분 아버지의 정자에 있다는 사실도 규명했다. 게다가 아버지의 나이에 열쇠가 있다는 중요한 사실까지 밝혀냈다. 이번 조사 대상에서 아버지의 평균 연령은 29.7세로, 나이가 많을수록 변이 수도 많아졌다고 한다. 한 살이 늘어날 때마다 DNA 변이가 평균 2개씩 증가했다. 즉, 고령인 남성일수록 자신의 유전자를 더욱 부정확하게 자손에게 물려주게 된다는 의미다. 그러나 이 사실을 '아버지 나이가 많을수록 사람의 진화를 앞당긴다'고 해석하기에는 논리적 개연성이 떨어진다.

생물 종 진화는 DNA 변화와 다름없지만, 애초에 현존 DNA 배열의 대부분은 이제 바꿀 수 없게 되었다. 진화 과정에서 이미 선별 작업이 끝났기 때문이다. 즉 DNA를 무작위로 변화시켜봤자 더욱 우수한 생물 종이 될 가능성은 절망적으로 낮고, 대개는 사산이나 기형아, 유전성 질환의 원인이 된다는 의미다. 실제로 연구팀은 논문에서 "아버지의 나이가 종합실조증과 자폐증 위험에 관여한다"고 설명한다.

이번에 발표된 논문을 읽고, 우리 인간이 '진화'와 '질환'의 절묘한 균형 위에서 아슬아슬하게 살아가고 있음을 새삼 깨닫게 된다.

심리실험 55

뇌에 전기 자극을 가하면 '방향치'를 고칠 수 있다고?

캘리포니아대 프리드 교수의
'DBS 기술 기억 응용 실험'

'뇌에 전기 자극을 가하여 방향치를 고칠 수 있을까?' 캘리포니아대학교 프리드 교수 연구팀은 뇌전증('간질'이라는 이름으로 불린다) 환자 7명을 모아 실험했다. 연구팀은 발작 시점을 찾기 위한 개두 수술로 뇌를 직접 전기 자극하는 치료를 했다. 실험은 눈앞의 모니터에 나오는 3차원 가상공간을 탐색하는 방식으로 이루어졌다. 공간 안에는 도로가 뻗어 있고, 여기저기에 건물과 길라잡이로 삼을 만한 표식이 있다. 실험 참여자는 다양한 장소를 외운다. 실험 참여자가 공간 안을 탐색할 때 내후각피질에 전기 자극을 가하면 목적지에 좀 더 빨리 도달한다는 사실이 밝혀졌다. 일반적이라면 길을 헤매느라 발품을 팔고, 길 위에서 상당히 많은 시간을 보내야 한다. 그런데 거리 지도를 암기할 때 뇌에 자극받은 참여자는 우회하는 일이 줄어들고 효율적으로 지름길을 찾아내어 쉽게 목적지에 도착했다. 게다가 방향치 교정 효과도 있어 길에서 허비하는 시간을 85퍼센트나 줄인 참여자도 있었다.

'뇌를 자극하면 지능이 향상될까?' 뇌 전문가가 제기하기에는 너무 엉뚱한 질문이라고 생각하는 사람이 있을지 모르겠다. 그런 생각으로 책장을 덮으려 했다면 의심은 잠시 넣어두고, 관련 내용을 읽어보라고 권해주고 싶다. 최근, 전기 자극으로 두뇌 능력 향상 가능성을 보여준 흥미로운 실험 결과가 보고되었기 때문이다. 바로 캘리포니아대학교 프리드(Fried) 교수팀이 《뉴잉글랜드 저널 오브 메디신(New England Journal of Medicine)》이라는 권위 있는 의학 전문지에 발표한 연구다.

사실, 뇌를 자극한다는 아이디어 자체는 그리 희귀하지도 신기하지도 않다. 예를 들어, 오늘날 폭넓게 활용되는 파킨슨병 치료 중 뇌에 전기 자극을 가하는 요법이 있다. 파킨슨병은 신체의 원활한 움직임에 지장이 생기는 질병으로, 대뇌기저핵의 도파민 부족이 주요 발병 원인으로 꼽힌다.

도파민 부족으로 생기는 신경 회로 부전을 해소하기 위해 뇌 심부를 자극하는데, 학자들은 이 방법을 '뇌 심부 자극술'이라고 부른다. 이는 'DBS(Deep Brain Stimulation)'라는 영어 줄임말로도 불린다. DBS를 적용할 때는 우선 자극용 미소(微小) 전극과 동시에 전원 공급용 전지를 체내에 삽입한 뒤 몇 년 주기로 교체한다. 비교적 안전성도 높고 치료 효과도 안정적이라는 평가가 지배적이다. 그 덕분에 일본에서는 2000년부터 건강보험 적용 대상이 되었다.

DBS 기술을 기억에 응용한 실험이 프리드 교수팀의 연구다. 해마는 기억을 생성하는 뇌 부위로, 연구팀은 이 해마에 정보를 보내는 송신원에 해당하는 뇌 부위인 '내후각피질(Entorhinal Cortex)'을 DBS로 자극하면 해마가 활성화하여 기억력이 향상된다는 가설을 세우고 증명했다.

DBS 연구는 노인성 치매처럼 기억력에 장애가 생긴 환자뿐 아니라 건강한 기억력의 소유자를 대상으로 이루어진 상징적인 실험이다. 질환을 말끔히 치료해 그 질환을 앓기 이전 상태로 되돌려줄 뿐 아니라 정상적인 상태를 더 나은 수준으로 개선할 수도 있기 때문이다. 그러나 윤리적 관점에서 따지고 들자면, '도핑'에 가까운 기술이므로 조심스럽게 접근해야 한다. 여기에서는 윤리적 부분은 잠시 접어두고 기술 그 자체만 보기로 하자. 그런 관점에서 볼 때, 능력 향상은 이제 꿈같은 이야기가 아니고 충분히 실현 가능한 일이 되었다. DBS가 그런 놀라운 가능성을 보여주었다는 점에서 과학적으로 주목할 가치가 충분하다고 본다.

이제, DBS 기술을 적용한 프리드 교수팀의 실험을 살펴보자. 이 실험에는 뇌전증('간질'로 불린다) 환자 7명이 참여했다. 뇌

지지직!
틀렸음!
START
직접 도전 해 봐요!

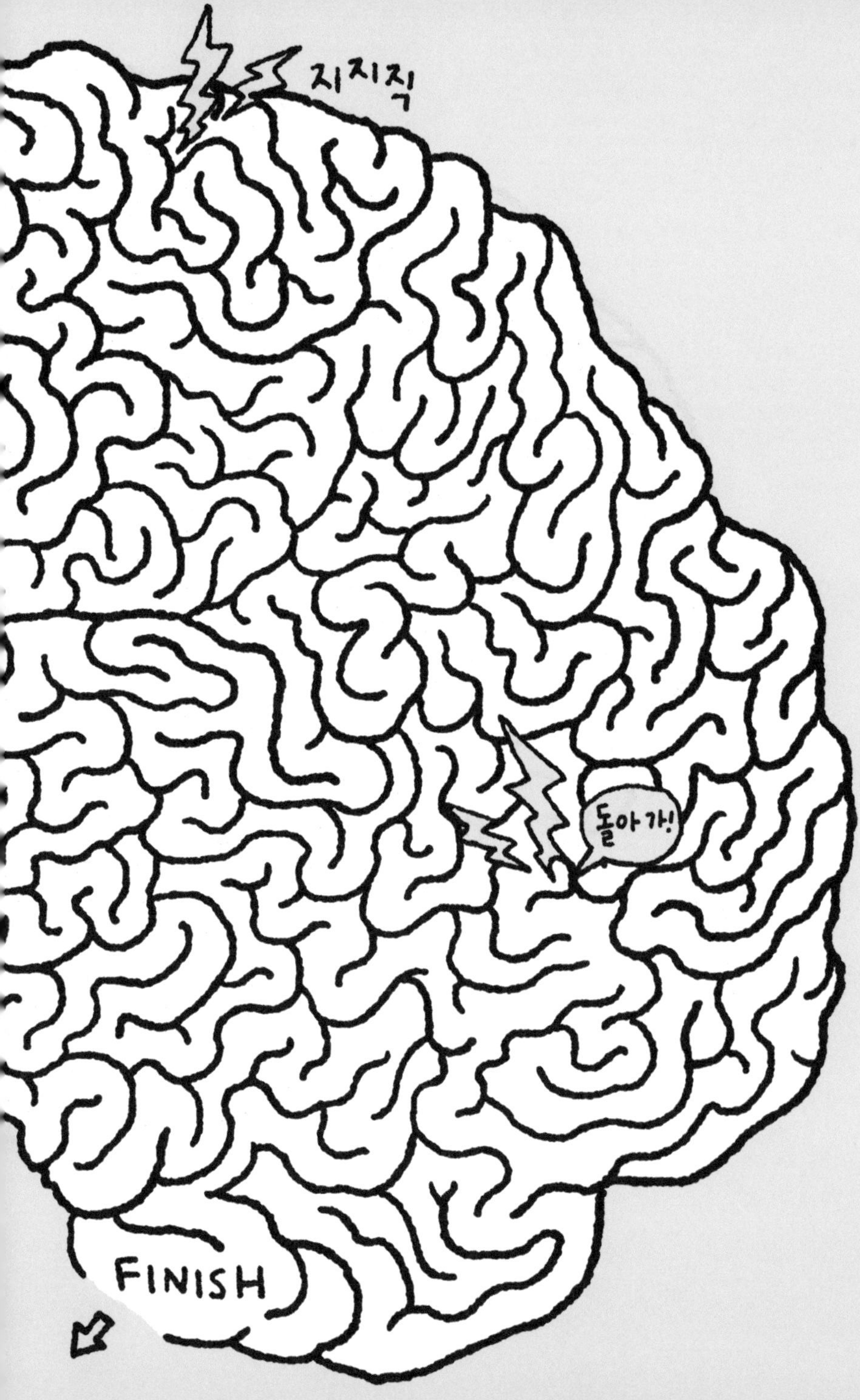
지지직
돌아가!
FINISH

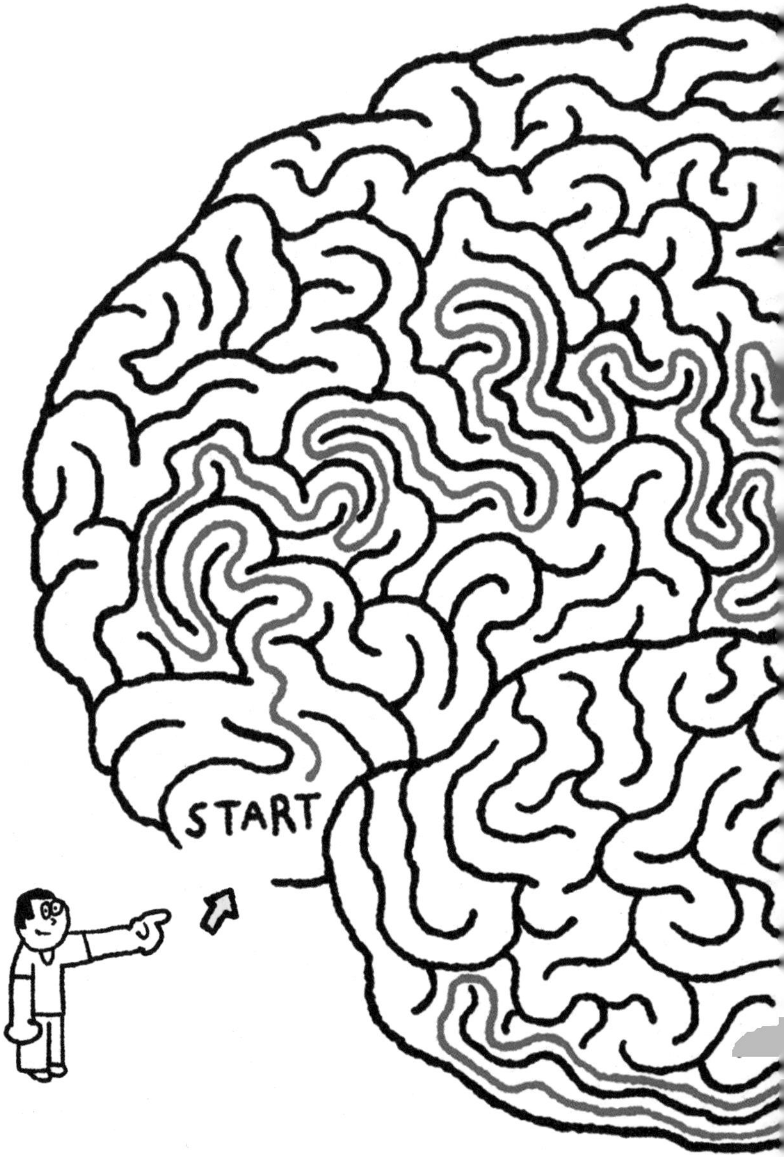
START

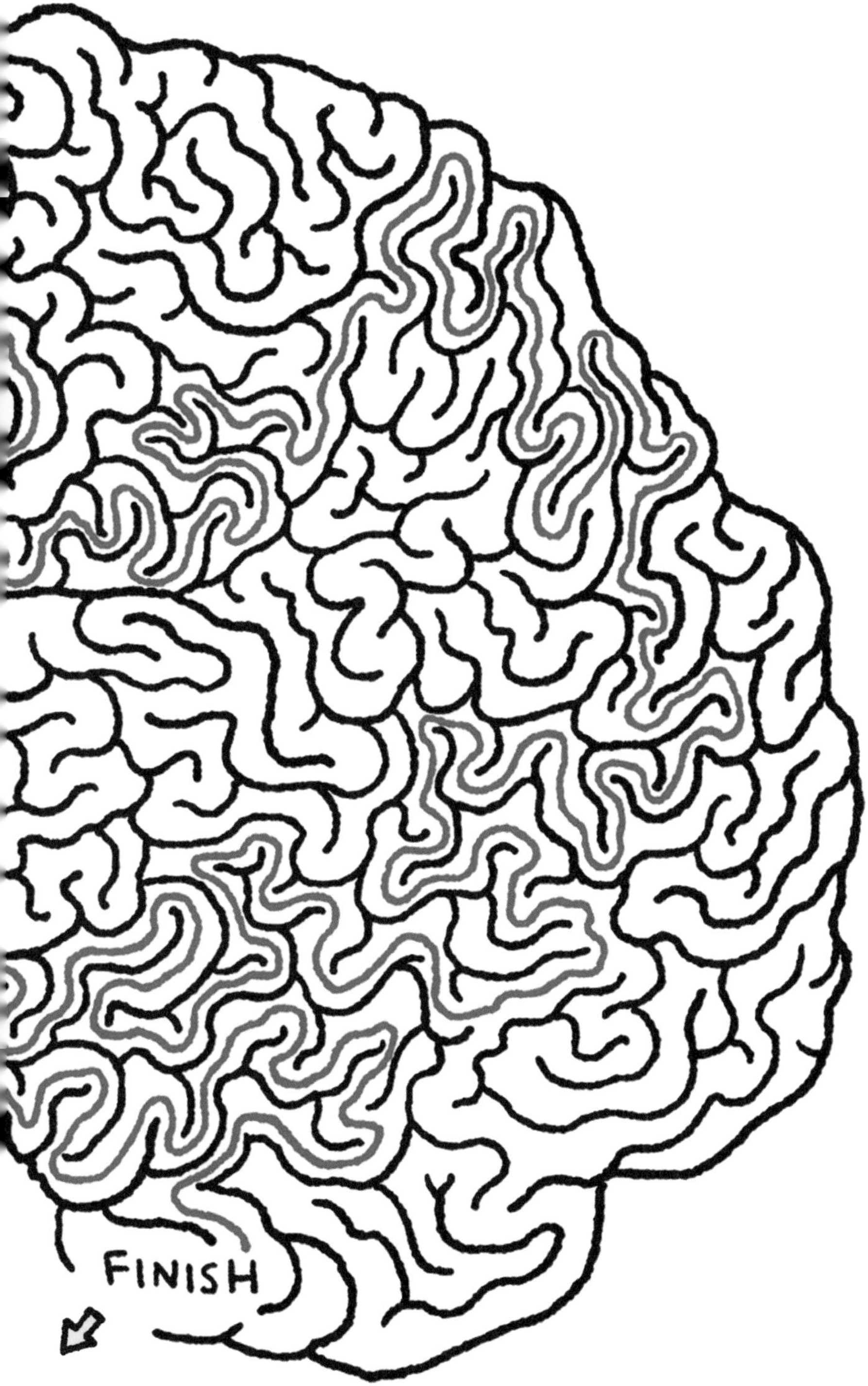
FINISH

전증 치료 목적으로 그들은 발작 시점을 찾기 위한 개두 수술로 뇌를 전기 자극하는 치료를 받았다. 이 실험에 참여한 7명의 뇌전증 환자들은 모두 같은 내용의 치료를 받았다.

실험은 눈앞의 모니터에 나오는 3차원 가상공간을 탐색하는 방식으로 이루어졌다. 공간 안에는 도로가 뻗어 있고, 여기저기에 건물과 길라잡이로 삼을 만한 표식이 있다. 실험 참여자는 다양한 장소를 외운다. 실험 참여자가 공간 안을 탐색할 때 내후각피질에 전기 자극을 가하면 목적지에 좀 더 빨리 도달한다는 사실이 밝혀졌다.

일반적이라면 길을 헤매느라 발품을 팔고, 길 위에서 상당히 많은 시간을 보내야 한다. 그런데 거리 지도를 암기할 때 뇌에 자극받은 참여자는 우회하는 일이 줄어들고 효율적으로 지름길을 찾아내어 쉽게 목적지에 도착했다. 게다가 방향치 교정 효과도 있어 길에서 허비하는 시간을 85퍼센트나 줄인 참여자도 있었다. 상당히 고무적인 효과다.

이번 실험에서는 공간 인지 테스트만 이루어져 영어 단어나 역사 연대를 암기하는 일 같은 일반 시험에도 효과가 있을지는 알 수 없다. 자극만으로 능력이 향상되는 지극히 단순한 방법이라, 도대체 우리 뇌는 어떤 원리로 작동하는지 놀라고 또 놀랄 따름이다. 아무튼, 이런 유의 실험은 지독한 근시에다 '길치'인 나의 가슴을 잠깐이나마 방망이질하게 한다.

심리실험 56

인간의 능력 한계는 어디까지인가?

몬트리올대 페로네 교수의 '근육 및 골격의 특징을 통한 인간 능력의 한계치 산출 연구'

캐나다 몬트리올대학교 프랑수아 페로네 교수는 근육 및 골격의 기능적 특징을 정밀 분석해 9.37초라는 한계치를 산출했다. 아직 0.2초의 여지가 남아 있다고는 하지만, 현재 세계 기록이 육체의 한계에 가까워졌다는 것도 사실이다. 그렇다면 우리 뇌에도 한계가 있을까? 만약 인간 신체가 진화하여 100미터를 5초 안에 달릴 수 있는 육체를 얻게 된다면 뇌는 그 몸을 능숙하게 조종할 수 있을까? 저자는 가능하다고 예측한다. 실제로 야생 치타는 100미터를 5초대에 주파한다. 한데, 치타의 뇌는 이 속도를 멋지게 감당해낸다. 그렇다고 치타의 뇌가 사람보다 뛰어나냐고 묻는다면 고개를 힘차게 저을 수밖에 없다. 오징어는 10개의 다리와 수없이 많은 빨판을 지닌 생물이다. 오징어는 10개나 되는 다리를 일사불란하게 움직이고 능수능란하게 사용한다. 그런 오징어의 뇌는 안타깝게도 몹시 작다. 다리 10개 정도를 움직이는 수준이라면 성능이 뛰어난 뇌는 필요하지 않은 모양이다.

♥

인간의 신체에는 한계가 있다. 어쩌면 당연한 얘기다. 어디까지 가능하고, 어디서부터 불가능할까? 100미터 달리기를 예로 들어보자. 50여 년 전만 해도 '인류는 10초의 벽을 돌파할 수 없다'는 주장이 대세였다. 그런데 1968년 멕시코 올림픽에서 짐 하인즈(Jim Hines) 선수가 9.95초라는 기록을 세우자 세계는 경악했다. 당시 한 스포츠 평론가는 "경기장이 해발 2,000미터가 넘는 곳에 자리 잡고 있어 중력의 영향이 적었기 때문이다"라는 의견을 내놓으며 인정하지 않으려 했다.

그러나 이후 상황은 여러분도 알다시피 백팔십도 달라졌다. 1980년대 이후 거의 5년마다 0.1초씩 기록이 경신되어 현재 최고 기록은 2009년 우사인 볼트 선수가 세계 육상 선수권 대회에서 세운 9.58초다. 이 기세를 계속 이어간다면 어느 정도까지 기록 달성이 가능할까? 꿈이 점점 부풀어 오른다.

물론 그렇다고 100미터 달리기에서 5초대를 주파하는 건 무리다. 인체의 물리적 성능에 한계가 있기 때문이다. 캐나다 몬트리올대학교 프랑수아 페로네(Francois Peronnet) 교수는 근육 및 골격의 기능적 특징을 정밀 분석해 9.37 초라는 한계치를 산출했다. 아직 0.2초의 여지가 남아 있다고는 하지만, 현재 세계 기록이 육체의 한계에 가까워졌다는 것도 사실이다.

그렇다면 뇌는 어떨까? 우리 뇌에도 한계가 있을까? 만약 인간 신체가 진화하여 100미터를 5초 안에 달릴 수 있는 육체를 얻게 된다면 뇌는 그 몸을 능숙하게 조종할 수 있을까? 나는 가능하다고 본다. 매일 뇌를 연구하다 보면 인간 뇌에는 '아직 여유가 있다'는 느낌이 들기 때문이다. 실제로 야생 치타는 100미터를 5초대에 주파한다. 치타의 뇌는 이 속도를 멋지게 감당해낸다. 그렇다고 치타의 뇌가 사람보다 뛰어나냐고 묻는다면 고개를 힘차게 저을 수밖에 없다. 오징어는 10개의 다리와 수없이 많은 빨판을 지닌 생물이다. 오징어는 10개나 되는 다리를 일사불란하게 움직이고 능수능란하게 사용한다. 그런 오징어의 뇌는 안타깝게도 몹시 작다. 다리 10개 정도를 움직이는 수준이라면 성능이 뛰어난 뇌는 필요하지 않은 모양이다.

인간 뇌는 누가 뭐래도 훌륭하다. 그러나 세상은 공평한 법, 애석하게도 팔도 다리도 2개씩밖에 달려 있지 않다. 애초에 100미터를 5초대에 주파하는 신체를 갖추고 있지 않은 셈이다. 비할 데 없이 뛰어난 인간 뇌는 상당히 성능이 떨어지는 몸에 꼼짝없이 갇혀 있는 신세다.

운동 기능뿐만이 아니다. 자연계에는 우수한 감각기관을 지닌 생물이 수없이 많다. 돌고래나 박쥐는 초음파를 들을 수 있고, 철새는 지자기(地磁氣, terrestrial magnetism)를 감지할 수 있고, 곤충은 자외선을 볼 수 있다. 딱하게도, 조물주는 우리 몸에 그와 같은 특별한 감각기관을 마련해주시지 않았다. 신체가 빈약하면 뇌의 잠재능력을 충분히 발휘하지 못한다. 그렇다면 뇌에 숨겨진 진정한 성능은 어느 정도 수준일까?

우리 뇌의 숨은 저력을 찾아내기 위한 첫걸음을 내딛는 실험에 나선 연구자들이 있다. 위대한 첫걸음을 위해 이번에도 실험용 쥐가 나섰다. 미국 듀크대학교 미겔 니콜레리스(Miguel Nicolelis) 교수 연구팀이 발표한 연구다.

연구팀은 적외선을 감지하는 매우 정교한 칩을 쥐의 뇌에 이식해 센서 단자를 수염 감각의 신경세포에 접속했다. 쥐에게는 적외선이 보이지 않는다. 그러나 센서를 이식한 쥐는 태어나서 한 번도 느껴본 적 없는 적외선 세계에 불과 한 달 만에 적응했고, 적외선을 단서로 먹이를 찾을 수 있게 되었다.

뇌의 가능성은 무궁무진하다. 뇌를 제한하는 구속 장치는 몸이다. 우연히 이렇게 멋진 가능성을 지닌 뇌를 가지고 태어났건만, 주어진 육체의 한계에 속박되어 평생을 마친다면 얼마나 안타까운 노릇인가. 뇌의 무한한 가능성을 알고 새삼 탐구심이 불타오르는 건 나 혼자뿐일까.

심리실험

57

유전의 속박에서 벗어나는 능력도 유전자가 결정한다?

에든버러대 디어리 교수의 'IQ의 유전자 영향 연구'

'머리 좋은 사람은 타고날까?' '인간의 지능은 어느 정도까지 유전의 영향을 받을까?' 에든버러대학교 디어리 교수 연구팀에 따르면, IQ는 학업 성적과 일치한다. 또한, IQ로 미래의 건강까지 예측할 수 있다. 그렇다면 IQ는 과연 어느 정도로 유전자의 영향을 받을까? IQ가 유전자에 영향받는 정도는 나이에 따라 달라진다. 네덜란드에서 이루어진 쌍둥이를 대상으로 한 연구에 따르면, 유전으로 설명할 수 있는 비율은 5세에 26퍼센트, 7세에 39퍼센트, 10세에 54퍼센트, 12세에 64퍼센트로 나이를 먹을수록 유전자 기여율이 점점 높아진다고 한다.

디어리 교수에 따르면, 젊은 시절 높아진 IQ 유전자의 기여는 60세가 넘으면 도리어 낮아지고 28퍼센트까지 저하된다고 한다. 그러나 이야기는 여기서 끝나지 않고 더욱 복잡해진다. 왜냐하면, '유전의 속박에서 벗어나는 능력'도 유전자가 결정할 가능성이 크기 때문이다.

♥

머리 좋은 사람은 타고날까? 인간의 지능은 어느 정도까지 유전의 영향을 받을까? 만일 유전의 영향을 강하게 받는다면, 노력으로 향상될 여지는 얼마나 될까? 지능지수, 즉 IQ는 오랜 세월 안정된 수준을 유지한다고 알려져 있다. 11세에 측정한 IQ와 79세에 다시 측정한 IQ의 상관율은 60퍼센트를 웃돈다. 이는 과학적으로 꽤 높은 수치다. 어린 시절 딱 한 번, 45분 남짓 동안 치른 IQ 검사 결과가 70년 후에도 유효하다는 얘기이니 얕잡아보기 어렵다.

에든버러대학교 이안 디어리(Ian J. Deary) 교수 연구팀에 따르면, IQ는 학업 성적과 일치한다. 예를 들어, 초등학생 시절 측정한 IQ는 고등학생이 되어서 치르는 전국 모의고사 성적과 80퍼센트 이상 일치한다. 또한, IQ는 미래의 직업적 성공과도 비교적 높은 상관관계를 보인다고 한다.

그뿐만이 아니다. IQ로 미래의 건강까지 예측할 수 있다. 실제로 IQ가 높은 아동은 청년기 사망률이 낮고, 중장년 이후로도 건강을 유지하는 경향이 있다고 한다. 100만 명의 남성을 검사한 결과가 지금 내 손안에 있다. 20세에 IQ를 검사하고, 장기간에 걸쳐 추적 조사한 결과다. 20년 후의 사망률은 IQ가 15씩 높아질수록 32퍼센트씩 낮아졌다. 즉, IQ는 단순한 '지능'을 나타내는 지표가 아니다. IQ를 때로 '일반적 지능(General Intelligence)'이라고 부르는데, 여기에는 나름대로 타당한 이유가 있다.

자, 그렇다면 IQ는 과연 어느 정도로 유전자의 영향을 받을까? 대학이라는 교육기관에서 일하는 나는 교육의 가치를 믿으며, 학습에 의한 성장 가능성과 중요성을 늘 강조한다. 그러므로 노력으로 얼마든지 학력 향상을 이룰 수 있다는 전제에서 모든 일을 시작한다. IQ와 유전자의 상관관계가 적잖이 신경 쓰이는 주제인 것도 그런 이유에서다.

핵심에서 벗어난 얘기는 그만하고 본론으로 돌아가자. 결론부터 말하자면, IQ가 유전자에 영향받는 정도는 나이에 따라 달라지는 것으로 보인다. 네덜란드에서 이루어진 쌍둥이를 대상으로 한 연구에 따르면, 유전으로 설명할 수 있는 비율은 5세에 26퍼센트, 7세에 39퍼센트, 10세에 54퍼센트, 12세에 64퍼센트로 나이를 먹을수록 유전자 기여율이 점점 높아진다고 한다.

'혹시 우리 아이가 천재!?' 이런 야심만만한 기대를 품고 있던 부모가 차츰 기대를 접고 현실을 받아들이기 시작하는 시기와 얼추 맞아 떨어진다. 그런데 이야기는 좀 더 복잡해진다. 디어리 교수 연구팀은 장기간에 걸쳐 더욱 정밀하게 추가 조사를 벌인 다음 그 결과를 《네이처》에 게재했다. 60만 군데의 유전자를 심층 조사하고 분석하여 내놓은 결과이므로 과거의 그 어떤 연구보다 신뢰할 만하다.

논문에 따르면, 젊은 시절 높아진 IQ 유전자의 기여는 60세가 넘으면 도리어 낮아지고 28퍼센트까지 저하된다고 한다. 긴 인생에서 다양한 경험을 할 테니, 연장자에게서 유전자의 관여는 줄어드는 게 당연할 수 있다.

그러나 이야기는 여기서 끝나지 않고 더욱 복잡해진다. 왜냐하면, '유전의 속박에서 벗어나는 능력'도 유전자가 결정할 가능성이 크기 때문이다. 학습도 능력이 뒷받침되어야 가능하다. 실제로 연구팀은 신중하게 자료를 분석해 '유전자 기여율을 낮추는 능력의 62퍼센트가 유전자로 결정된다'는 결론을 도출했다.

자료와 주장의 핵심은 명확하다. 다만 교육자로서는 약간 떨떠름한 조사 결과다. 어쨌든, 모든 것이 100퍼센트 유전에 의해 결정되지 않는다는 것도 분명한 사실이다. 그러니 좋은 유전자를 타고나지 못했다고 해서 절망하거나 좌절할 필요는 없다. 일단 이 정도 선에서 참고용으로만 받아들이고 넘어가는 게 좋지 않을까.

심리실험 58

뇌 기능을 획기적으로 향상해주는 약이 있다면?

'건강한 사람이 뇌의 기능을 높여주는 약을 사용하면 불법일까?' 이 질문에 관해 우리가 자주 듣는 의견 중에는 이런 주장이 있다. '질병 치료 목적이라면 모를까, 정상적인 뇌를 약물을 사용하여 인위적으로 향상하려는 시도는 올바르지 않으며 부자연스럽다'라는 주장이다. 하지만 무엇을, 그리고 어디까지를 인위적이라고 보아야 할까? 저자가 주장하는 핵심은 '자연과 인공은 대립하는 개념이 아니다'라는 점이다. 본래 우리의 행위는 모두 '인위적'이다. 외과 수술이나 약물치료만이 아니다. 일상적으로 물고기를 잡아 불에 구워 먹거나, 난로에 불을 지펴 실내를 데우거나, 문자를 사용해 글을 쓰는 일이 모두 인위적인 행위다. 심지어 우리가 다른 사람들과 나누는 일상의 대화조차 '인공적'인 언어로 이루어진다.

한편으로 사람은 자연의 산물이다. 즉, 자연은 인공을 끌어안는다. 이런 인간의 이중적 본성과 정체성을 고려할 때 '인공적 = 부자연'이라는 단순한 공식은 오히려 인간 본성을 부정하는 꼴이 된다.

♥

여러분의 손안에 뇌 기능을 획기적으로 향상해주는 약이 있다면 어떤 기분일까? 황당하고 비현실적인 이야기라고 손사래 치고 웃어넘길 일이 아니다. 몇 년 전, 이 질문이 매우 현실성 있는 연구 성과로 나타났기 때문이다. 대표적인 사례로, 흔히 '머리 좋아지는 약'이나 '공부 잘하는 약'으로 불리며 미국에서는 '스마트 드럭'으로 통용되는 리탈린(Ritalin)이나 아데랄(Adderall) 등의 중추신경 자극 약물을 들 수 있다. 이 계통의 약을 먹으면 평소에는 피곤해서 잠들어야 할 시간대에도 말짱한 정신으로 공부에 집중할 수 있어 특히 대학생들에게 인기 만점이라고 한다.

조사에 따르면, 미국 전체 대학생의 7퍼센트(대학에 따라 최대 25퍼센트까지)가 '이 약을 먹은 경험이 있다'고 답했다. 스마트 드럭에 손을 대는 사람들은 학생들만이 아니다. 약물 효과와 함께 부작용까지 속속들이 알고 있을 과학자마저 20퍼센트가 이런 유의 약을 먹은 경험이 있다고 고백했다.

굳이 말할 필요도 없겠지만, 의약품 부정 거래는 위법이다. 어느 나라에서나 약사법 위반은 엄중한 사안으로 받아들여져 일벌백계로 다스려진다. 하지만 법으로 강력히 규제하고 단

속하는데도 각종 '스마트 드럭'이 여전히 판치고 있다.

자, 잠시 스마트 드럭이 건강에 해가 전혀 없다고 가정하고 이야기를 계속 해보자. 건강한 사람이 뇌의 기능을 높여주는 약을 사용하면 불법일까? 이 질문에 관해 우리가 자주 듣는 의견 중에는 질병 치료 목적이라면 모를까, 정상적인 뇌를 약물을 사용하여 인위적으로 향상하려는 시도는 올바르지 않으며 부자연스럽다는 주장이 있다.

인위적이라……! 무엇이 인위적이고, 어디까지를 인위적이라고 보아야 할까? 이 점에 대해 제대로 논하자면 책 한 권으로도 부족할 정도라서 자세히 논하기는 어려울 것 같다. 여기서는 중요한 점만 간단히 지적하고 넘어가고자 한다. 결론부터 말하자면, 내가 주장하고 싶은 핵심은 '자연과 인공은 대립하는 개념이 아니다'라는 점이다. 본래 우리의 행위는 모두 '인위적'이다. 외과 수술이나 약물치료만이 아니다. 일상적으로 물고기를 잡아 불에 구워 먹거나, 난로에 불을 지펴 실내를 데우거나, 문자를 사용해 글을 쓰는 일이 모두 인위적인 행위다. 심지어 우리가 다른 사람들과 나누는 일상의 대화조차 '인공적'인 언어로 이루어진다.

한편으로 사람은 자연의 산물이다. 즉, 자연은 인공을 끌어안는다. 이런 인간의 이중적 본성과 정체성을 고려할 때 '인공적 = 부자연'이라는 단순한 공식은 오히려 인간 본성을 부

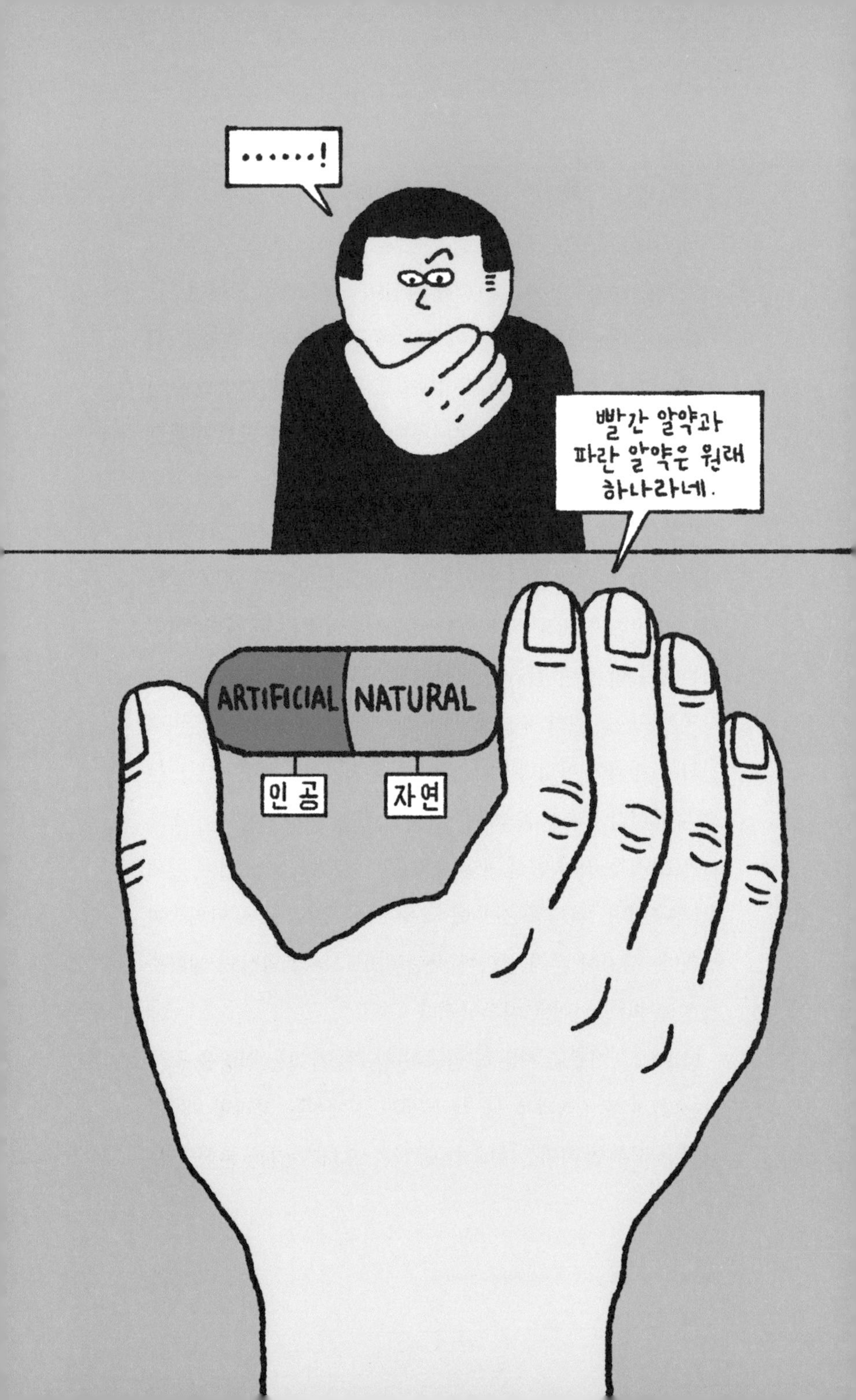
……!
빨간 알약과
파란 알약은 원래
하나라네.
ARTIFICIAL
NATURAL
인공
자연

정하는 꼴이 된다. 참고로, '자연 파괴'라는 표현도 약간 모호하며 부정확한 느낌이 있다. 자연(사람)이 자연을 파괴하는 셈이라 '자연 자해'가 조금 더 정확한 표현이 아닐까.

몇 년 전, 《네이처》에 '인지력을 높여주는 약물이 불의하다는 주장은 사회적 규칙으로 금지되어 있기 때문이지 원래 금지할 필요는 없다'는 논지의 논설이 게재되었다. 과학과 윤리학 분야에서 저명한 7명의 저자가 공동으로 발표한 논설은 텔레비전 등 각종 언론에 소개되어 화제를 불러일으켰다. 찬반으로 나뉜 양 진영에서 제각각 목소리를 내며 한바탕 소동이 벌어지기도 했다. 이후 《네이처》에 7통의 의견서를 추가 게재할 정도로 사회적 반향이 컸다.

본격적인 논의에 앞서 우리가 제일 먼저 던져야 할 물음은 뇌 기능을 향상해주는 약을 사용하는 '목적'이다. 애초 왜 이 약을 사용하고 싶은 마음이 들까? 대부분 목적은 '다른 사람보다 뛰어난 성적을 받고 싶다'라거나 '업무 효율을 높여 편하게 일하고 싶다'와 같은 욕구에서 출발하는 게 아닐까. 만약 모든 학생이 성적을 올린다는 목적으로 뇌 기능을 향상해주는 약을 사용하는 시대가 온다면 그다지 의미 없는 일이 될 것이다. 이런 상황에서 '뇌 기능 향상 약'을 복용하지 않는 학생만 불리해질 것이다. 또 다른 측면에서 약은 체질적으로 잘 받는 사람이 있고 잘 받지 않는 사람이 있으므로 자신의 능력이나 실력보다 약물에 반응하는 체질이 승패를 가르는 시대가 올 수도 있다.

업무 효율 면에서는 더군다나 절망적이다. 약을 사용하면 터보엔진을 장착한 기계처럼 일할 수 있다. 그런데 모두가 약물로 업무 효율을 높이면 '새로운 기준'이 마련되고, 업무 강도는 나날이 커지고, 사람들은 과도한 업무를 '당연한 수준'이라며 요구하게 될 것이다. 노동량은 점점 더 커지면 커졌지 절대로 줄어들지 않는다. 이로 인해 득을 보는 사람은 노동자가 아니라 고용자다. 다시 말해, '을'은 죽어나고 오로지 '갑'만 살판나는 세상이 될 것이다. 업무 효율이 오른다고 해서 여유로운 생활이나 저녁이 있는 삶은 이루어지지 않는다.

곰곰이 생각해보면, 뇌 기능을 향상해주는 약이 관계 당국의 허가를 받아 시판된다 하더라도 우리의 일상생활은 극적으로 달라지지 않을 가능성이 크다. 적어도 자동차(사람의 신체 기능을 뛰어넘어 빠르게 달리는 증강 장치)나 인터넷(사람은 기억할 수 없을 정도로 방대한 지식 저장 장치)과 같은 '도핑'과 비교하면 증강약이 유발할 인류 변화는 의외로 그리 크지 않은 수준에 머물지 않을까.

심리실험

59

외국어 실력도 ‘유전자’가 결정한다?

암스테르담 자유대 빈큐이젠 교수의 ‘제2 언어 습득의 유전적 요인 연구’

‘제2 언어 습득은 근성만 있다면 얼마든지 가능할까?’ 그렇다고 보기 어렵다. 제2 언어 습득은 환경보다 유전적 요인이 강하고, 유전의 기여가 무려 71퍼센트에 달한다고 한다. 2009년 발표된 네덜란드 암스테르담 자유대학교 빈큐이젠 교수팀의 연구 결과다. 이후 뉴멕시코대학교 데일 교수팀은 오랫동안의 실험과 심층 연구를 거쳐 유전적 기여를 67퍼센트라고 발표했다. 이후 공동 연구팀은 “제2 언어의 학습 능력은 모국어 습득 능력과 거의 관계가 없다”고 주장했다. 다시 말해, 영유아기에 일찍 (모국어로) 말문이 트였다고 해서 외국어에 특별한 재능을 보인다는 보장은 없다는 의미다. 이쯤 되면, 영어 수업 시간에 교사가 일일이 성적을 매기고 학생들의 영어 실력을 재단하는 게 과연 옳은 일인지 의문이 든다. 노력으로 바꿀 수 없는 ‘유전자 우열’을 수치화할 뿐이라는 측면을 배제할 수 없기 때문이다.

♥

학문과 연구의 세계에서는 날마다 가슴 설레는 발견이 꼬리에 꼬리를 물고 이어진다. 지금까지 나는 이 책을 통해 그런 현장의 열정과 흥분을 잘 담아내보려 노력했지만, 의도대로 되었는지는 의문이다.

아무튼, 잠깐 머리를 식히는 차원에서 정해진 항로에서 약간 벗어나 뇌 연구와는 무관한 책 한 권을 독자 여러분께 소개하고 싶다. 바로 영어책이다. 『무서울 정도로 통하는 가타카나 영어의 법칙(원제: 怖いくらい通じるカタカナ英語の法則, 池谷裕二, 講談社, 2008)』이라는 조금은 과장된 제목의 책이다. 내가 미국에서 유학할 때 영어 회화로 고생했던 경험담을 담아 집필한 실용 영어 회화책이다.

일본어 환경에서 자란 나에게 영어 특유의 발음은 익히기에 너무 어렵다. 아무리 애를 써서 혀를 굴려봐도 일본인 특유의 어색하고 어눌한 발음이 되어버린다. 고민 끝에, 각 단어에 해당하는 가타카나를 열심히 찾아내어 효과적으로 대처하는 13가지 법칙을 고안했다.

어쨌든 영어책을 펴낸 탓인지 지인 중 어떤 이들은 '이케가야는 영어를 잘한다'고 착각하는 모양이다. 솔직히 고백하건대, 전혀 사실이 아니다. 내 영어 실력은 뛰어나지 않다. 아니, 잘하는 축에 들기는커녕 보통 사람들보다 낫다고 말하기도 어려운 평범한 수준이다. 용기 내어 꼼수에 가까운 방법을 소개하는 책을 펴내기로 한 것도 그런 이유에서다. 영어 때문에 누구 못지않게 고생을 많이 했고, 그 고충을 누구보다 뼈저리게 실감하고 있기 때문에 나와 비슷한 처지에 있는 사람들에게 조금이나마 도움을 주기 위해 책을 썼다고 말할 수 있다.

책에 대한 평판은 크게 2가지로 갈라진다. 나름대로 열광적인 지지자가 있고, '엉터리 방법에 의존하는 사이비 영어다. 귀로 들리는 대로 습득해야 한다'는 식의 건전한 비판도 있다. 책 한 권을 두고 왜 이리 의견이 분분할까? 사실, 이 질문은 어학 연구계의 유명한 수수께끼와도 관련이 깊다. '왜 모국어가 아닌 두 번째 언어, 즉 외국어를 배우는 능력에 사람마다 차이가 있을까?' 이는 어학 연구계의 최대 수수께끼다. 모국어인 제1 언어는 누구나 쉽게 습득할 수 있다. 그러나 어른이 되어 외국어를 습득하는 능력에는 어마어마한 개인차가 난다. 나는 중고등학생 시절부터 영어에 발목 잡혀 무진 애를 먹었다.

"공부법이 문제야."

"정신 상태가 글러 먹어서 그래."

선생님께 이런저런 꾸중과 조언을 귀가 따갑도록 들어야

했다. 정말로 선생님 말씀처럼 제2 언어 습득은 근성만 있다면 얼마든지 가능할까?

연구팀 동료 중에 20개국 이상의 언어를 자유자재로 구사하는 사람이 있다. 그는 어느 나라를 방문해도 현지 언어를 자연스럽게 익힐 수 있다고 말한다. 체류하기 시작한 첫 달에는 제대로 이해할 수 없지만, 두 달째에 접어들면 서서히 귀가 뜨이다가 이내 현지인들과 편안하게 대화를 나눌 수 있게 된단다. 그리고 석 달째가 되면 현지 대학생에게 그 나라 언어로 강의할 수 있는 수준에 이른다. 미국 유학까지 다녀온, 나름대로 '미국물' 먹은 유학파지만 여전히 영어로 소통하는 일에 애를 먹는 나로서는 믿기 어려운 대단한 능력이다. 분명히 '어학의 달인'은 존재한다.

이 정도로 개인 능력에 차이가 난다면 어학적 재능은 확실히 타고나는 게 아닐까 싶다. 다시 말해, '노력' 이상으로 '유전'이 중요한 분야가 아닐까 생각하게 되는 것이다. 실제로, 최근 어학적 재능이 유전의 영역에 속한다는 연구 결과가 속속 발표되고 있다. 대부분 쌍둥이를 비교한 조사 연구다.

제2 언어 습득은 환경보다 유전적 요인이 강하고, 유전의 기여가 무려 71퍼센트에 달한다고 한다. 2009년에 발표된 네덜란드 암스테르담 자유대학교 빈큐이젠(Vinkhuyzen) 교수팀의 연구 결과다.

이듬해인 2010년에는 미국 뉴멕시코대학교 데일(Dale) 교수팀이 오랫동안의 실험과 심층 연구를 거쳐 유전적 기여를 67퍼센트라고 발표했다. 이후 공동 연구팀은 "제2 언어의 학습 능력은 모국어 습득 능력과 거의 관계가 없다"고 주장했다. 다시 말해, 영유아기에 일찍 (모국어로) 말문이 트였다고 해서 외국어에 특별한 재능을 보인다는 보장은 없다는 의미다.

이쯤 되면, 영어 수업 시간에 교사가 일일이 '성적'을 매기고 학생들의 영어 실력을 재단하는 게 과연 옳은 일인지 의문이 든다. 노력으로 바꿀 수 없는 '유전자 우열'을 수치화할 뿐이라는 측면을 배제할 수 없기 때문이다.

단언하건대, 나의 형편없는 영어 실력은 선천적 문제다. 그러니 아프지만 냉철하게 현실로 받아들이는 수밖에 없다. 그렇다면 원어민 수준으로 유창해지려고 노력할 게 아니라 어디까지나 대화의 도구로 '즐기는' 수준으로 방향을 전환하는 게 현명하지 않을까.

참고로, 내가 보기에 세간에 나도는 일반인을 대상으로 한 영어 학습 서적, 예를 들어 '나는 이렇게 영어를 정복했다', '듣기만 해도 영어 달인' 등을 주장하는 책은 틀림없이 뛰어난 유전자를 타고난 사람들이 쓴 책이다. 내가 쓴 영어책 딱 한 권만 빼고.

심리실험 60

도핑은 왜 죄가 될까?

도핑은 왜 죄가 될까? 첫째, 도핑에 사용하는 약물 중 건강에 해로운 약들이 있다. 둘째, 스포츠 정신에 어긋난다. 첫 번째 이유라면 최근 안전한 약물이 제법 등장했다. 웨스트스코틀랜드대학교 미어 교수는 "의학적으로 관리된 도핑 조작은 선수의 건강에 오히려 도움이 된다"라며 도핑을 옹호하는 주장을 내놓기도 했다. 즉, 의학이 진보한 오늘날 도핑을 금지할 이유는 사실상 두 번째 윤리적 측면에서만 찾을 수 있다. 일회성 수단을 이용하여 정당하지 못한 방법으로 승리를 거머쥐는 건 두말할 나위 없이 비겁한 행위다. 그러나 '카페인'이나 '고지 훈련'의 경우처럼 도핑–정상, 합법–불법 사이의 정확히 그 임계점에서 스포츠 관계자들을 곤혹스럽게 하는 사례도 적지 않다. 좀 더 구체적으로, 커피를 마시고 시험장에 들어가는 수험생은 흔히 볼 수 있는 광경 아닌가. 수험생은 괜찮고 스포츠 선수는 안 된다는 기준은 불합리하지 않나? 공정한 경쟁이 기본이어야 한다는 원리원칙에 대입하면 말이다. 단지 기술적 · 효율적 측면에서만이 아니라 좀 더 철학적인 고민을 담은 근원적 처방을 마련해가야 하지 않을까 생각하는 것도 그래서다.

♥

나는 스포츠 경기 관람을 좋아해서 올림픽이나 월드컵, 세계 육상대회 시즌이 되면 마음이 달뜬다. 그런데 온통 기쁨과 환희로 가득해야 할 스포츠 대회에 빠지지 않고 찾아오는 반갑지 않은 손님이 있다. 바로 '도핑' 문제다. 경기에서 이기고 싶은 유혹을 이기지 못하고 '나쁜 약'에 손을 대는 선수들. 도핑 방법은 해마다 더욱더 교묘해지고 있다.

그런데 도핑은 왜 죄가 될까? 크게 2가지 주장이 있다. 첫째, 도핑에 사용하는 약물 중 건강에 해로운 약들이 있다. 둘째, 스포츠 정신에 어긋난다. 첫 번째 이유라면 최근 안전한 약물이 제법 등장했다. 웨스트스코틀랜드대학교(University of the West of Scotland) 미어 교수는 "의학적으로 관리된 도핑 조작은 선수의 건강에 오히려 도움이 된다"라며 도핑을 옹호하는 주장을 내놓기도 했다. 즉, 의학이 진보한 오늘날 도핑을 금지할 이유는 사실상 두 번째 윤리적 측면에서만 찾을 수 있을 것 같다. 일회성 수단을 이용하여 정당하지 못한 방법으로 승리를 거머쥐는 건 두말할 나위 없이 비겁한 행위다. 땀과 눈물의 미학인 스포츠 정신을 모독하는 부정행위로 단죄받아 마땅하다.

물론 충분히 일리 있고 이해되는 주장이다. 그러므로 적극적으로 찬성하고 싶다가도 묘하게 수긍이 가지 않는 측면이 있어 주춤하게 된다. 예를 들어, '카페인'에 생각이 멈출 때 그렇다. 카페인은 근육 흥분 작용이 있어 규제 대상에 들어간다. 그러나 곰곰이 생각해보자. 커피를 마시고 시험장에 들어가는 수험생은 흔히 볼 수 있는 광경 아닌가. 수험생은 괜찮고, 스포츠 선수는 안 된다는 기준은 불합리하지 않나? 공정한 경쟁이 기본이어야 한다는 원리원칙에 대입하면 말이다.

좀 더 예를 들어보자. 카페인은 감기약에도 들어 있다. 그런 터라, 경기 직전 감기에 걸려도 도핑 대상에 들어가는 약을 먹을 수 없어 컨디션이 떨어진 채 경기에 나서는 선수도 있다. 그런 점을 고려하여 지금은 일부 대회에서 카페인을 금지 약물에서 제외했다.

고지 훈련은 어떨까? 공기가 희박한 고산지대에서 일주일간 머물며 합숙 훈련을 하면 적혈구가 증가해 지구력이 향상된다. 빼도 박도 못할 인체 개조다. 그러나 이는 금지 행위가 아니다. '고지 훈련'이라는 용어에 '훈련'이라는 단어가 들어가 심리적 반발감을 줄여주기 때문일까.

지금은 굳이 고산지대에 가지 않아도 저산소실에서 같은 효과를 얻을 수 있다. 산소 농도가 낮으면 EPO라는 호르몬이 증가해 적혈구가 증식한다. 이 원리를 고지(저산소) 훈련에 적용한다. 당연히 EPO를 직접 투여해도 같은 효과를 얻을 수 있다. 그런데 EPO는 도핑 검사 대상인 금지 약물이다.

야구 투수는 다친 팔꿈치 인대를 무릎이나 전완근에서 부분 이식하는 수술을 받기도 한다. 이 수술은 치료 목적이므로 윤리적인 문제가 끼어들 여지가 없어 보인다. 그러나 실상을 알고 나면 문제가 그리 단순하지 않다. 무릎이나 전완근은 팔꿈치 인대보다 튼튼하기 때문이다. 실제로 2년가량 재활에 매진하면 수술 전보다 더 강한 공을 던질 수 있게 된다. 실질적으로는 '인체 개조'에 해당하는 셈이다.

남아프리카 공화국 출신 오스카 피스토리우스(Oscar Pistorius)는 독특한 의족을 사용하는 육상선수로 유명하다. 원래 신체 장애를 보완하기 위한 의족이 그의 경우 인간의 무릎을 대신하는 역할을 톡톡히 해낸다. 그의 의족에는 특수한 카본 재질 스프링을 채용해 빠른 속도로 질주할 수 있다. 그는 건강한 '다리'가 지면을 박차는 방법과는 다른 역학적 원리로 추진력을 얻어 장애인 올림픽에서 적수가 없을 정도의 육상 강자로 군림했다. 피스토리우스 선수는 이후 장애인이 아닌 건강한 선수들이 참가하는 단거리 육상 경기 참가 자격을 정식으로 얻어내 런던 올림픽에도 출전했다.

2012년, 《네이처》는 스포츠 특집을 편성했다. '인류 2.0'이라는 제목이 붙은 장에서 헬렌 톰슨(Helen Thompson)은 다음과 같이 예상한다. "능력 증강 기술은 인간의 육체적 한계를 초월할 뿐 아니라 경기 종목 자체에도 영향을 미칠 것이다"라고. 마치 자전거라는 신체 보강 기기가 발명된 무렵, 사이클링이나 철인 3종 경기라는 스포츠 종목이 탄생했던 것처럼 말이다.

앞으로 여러 분야에서 과학 및 의학기술이 발전해감에 따라 위에서 언급한 '카페인'이나 '고지 훈련'의 경우처럼 도핑-정상, 합법-불법 사이의 정확히 그 임계점에서 스포츠 관계자들을 곤혹스럽게 하는 사례가 점점 더 많아질 것이다. 그러므로 단지 기술적·효율적 측면에서만이 아니라 좀 더 철학적인 고민을 담은 근원적 처방을 마련해가야 하지 않을까.

미래의 나는 상상 이상으로 변화한다

하버드대 길버트 교수의 '역사의 종말 착각 실험'

사람은 왜 과거의 자신을 후회하도록 만들어졌을까? 하버드대학교 대니얼 길버트 교수 연구팀은 "현재 자신의 상황과 기호는 앞으로도 변함없으리라 착각하기 때문이다"라고 지적한다. 연구팀은 18세에서 68세까지, 1만 9,000명이 넘는 사람을 꼼꼼하게 조사해 의미 있는 통계 수치를 얻었다. 예컨대, 지금 친구 중 10년 전에도 친구였던 사람 수를 a명, 10년 후에도 친구일 거라고 기대할 수 있는 사람을 b명이라고 가정한다. 연구팀은 설문조사를 시행하여 얻은 결과로 통계를 내보았는데, 항상 'a는 b보다 많다'는 결론을 얻었다. 즉, 실제로 과거의 자신에게 일어난 변화보다 미래의 자신에게 일어날 변화를 낮게 추정하고 '지금 친구와 나는 끈끈한 우정을 나누고 있고 질긴 인연으로 엮여 있다'고 착각하는 것이다. 이러한 경향은 친구뿐 아니라 좋아하는 음악가나 좋아하는 음식, 취미와 휴가 보내는 법에 이르기까지 일상의 기호와 생활습관 전반에서 폭넓게 찾아볼 수 있다. 길버트 교수는 이러한 경향에 '역사의 종말 착각'이라는 이름을 붙였다.

♥

3년 후의 나는 어떤 모습일까? 지금과 별반 다르지 않은 생활을 하고 있을까? 아니면, 복권에라도 당첨되어 유유자적하게 살고 있을까? 어쩌면 덜컥 큰 병에라도 걸려 몸져누워 투병 중인 건 아니겠지?

대다수 사람은 자신이 3년 후 암에 걸릴 가능성을 상상하지 않는다. 실제 암 발병률은 우리의 상상을 훨씬 웃도는 수준으로 높은데, '설마 내가 암에 걸리겠어?' 생각하며 자신에게도 일어날 수 있는 일이라고 여기는 사람은 많지 않다. 참, 희한한 현상이다. 암처럼 인생을 송두리째 바꿔놓을 수 있는 큰일이 아니라도 마찬가지다. 대다수 사람이 미래에 자신의 상황이나 재산 가치가 크게 달라지지 않을 거라고 무심코 생각하는 경향이 있다.

그래서일까? 10대 청소년 중 문신에 돈을 쓰는 친구들이 있다. 나중에 성인이 되어 젊은 날의 치기를 지우려고 비싼 돈을 내고 병원에 다니는 경우를 종종 보게 된다. 또 결혼하고 싶어 몸달았던 사람이 중년이 되어 이혼하고 싶어 안달이 나는 경우도 있다. 젊어서는 건강에 별로 신경 쓰지 않던 사람이 나이가 들면서 운동이나 건강보조식품에 돈을 쓰며 애써 찌운 살을 빼려고 눈물겹게 노력하는 중년의 이야기도 흔히 들을 수 있다.

도대체 왜 사람은 과거의 자신을 후회하도록 만들어졌을까? 하버드대학교 대니얼 길버트 교수 연구팀은 "현재 자신의 상황과 기호는 앞으로도 변함없으리라 착각하기 때문이다"라고 지적한다. 그리고 그러한 경향을 적나라하게 보여주는 통계 자료를 《사이언스》에 발표했다. 18세에서 68세까지, 1만 9,000명이 넘는 사람을 꼼꼼하게 조사해 얻은 통계 수치다.

친구를 예로 들어보자. 지금 친구 중 10년 전에도 친구였던 사람 수를 a명, 10년 후에도 친구일 거라고 기대할 수 있는 사람을 b명이라고 가정한다. 연구팀은 설문조사를 시행하여 얻은 결과로 통계를 내보았는데, 항상 'a는 b보다 많다'는 결론을 얻었다고 한다. 즉, 실제로 과거의 자신에게 일어난 변화보다 미래의 자신에게 일어날 변화를 낮게 추정하고 '지금 친구와 나는 끈끈한 우정을 나누고 있고 질긴 인연으로 엮여 있다'고 착각한다고 해석할 수 있다. 이러한 경향은 친구뿐 아니라 좋아하는 음악가나 좋아하는 음식, 취미와 휴가 보내는 법에 이르기까지 일상의 기호와 생활습관 전반에서 폭넓게 찾아볼 수 있다.

길버트 교수는 이러한 경향에 '역사의 종말 착각(End of

잠깐만!
충고 한마디만
해도 될까?
어차피 크게 변하지도 않을 텐데...
만화

history illusion)'이라는 이름을 붙였다. 정치학자 프랜시스 후쿠야마가 집필한 세계적인 베스트셀러 제목인『역사의 종말』에 빗댄 이름으로 보인다. 연구팀은 취향뿐 아니라 성격과 개성에도 '나는 일관성이 있다'고 맹신하는 경향이 있다고 말한다. 성실함, 우호성, 정신적 안정성, 호기심, 외향성이라는 항목을 10년 전 자신과 지금의 자신을 비교해보라는 요구에 참여자들은 실제로는 상당히 달라졌으면서 "앞으로 10년 후 얼마나 변할까?"라고 묻자, "그다지 변화하지 않을 것 같다"고 대답했다. "변화는 이미 끝났다"라는, 말 그대로 '역사의 종말 착각'이다.

젊은 사람일수록 심하게 착각하는 경향이 다른 연령대보다 조금 두드러지지만, 대체로 어느 연령대에서나 보편적으로 발생한다. 그러나 이 착각이 발생하는 정확한 이유는 밝혀내지 못했다. 과거와 비교해 미래의 자아상을 구체적으로 상상하는 게 어렵기 때문일까. 어쩌면 사람은 원래 안정성을 추구하는 존재인 데다 자신의 본질 변화를 상상하는 것만으로도 불쾌해지기 때문이다.

어떤 이유이든 그러한 착각이 실제로 존재한다는 사실이 증명된 셈이다. 그런 만큼 현재의 자신은 스스로 믿는 것처럼 그리 확고부동한 존재가 아니라는 점을 인정하는 게 어떨까. 또한, '앞으로 어떠한 변화가 나에게 일어나도 이상하지 않다'

고 어느 정도 여지를 남겨두고 인생을 설계하라고 권유해주고 싶다. 그것이 후회를 적게 남기는 현명한 삶의 방식이라는 조언과 함께.

참고 문헌

Andrews-Zwilling, Y, Bien-Ly, N, Xu, Q, Li, G, Bernardo, A, Yoon, SY, Zwilling, D, Yan, TX, Chen, L, Huang, Y. Apolipoprotein E4 causes age- and Taudependent impairment of GABAergic interneurons, leading to learning and memory deficits in mice. J Neurosci, 30:13707-13717, 2010.

Antonakis, J, Dalgas, O. Predicting elections: child's play! Science, 323:1183, 2009.

Aviezer, H, Trope, Y, Todorov, A. Body cues, not facial expressions, discriminate between intense positive and negative emotions. Science, 338:1225-1229, 2012.

Azim, E, Mobbs, D, Jo, B, Menon, V, Reiss, AL. Sex differences in brain activation elicited by humor. Proc Natl Acad Sci U S A, 102:16496-16501, 2005.

Bakker, A, Krauss, GL, Albert, MS, Speck, CL, Jones, LR, Stark, CE, Yassa, MA, Bassett, SS, Shelton, AL, Gallagher, M. Reduction of hippocampal hyperactivity improves cognition in amnestic mild cognitive impairment. Neuron, 74:467-474, 2012.

Ballarini, F, Martinez, MC, Díaz Perez, M, Moncada, D, Viola, H. Memory in elementary school children is improved by an unrelated novel experience. PLoS One, 8:e66875, 2013.

Ballarini, F, Moncada, D, Martinez, MC, Alen, N, Viola, H. Behavioral tagging is a general mechanism of long-term memory formation. Proc Natl Acad Sci U S A, 106:14599-14604, 2009.

Bavelier, D. Enhancing the brain with action video games. 8th FENS Forum of Neuroscience, Plenary Lecture:L07, 2012.

Ben-Ami Bartal, I, Decety, J, Mason, P. Empathy and pro-social behavior in rats. Science, 334:1427-1430, 2011.
Bering, JM, Bjorklund, DF. The natural emergence of reasoning about the afterlife as a developmental regularity. Dev Psychol, 40:217-233, 2004.
Bishop, KM, Wahlsten, D. Sex differences in the human corpus callosum: myth or reality? Neurosci Biobehav Rev, 21:581-601, 1997.
Black, DW. Laughter. JAMA, 252:2995-2998, 1984. Blakemore, SJ, Wolpert, DM, Frith, CD. Central cancellation of self-produced tickle sensation. Nat Neurosci, 1:635-640, 1998.
Bock, JR, Maewal, A, Gough, DA. Hitting is contagious in baseball: evidence from long hitting streaks. PLoS One, 7:e51367, 2012.
Bookheimer, SY, Strojwas, MH, Cohen, MS, Saunders, AM, Pericak-Vance, MA, Mazziotta, JC, Small, GW. Patterns of brain activation in people at risk for Alzheimer's disease. N Engl J Med, 343:450-456, 2000.
Brass, M, Haggard, P. The what, when, whether model of intentional action. Neuroscientist, 14:319-325, 2008.
Brown, AA, Jensen, J, Nikolova, YS, Djurovic, S, Agartz, I, Server, A, Ferrell, RE, Manuck, SB, Mattingsdal, M, Melle, I, Hariri, AR, Frigessi, A, Andreassen, OA. Genetic variants affecting the neural processing of human facial expressions: evidence using a genome-wide functional imaging approach. Transl Psychiatry, 2:e143, 2012.
Broyd, SJ, Demanuele, C, Debener, S, Helps, SK, James, CJ, Sonuga-Barke, EJ. Default-mode brain dysfunction in mental disorders: a systematic review. Neurosci Biobehav Rev, 33:279-296, 2009.
Bryan, CJ, Adams, GS, Monin, B. When cheating would make you a cheater: implicating the self prevents unethical behavior. J Exp Psychol Gen, 142:1001-1005, 2013.
Bryan, CJ, Walton, GM, Rogers, T, Dweck, CS. Motivating voter turnout by invoking the self. Proc Natl Acad Sci U S A, 108:12653-12656, 2011.
Buckner, RL, Andrews-Hanna, JR, Schacter, DL. The brain's default network:

anatomy, function, and relevance to disease. Ann N Y Acad Sci, 1124:1-38, 2008.
Butterworth, B. Developmental dyscalculia. in Handbook of Mathematical Cognition (ed J. I. D. Campbell) 455-467 (Psychology Press, 2004).
Callahan, MP, Smith, KE, Cleaves, HJ, 2nd, Ruzicka, J, Stern, JC, Glavin, DP, House, CH, Dworkin, JP. Carbonaceous meteorites contain a wide range of extraterrestrial nucleobases. Proc Natl Acad Sci U S A, 109:13995-13998, 2011.
Carlsmith, KM, Wilson, TD, Gilbert, DT. The paradoxical consequences of revenge. J Pers Soc Psychol, 95:1316-1324, 2008.
Cela-Conde, CJ, Ayala, FJ, Munar, E, Maestú, F, Nadal, M, Capó, MA, del Río, D, López-Ibor, JJ, Ortiz, T, Mirasso, C, Marty, G. Sex-related similarities and differences in the neural correlates of beauty. Proc Natl Acad Sci U S A, 106:3847-3852, 2009.
Cohen Kadosh, R, Soskic, S, Iuculano, T, Kanai, R, Walsh, V. Modulating neuronal activity produces specific and long-lasting changes in numerical competence. Curr Biol, 20:2016-2020, 2010.
Corder, EH, Saunders, AM, Strittmatter, WJ, Schmechel, DE, Gaskell, PC, Small, GW, Roses, AD, Haines, JL, Pericak-Vance, MA. Gene dose of apolipoprotein E type 4 allele and the risk of Alzheimer's disease in late onset families. Science, 261:921-923, 1993.
Dale, PS, Harlaar, N, Plomin, R. Nature and nurture in school-based second language achievement. Lang Learn, 62:28-48, 2012.
Deary, IJ, Penke, L, Johnson, W. The neuroscience of human intelligence differences. Nat Rev Neurosci, 11:201-211, 2010.
Deary, IJ, Yang, J, Davies, G, Harris, SE, Tenesa, A, Liewald, D, Luciano, M, Lopez, LM, Gow, AJ, Corley, J, Redmond, P, Fox, HC, Rowe, SJ, Haggarty, P, McNeill, G, Goddard, ME, Porteous, DJ, Whalley, LJ, Starr, JM, Visscher, PM.
DeLacoste-Utamsing, C, Holloway, RL. Sexual dimorphism in the human corpus callosum. Science, 216:1431-1432, 1982.
Dunbar, RI, Marriott, A, Duncan, ND. Human conversational behavior. Hum Nat, 8:231-246, 1997.

Durante, KM, Li, NP, Haselton, MG. Changes in women's choice of dress across the ovulatory cycle: naturalistic and laboratory task-based evidence. Pers Soc Psychol Bull, 34:1451-1460, 2008.

Ehrenfreund, P, Cami, J. Cosmic carbon chemistry: from the interstellar medium to the early Earth. Cold Spring Harb Perspect Biol, 2:a002097, 2010.

Elliot, AJ, Niesta, D. Romantic red: red enhances men's attraction to women. J Pers Soc Psychol, 95:1150-1164, 2008.

Elliot, AJ, Tracy, JL, Pazda, AD, Beall, AT. Red enhances women's attractiveness to men: first evidence suggesting universality. J Exp Soc Psychol, 49:165-168, 2013.

Falk, A, Szech, N. Morals and markets. Science, 340:707-711, 2013.

Falk, EB, O'Donnell, MB, Lieberman, MD. Getting the word out: neural correlates of enthusiastic message propagation. Front Hum Neurosci, 6:313, 2012.

Fridlund, AJ, Loftis, JM. Relations between tickling and humorous laughter:preliminary support for the Darwin-Hecker hypothesis. Biol Psychol, 30:141-150,1990.Fu, W, O'Connor, TD, Jun, G, Kang, HM, Abecasis, G, Leal, SM, Gabriel, S, Rieder, MJ, Altshuler, D, Shendure, J, Nickerson, DA, Bamshad, MJ, Akey, JM. Analysis of 6,515 exomes reveals the recent origin of most human proteincoding variants. Nature, 493:216-220, 2013.

Kong, A, Frigge, ML, Masson, G, Besenbacher, S, Sulem, P, Magnusson, G, Gudjonsson, SA, Sigurdsson, A, Jonasdottir, A, Jonasdottir, A, Wong, WS, Sigurdsson, G, Walters, GB, Steinberg, S, Helgason, H, Thorleifsson, G, Gudbjartsson, DF, Helgason, A, Magnusson, OT, Thorsteinsdottir, U, Stefansson, K. Rate of de novo mutations and the importance of father's age to disease risk. Nature, 488:471-475, 2012.

Genetic contributions to stability and change in intelligence from childhood to old age. Nature, 482:212-215, 2012.

Gervais, WM, Norenzayan, A. Analytic thinking promotes religious disbelief. Science, 336:493-496, 2012.

Gilbert, DT, Killingsworth, MA, Eyre, RN, Wilson, TD. The surprising power of neighborly advice. Science, 323:1617-1619, 2009.

Gilovich, T, Vallone, R, Tversky, A. The hot hand in basketball: on the misperception of random sequences. Cogn Psychol, 17:295-314, 1985.

Gneezy, A, Gneezy, U, Riener, G, Nelson, LD. Pay-what-you-want, identity, and self-signaling in markets. Proc Natl Acad Sci U S A, 109:7236-7240, 2012.

Greely, H, Sahakian, B, Harris, J, Kessler, RC, Gazzaniga, M, Campbell, P, Farah, MJ. Towards responsible use of cognitive-enhancing drugs by the healthy. Nature, 456:702-705, 2008.

Greicius, MD, Krasnow, B, Reiss, AL, Menon, V. Functional connectivity in the resting brain: a network analysis of the default mode hypothesis. Proc Natl Acad Sci USA, 100:253-258, 2003.

Halberda, J, Ly, R, Wilmer, JB, Naiman, DQ, Germine, L. Number sense across the lifespan as revealed by a massive Internet-based sample. Proc Natl Acad Sci U S A, 109:11116-11120, 2012.

Herry, C, Ciocchi, S, Senn, V, Demmou, L, Müller, C, Lüthi, A. Switching on and off fear by distinct neuronal circuits. Nature, 454:600-606, 2008.

Hillmer, AM, Brockschmidt, FF, Hanneken, S, Eigelshoven, S, Steffens, M, Flaquer, A, Herms, S, Becker, T, Kortüm, AK, Nyholt, DR, Zhao, ZZ, Montgomery, GW, Martin, NG, Mühleisen, TW, Alblas, MA, Moebus, S, Jöckel, KH, Bröcker-Preuss, M, Erbel, R, Reinartz, R, Betz, RC, Cichon, S, Propping, P, Baur, MP, Wienker, TF, Kruse, R, Nöthen, MM. Susceptibility variants for malepattern baldness on chromosome 20p11. Nat Genet, 40:1279-1281, 2008.

Hillmer, AM, Hanneken, S, Ritzmann, S, Becker, T, Freudenberg, J, Brockschmidt, FF, Flaquer, A, Freudenberg-Hua, Y, Jamra, RA, Metzen, C, Heyn, U, Schweiger, N, Betz, RC, Blaumeiser, B, Hampe, J, Schreiber, S, Schulze, TG, Hennies, HC, Schumacher, J, Propping, P, Ruzicka, T, Cichon, S, Wienker, TF, Kruse, R, Nothen, MM. Genetic variation in the human androgen receptor gene is the major determinant of common early-onset androgenetic alopecia. Am J Hum Genet, 77:140-148, 2005.

Hills, T, Hertwig, R. Why aren't we smarter already: evolutionary trade-offs and cognitive enhancements. Curr Direct Psychol Sci, 20:373-377, 2011.

Hoffstaedter, F, Grefkes, C, Zilles, K, Eickhoff, SB. The "what" and "when" of self-initiated movements. Cereb Cortex, 23:520-530, 2013.

Horikawa, T, Tamaki, M, Miyawaki, Y, Kamitani, Y. Neural decoding of visual imagery during sleep. Science, 340:639-642, 2013.

Hovers, E, Kuhn, S. Transitions Before the Transition: Evolution and Stability in the Middle Paleolithic and Middle Stone Age. (Springer, 2006). Culotta, E. On the origin of religion. Science, 326:784-787, 2009.

Hysi, PG, Young, TL, Mackey, DA, Andrew, T, Fernández-Medarde, A, Solouki, AM, Hewitt, AW, Macgregor, S, Vingerling, JR, Li, YJ, Ikram, MK, Fai, LY, Sham, PC, Manyes, L, Porteros, A, Lopes, MC, Carbonaro, F, Fahy, SJ, Martin, NG, van Duijn, CM, Spector, TD, Rahi, JS, Santos, E, Klaver, CC, Hammond, CJ. A genome-wide association study for myopia and refractive error identifies a susceptibility locus at 15q25. Nat Genet, 42:902-905, 2010.

Ikegaya, Y, Sasaki, T, Ishikawa, D, Honma, N, Tao, K, Takahashi, N, Minamisawa, G, Ujita, S, Matsuki, N. Interpyramid spike transmission stabilizes the sparseness of recurrent network activity. Cereb Cortex, 23:293-304, 2013.

Iuculano, T, Cohen Kadosh, R. The mental cost of cognitive enhancement. J Neurosci, 33:4482-4486, 2013.

Kampe, KK, Frith, CD, Dolan, RJ, Frith, U. Reward value of attractiveness and gaze. Nature, 413:589, 2001.

Karmody, CS, Bachor, ES. The deafness of Ludwig van Beethoven: an immunopathy. Otol Neurotol, 26:809-814, 2005.

Kasting, JF. Earth's early atmosphere. Science, 259:920-926, 1993. Kwok, S, Zhang, Y. Mixed aromatic-aliphatic organic nanoparticles as carriers of unidentified infrared emission features. Nature, 479:80-83, 2011.

Khamsi, R. Diagnosis by default. Nat Med, 18:338-340, 2012. Brassen, S, Gamer, M, Peters, J, Gluth, S, Büchel, C. Don't look back in anger! Responsiveness to missed chances in successful and nonsuccessful aging. Science, 336:612-614,

2012.
Klimecki, OM, Leiberg, S, Lamm, C, Singer, T. Functional neural plasticity and associated changes in positive affect after compassion training. Cereb Cortex, 23:1552-1561, 2013.
Korn, CW, Prehn, K, Park, SQ, Walter, H, Heekeren, HR. Positively biased processing of self-relevant social feedback. J Neurosci, 32:16832-16844, 2012.
Kornhuber, HH, Deecke, L. Changes in the brain potential in voluntary movements and passive movements in man: readiness potential and reafferent potentials. Pflugers Arch Gesamte Physiol Menschen Tiere, 284:1-17, 1965.
Leary, MR. Motivational and emotional aspects of the self. Annu Rev Psychol, 58:317-344, 2007.
Libet, B, Gleason, CA, Wright, EW, Pearl, DK. Time of conscious intention to act in relation to onset of cerebral activity (readiness-potential). The unconscious initiation of a freely voluntary act. Brain, 106 (Pt 3):623-642, 1983.
Lynn, BM, McCord, JL, Halliwill, JR. Effects of the menstrual cycle and sex on postexercise hemodynamics. Am J Physiol Regul Integr Comp Physiol, 292:R1260-1270, 2007.
Magee, B, Elwood, RW. Shock avoidance by discrimination learning in the shore crab (Carcinus maenas) is consistent with a key criterion for pain. J Exp Biol, 216:353-358, 2013.
Mareschal, I, Calder, AJ, Clifford, CW. Humans have an expectation that gaze is directed toward them. Curr Biol, 23:717-721, 2013.
Markwald, RR, Melanson, EL, Smith, MR, Higgins, J, Perreault, L, Eckel, RH, Wright, KP, Jr. Impact of insufficient sleep on total daily energy expenditure, food intake, and weight gain. Proc Natl Acad Sci U S A, 110:5695-5700, 2013.
Mehl, MR, Vazire, S, Ramírez-Esparza, N, Slatcher, RB, Pennebaker, JW. Are women really more talkative than men? Science, 317:82, 2007.
Merten, K, Nieder, A. Active encoding of decisions about stimulus absence in primate prefrontal cortex neurons. Proc Natl Acad Sci U S A, 109:6289-6294, 2012. de Waal, FB. The chimpanzee's service economy: food for grooming. Evol

Hum Behav, 18:375-386, 1997.

Suchak, M, de Waal, FB. Monkeys benefit from reciprocity without the cognitive burden. Proc Natl Acad Sci U S A, 109:15191-15196, 2012.

Naaman, M, Boase, J, Lai, CH. Is it really about me?: Message content in social awareness streams. Proc ACM Conf Comput Supported Coop Work, 2010:189-192, 2010.

Nieder, A. Supramodal numerosity selectivity of neurons in primate prefrontal and posterior parietal cortices. Proc Natl Acad Sci U S A, 109:11860-11865, 2012.

Nir, Y, Staba, RJ, Andrillon, T, Vyazovskiy, VV, Cirelli, C, Fried, I, Tononi, G. Regional slow waves and spindles in human sleep. Neuron, 70:153-169, 2011.

Normand, JM, Sanchez-Vives, MV, Waechter, C, Giannopoulos, E, Grosswindhager, B, Spanlang, B, Guger, C, Klinker, G, Srinivasan, MA, Slater, M. Beaming into the rat world: enabling real-time interaction between rat and human each at their own scale. PLoS One, 7:e48331, 2012.

O'Connell, LA, Hofmann, HA. Evolution of a vertebrate social decision-making network. Science, 336:1154-1157, 2012.

Okimoto, TG, Wenzel, M, Hedrick, K. Refusing to apologize can have psychological benefits (and we issue no mea culpa for this research finding). Eur J Soc Psychol, 43:22-31, 2013.

Ondobaka, S, de Lange, FP, Newman-Norlund, RD, Wiemers, M, Bekkering, H. Interplay between action and movement intentions during social interaction. Psychol Sci, 23:30-35, 2012.

Oosterhof, NN, Todorov, A. The functional basis of face evaluation. Proc Natl Acad Sci U S A, 105:11087-11092, 2008.

Pais-Vieira, M, Lebedev, M, Kunicki, C, Wang, J, Nicolelis, MA. A brain-to-brain interface for real-time sharing of sensorimotor information. Sci Rep, 3:1319, 2013.

Paukner, A, Suomi, SJ, Visalberghi, E, Ferrari, PF. Capuchin monkeys display affiliation toward humans who imitate them. Science, 325:880-883, 2009.

Paul, GS. Religiosity tied to socioeconomic status. Science, 327:642, 2010.

Kapogiannis, D, Barbey, AK, Su, M, Zamboni, G, Krueger, F, Grafman, J. Cognitive and neural foundations of religious belief. Proc Natl Acad Sci U S A, 106:4876-4881, 2009.

Peres, JF, Moreira-Almeida, A, Caixeta, L, Leao, F, Newberg, A. Neuroimaging during trance state: a contribution to the study of dissociation. PLoS One, 7:e49360, 2012.

Perkins, S. Organic molecules found circling nearby star. Science, 2015:8 April (News). Wochner, A, Attwater, J, Coulson, A, Holliger, P. Ribozyme-catalyzed transcription of an active ribozyme. Science, 332:209-212, 2011.

Piff, PK, Stancato, DM, Côté, S, Mendoza-Denton, R, Keltner, D. Higher social class predicts increased unethical behavior. Proc Natl Acad Sci U S A, 109:4086-4091, 2012.

Propper, RE, McGraw, SE, Brunyé, TT, Weiss, M. Getting a grip on memory: unilateral hand clenching alters episodic recall. PLoS One, 8:e62474, 2013.

Quoidbach, J, Gilbert, DT, Wilson, TD. The end of history illusion. Science, 339:96-98, 2013.

Legge, EL, Spetch, ML, Cenkner, A, Bulitko, V, Anderson, C, Brown, M, Heth, D. Not all locations are created equal: exploring how adults hide and search for objects. PLoS One, 7:e36993, 2012.

Raab, M, Gula, B, Gigerenzer, G. The hot hand exists in volleyball and is used for allocation decisions. J Exp Psychol Ap, 18:81-94, 2012.

Rahman, Q, Anchassi, T. Men appear more lateralized when noticing emotion in male faces. Emotion, 12:174-179, 2012.

Rahman, Q, Wilson, GD, Abrahams, S. Sex, sexual orientation, and identification of positive and negative facial affect. Brain Cogn, 54:179-185, 2004.

Rand, DG, Greene, JD, Nowak, MA. Spontaneous giving and calculated greed. Nature, 489:427-430, 2012.

Rankin Williams McGugin, J. Christoper Gatenby, John C. Gore, and Isabel Gauthier, High-resolution imaging of expertise reveals reliable object selectivity in the fusiform face area related to perceptual performance, Proc Natl Acad Sci

USA. 2012 Oct 16; 109(42):17063-17068.

Richards, JB, Yuan, X, Geller, F, Waterworth, D, Bataille, V, Glass, D, Song, K, Waeber, G, Vollenweider, P, Aben, KK, Kiemeney, LA, Walters, B, Soranzo, N, Thorsteinsdottir, U, Kong, A, Rafnar, T, Deloukas, P, Sulem, P, Stefansson, H, Stefansson, K, Spector, TD, Mooser, V. Male-pattern baldness susceptibility locus at 20p11. Nat Genet, 40:1282-1284, 2008.

Saccenti, E, Smilde, AK, Saris, WH. Beethoven's deafness and his three styles. BMJ, 343:d7589, 2011.

Schiff, BB, Lamon, M. Inducing emotion by unilateral contraction of hand muscles. Cortex, 30:247-254, 1994.

Schiffer, B, Pawliczek, C, Müller, BW, Gizewski, ER, Walter, H. Why don't men understand women? Altered neural networks for reading the language of male and female eyes. PLoS One, 8:e60278, 2013.

Schurger, A, Sitt, JD, Dehaene, S. An accumulator model for spontaneous neural activity prior to self-initiated movement. Proc Natl Acad Sci U S A, 109:E2904-2913, 2012.

Shafir, S, Reich, T, Tsur, E, Erev, I, Lotem, A. Perceptual accuracy and conflicting effects of certainty on risk-taking behaviour. Nature, 453:917-920, 2008.

Shimojo, S, Simion, C, Shimojo, E, Scheier, C. Gaze bias both reflects and influences preference. Nat Neurosci, 6:1317-1322, 2003.

Shohat-Ophir, G, Kaun, KR, Azanchi, R, Mohammed, H, Heberlein, U. Sexual deprivation increases ethanol intake in Drosophila. Science, 335:1351-1355, 2012.

Siegel, JM. Sleep viewed as a state of adaptive inactivity. Nat Rev Neurosci, 10:747-753, 2009.

Singer, T, Seymour, B, O'Doherty, J, Kaube, H, Dolan, RJ, Frith, CD. Empathy for pain involves the affective but not sensory components of pain. Science, 303:1157-1162, 2004.

Sneddon, LU, Braithwaite, VA, Gentle, MJ. Do fishes have nociceptors? Evidence for the evolution of a vertebrate sensory system. Proc Biol Sci, 270:1115-1121, 2003.

Solouki, AM et al. A genome-wide association study identifies a susceptibility locus for refractive errors and myopia at 15q14. Nat Genet, 42:897-901, 2010.
Spalding, KL, Bergmann, O, Alkass, K, Bernard, S, Salehpour, M, Huttner, HB, Boström, E, Westerlund, I, Vial, C, Buchholz, BA, Possnert, G, Mash, DC, Druid, H, Frisén, J. Dynamics of hippocampal neurogenesis in adult humans. Cell, 153:1219-1227, 2013.
Suthana, N, Haneef, Z, Stern, J, Mukamel, R, Behnke, E, Knowlton, B, Fried, I. Memory enhancement and deep-brain stimulation of the entorhinal area. N Engl J Med, 366:502-510, 2012
Takahashi, H, Yahata, N, Koeda, M, Matsuda, T, Asai, K, Okubo, Y. Brain activation associated with evaluative processes of guilt and embarrassment: an fMRI study. Neuroimage, 23:967-974, 2004.
Tamir, DI, Mitchell, JP. Disclosing information about the self is intrinsically rewarding. Proc Natl Acad Sci U S A, 109:8038-8043, 2012.
Thomson, EE, Carra, R, Nicolelis, MA. Perceiving invisible light through a somatosensory cortical prosthesis. Nat Commun, 4:1482, 2013.
Thompson, H. Performance enhancement: superhuman athletes. Nature, 487:287-289, 2012.
Péronnet, F, Thibault, G. Mathematical analysis of running performance and world running records. J Appl Physiol, 67:453-465, 1989.
Todorov, A, Mandisodza, AN, Goren, A, Hall, CC. Inferences of competence from faces predict election outcomes. Science, 308:1623-1626, 2005.
Toyoshima, KE, Asakawa, K, Ishibashi, N, Toki, H, Ogawa, M, Hasegawa, T, Irié, T, Tachikawa, T, Sato, A, Takeda, A, Tsuji, T. Fully functional hair follicle regeneration through the rearrangement of stem cells and their niches. Nat Commun, 3:784, 2012.
Tulving, E, Kapur, S, Craik, FI, Moscovitch, M, Houle, S. Hemispheric encoding/retrieval asymmetry in episodic memory: positron emission tomography findings. Proc Natl Acad Sci U S A, 91:2016-2020, 1994.
Vaidya, N, Manapat, ML, Chen, IA, Xulvi-Brunet, R, Hayden, EJ, Lehman, N.

Spontaneous network formation among cooperative RNA replicators. Nature, 491:72-77, 2012.

Vinkhuyzen, AA, van der Sluis, S, Posthuma, D, Boomsma, DI. The heritability of aptitude and exceptional talent across different domains in adolescents and young adults. Behav Genet, 39:380-392, 2009.

Völlm, BA, Taylor, AN, Richardson, P, Corcoran, R, Stirling, J, McKie, S, Deakin, JF, Elliott, R. Neuronal correlates of theory of mind and empathy: a functional magnetic resonance imaging study in a nonverbal task. Neuroimage, 29:90-98, 2006.

Vyazovskiy, VV, Olcese, U, Hanlon, EC, Nir, Y, Cirelli, C, Tononi, G. Local sleep in awake rats. Nature, 472:443-447, 2011.

Wattendorf, E, Westermann, B, Fiedler, K, Kaza, E, Lotze, M, Celio, MR. Exploration of the neural correlates of ticklish laughter by functional magnetic resonance imaging. Cereb Cortex, 23:1280-1289, 2013.

Weiss, T, Snitz, K, Yablonka, A, Khan, RM, Gafsou, D, Schneidman, E, Sobel, N. Perceptual convergence of multi-component mixtures in olfaction implies an olfactory white. Proc Natl Acad Sci U S A,109:19959-19964, 2012.

Wiese, H. Numbers, Language, and the Human Mind. (Cambridge Univ. Press, 2003).

Williams, MA, Mattingley, JB. Do angry men get noticed? Curr Biol, 16:R402-404, 2006.

Wilson, MA, McNaughton, BL. Reactivation of hippocampal ensemble memories during sleep. Science, 265:676-679, 1994.

Yashina, S, Gubin, S, Maksimovich, S, Yashina, A, Gakhova, E, Gilichinsky, D. Regeneration of whole fertile plants from 30,000-y-old fruit tissue buried in Siberian permafrost. Proc Natl Acad Sci U S A, 109:4008-4013, 2012.

Young, RL, Ridding, MC, Morrell, TL. Switching skills on by turning off part of the brain. Neurocase, 10:215-222, 2004.

Zubieta, JK, Heitzeg, MM, Smith, YR, Bueller, JA, Xu, K, Xu, Y, Koeppe, RA, Stohler, CS, Goldman, D. COMT val158met genotype affects mu-opioid neurotransmitter responses to a pain stressor. Science, 299:1240-1243, 2003.

세상에서 가장 재미있는

61가지 심리실험

인간관계편

1판 1쇄 발행 2019년 2월 25일
1판 7쇄 발행 2024년 1월 11일

지은이 이케가야 유지
옮긴이 서수지
펴낸이 이재두
펴낸곳 사람과나무사이
등록번호 2014년 9월 23일(제2014-000177호)
주소 경기도 고양시 일산서구 강선로 141, 1602동 1504호
전화 (031)815-7176 팩스 (031)601-6181
이메일 saram_namu@naver.com
일러스트 이강훈
표지디자인 박대성
본문디자인 유경희

ISBN 979-11-88635-16-0 03180

이 도서의 국립중앙도서관 출판예정도서목록(CIP)은 서지정보유통지원시스템 홈페이지(http://seoji.nl.go.kr)와 국가자료종합목록시스템(http://www.nl.go.kr/kolisnet)에서 이용하실 수 있습니다. (CIP제어번호 : CIP2019003372)

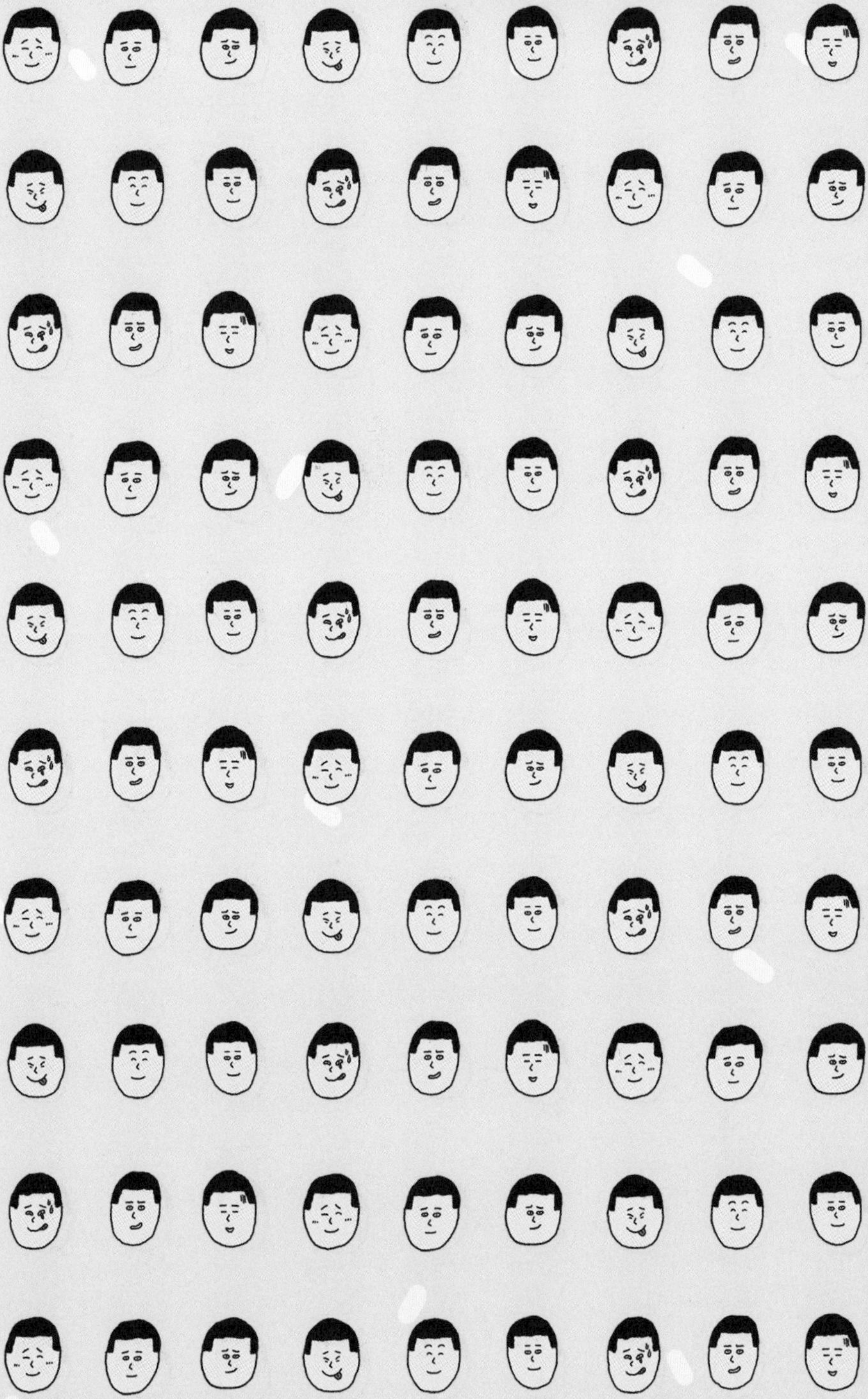